中国企业跨国供应链管理：
方法、策略与决策

黎继子　著

科学出版社

北京

内 容 简 介

不同于传统"跨国供应链管理"研究的书籍多从国外跨国企业视角进行研究，本书从中国本土企业跨国经营的视角出发，分析中国企业走向海外经营时如何进行跨国供应链管理。同时结合实例和数据分析，力求将理论融于实际，并在相应章节中附有案例，以便更加详细地阐述理论，进而突出可操作性。

本书可供企业决策层管理人员、供应链管理人士和政府官员学习参考，也可作为高等学校供应链管理、物流管理、国际贸易、产业经济、管理科学与工程、工商管理、企业管理等有关专业高年级的本科生和研究生的参考书。

图书在版编目（CIP）数据

中国企业跨国供应链管理：方法、策略与决策 / 黎继子著. —北京：科学出版社，2019.9

ISBN 978-7-03-059662-8

Ⅰ. ①中…　Ⅱ. ①黎…　Ⅲ. ①跨国公司－供应链管理－研究－中国　Ⅳ. ①F279.247

中国版本图书馆 CIP 数据核字（2018）第 273257 号

责任编辑：王丹妮 / 责任校对：孙婷婷
责任印制：张　伟 / 封面设计：无极书装

科 学 出 版 社 出版
北京东黄城根北街 16 号
邮政编码：100717
http://www.sciencep.com

北京盛通商印快线网络科技有限公司 印刷
科学出版社发行　各地新华书店经销
*
2019 年 9 月第 一 版　开本：720 × 1000　1/16
2020 年 1 月第二次印刷　印张：12 3/4
字数：255 000

定价：**102.00** 元
（如有印装质量问题，我社负责调换）

前　　言

目前，跨国供应链管理正成为研究的热门领域。跨国企业进入中国市场，极大地促进了中国国内经济的发展和管理水平的提高，更重要的是，跨国企业参与国内市场竞争，使得国内一批企业具有与跨国企业竞争的技术实力，同时使得国内企业反过来走出国门。然而，国内企业在国外实施的跨国供应链管理方法与外国企业实施的有相同之处，但更多是存在着一些差异，这就需要中国企业界和理论界的不断研究和摸索。因此，针对中国企业进行跨国供应链管理，中国企业能否成功嵌入及扎根东道国本土市场并获得竞争优势，是本书研究的独特之处。

特别是随着全球经济一体化进程不断加快，中国"一带一路"倡议的实施，世界各国的经济相互开放、互融互通，形成相互联系和相互依赖的整体。跨国企业作为经济一体化的产物，对世界经济的发展起着举足轻重的作用。我国经济经过四十年飞速发展，特别是在加入世界贸易组织（World Trade Organization，WTO）后，国内企业的实力和技术创新能力大幅提高，许多企业为了巩固市场地位和规避市场风险，纷纷在海外投资建立生产基地，通过谋求海外发展来增强其核心竞争能力。这些企业在实际运作过程中采用的方式和策略都有所差异。例如，海尔集团（Haier）和联想集团（Lenovo）是通过直接建厂或并购来促进企业产品进入国外高端市场；而力帆集团（以下简称力帆）和北京小米科技有限责任公司（以下简称小米）则是通过在海外建立生产基地来布局和占领海外中低端市场。

目前，随着劳动力成本不断上升、产业变迁，企业向海外转移生产的意愿将进一步增强，而劳动力成本相对低廉的中低端海外市场，将更适合企业投资。中国企业作为当代世界经济的主体，随着全球经济一体化的深入发展，在世界范围的投资和生产将不断扩大。跨国经营使得生产在原材料采购、产品生产和销售方面，都突破了国家的范围，包括中国国内的企业也成为全球供应链系统中的一部分。当前，产品或服务的竞争将不再是企业与企业之间的竞争，取而代之的是供应链与供应链之间的竞争。中国跨国经营企业不断向海外扩展建厂、跨国采购及形成海外成品销售网络，使得资源的配置不断得到优化，企业规模也迅速扩大。在此背景下，中国企业跨国供应链的管理策略就显得非常重要。

本书从中国企业跨国经营出发，首先，分析了跨国供应链跨国经营方法，并通过案例对中国企业跨国经营策略进行梳理。在此基础上，探讨中国企业在本土与外国跨国供应链进行供应链整合的模式，以及中国企业与跨国供应链物流进行对接的方法。然后，针对中国企业进入外国市场，在不同进入模式下，研究中国企业跨国经营进入东道国市场的决策问题；在考虑学习曲线的情况下，中国企业基于跨国供应链转移海外生产的不同模式策略。特别是在探讨跨国经营中，供应链链节位于不同国家导致隐性利益输送，分析纵横两渠道，以及单转移定价（transfer pricing，TP）和双 TP 模式下跨国供应链隐性利益输送的决策模型和启示。最后，根据中国企业跨国供应链管理中与其他国外企业合作存在股权合作和竞争的情况，针对早期和后期跨国供应链的发展，给出基于纳什（Nash）和鲁宾斯坦（Rubinstein）两种博弈下的股权组合策略方案；并对不同策略和股权结构下的跨国供应链系统进行设计和优化。

　　本书撰写过程中参阅了大量国内外文献资料，不能一一罗列，在此谨向这些作者表示深深谢意！团队成员刘春玲、汪忠瑞、罗细飞、郭军等在本书撰写过程中也做出了各自的贡献。同时，本书受到国家自然科学基金（71872076，71472143，71964023），教育部人文社会科学研究项目（15YJA630035），湖北省教育厅重点项目（19D048），湖北省教育厅项目（15ZD026），江西省社会科学规划重点项目（17GL01），江西省高校人文社会科学研究项目（GL17121），江西省自然科学基金重点项目（2018ACB29003），南昌大学学术著作出版基金资助项目资助，以及科学出版社和徐倩编辑等的大力帮助和支持，在此一并表示感谢！

黎继子

2019 年 1 月于南昌红谷滩

目　　录

第1章　跨国供应链与跨国供应链管理的发展 ················· 1
　　1.1　跨国企业的发展状况 ····························· 1
　　1.2　跨国供应链及其管理的未来发展 ·················· 10
第2章　跨国供应链跨国经营的方法和策略 ················· 19
　　2.1　跨国供应链的跨国经营方法 ······················ 19
　　2.2　跨国供应链的跨国经营策略 ······················ 33
第3章　我国企业跨国供应链管理的策略 ··················· 43
　　3.1　我国企业的跨国供应链管理分析 ·················· 43
　　3.2　我国企业的跨国供应链管理策略方法 ·············· 50
第4章　我国企业与跨国供应链整合方法模式 ··············· 73
　　4.1　我国企业与跨国供应链整合的载体 ················ 73
　　4.2　我国企业与跨国物流整合的载体 ·················· 84
第5章　不同进入模式下跨国供应链的决策策略 ············· 97
　　5.1　跨国供应链进入模式问题 ························ 97
　　5.2　不同进入模式跨国供应链模型 ··················· 101
　　5.3　不同进入模型跨国供应链决策 ··················· 103
　　5.4　本章小结 ···································· 118
第6章　基于学习曲线下跨国供应链生产转移模式决策策略 ····· 120
　　6.1　跨国供应链生产转移模式问题 ··················· 120
　　6.2　基于学习曲线下跨国供应链生产转移决策模型 ······ 123
　　6.3　基于学习曲线下跨国供应链生产转移决策 ·········· 128
第7章　基于转移定价下隐性利益输送的跨国供应链决策策略 ······· 136
　　7.1　跨国供应链转移定价问题 ······················· 136
　　7.2　基于转移定价下隐性利益输送的跨国供应链决策模型 ··· 137
　　7.3　隐性利益输送的 TP 模式决策策略模式 ·············· 142
　　7.4　TP 模式下隐性利益输送的跨国供应链决策 ··········· 146
　　7.5　本章小结 ···································· 151
第8章　基于 Nash/Rubinstein 博弈下跨国供应链股权合作决策策略 ········· 152
　　8.1　跨国供应链企业股权问题 ······················· 152

8.2　基于 Nash/Rubinstein 博弈下跨国供应链股权合作模型 ·············· 153

8.3　跨国供应链股权合作博弈的决策 ····································· 158

8.4　本章小结 ·· 174

第 9 章　不同策略与股权结构下的跨国供应链系统设计与构建 ············· 176

9.1　不同策略与股权结构下的跨国供应链网络设计 ····················· 176

9.2　不同策略与股权结构下的跨国供应链系统构建决策 ················· 181

参考文献 ·· 191

第 1 章　跨国供应链与跨国供应链管理的发展

1.1　跨国企业的发展状况

根据联合国贸易和发展会议（United Nations Conference on Trade and Development，UNCTAD）历年发布的《世界投资报告》及《全球投资趋势监测报告》，2011～2014 年，全球外商直接投资（foreign direct investment，FDI）金额分别为 1.5 万亿美元、1.35 万亿美元、1.45 万亿美元、1.26 万亿美元。由于受到消费需求低迷、汇市震荡及地缘政治不稳定等因素影响，全球 FDI 也处于震荡状态，基本与国际金融危机前的水平持平，2014 年全球 FDI 规模降为 2009 年以来的最低水平。据统计，2012 年发展中国家超越发达国家成为 FDI 的主要流入地，占全球 FDI 流量的 52%，两者差额达 1420 亿美元。

由于中国在世界经济中的作用越来越大，一方面，吸引了众多跨国企业进行基于 FDI 的投资；另一方面，中国企业不断壮大和发展，也走出国门，在世界各地进行对外直接投资（outward direct investment，ODI），在世界范围内拓展自己的业务，增强竞争力。

1.1.1　中国 FDI 的发展现状和特点

2011～2014 年，中国 FDI 规模持续发展，利用外资的产业结构得到进一步改善，区域分布不平衡有所缓解，随着国家对利用外资政策的不断调整，外商投资的规模、质量和效益不断提高。中国利用外资的发展现状和特点详见以下三个方面。

1. 规模呈震荡性持续增长

2015 年，中国采取了一系列措施，推进投资便利化，限制类项目取消了 50%，推动准入前国民待遇加负面清单的管理模式，及时解决外国投资者合理关切，保护他们的合法权益。中国把核准制基本上改为了备案制，大概保留的需核准项目也只有 5%；同时与美国、欧洲联盟（以下简称欧盟）进行双边投资协定（bilateral investment treaty，BIT）谈判，与一些国家进行自由贸易区（freetrade area，FTA）谈判。外资进入中国的领域会更宽广，方式更便利。

中国商务部数据显示（图 1-1），2011～2014 年，中国 FDI 金额分别为 1160.11 亿美元、1117.16 亿美元、1175.86 亿美元、1195.6 亿美元，分别同比增长 9.72%、−3.7%、5.25%、1.7%。2015 年 1～8 月，外商投资总体规模稳定，FDI 金额达到了 853.4 亿美元，同比增长 9.2%；其中 8 月，FDI 达 87.1 亿美元，同比增长 22%。

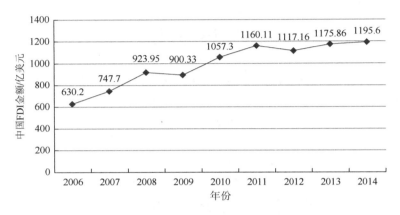

图 1-1　2006～2014 年中国 FDI 金额变化趋势

根据 2015 年 UNCTAD 发布的《全球投资趋势监测报告》，2014 年中国 FDI 增长 3%，达 1280 亿美元，成为全球外国投资的第一大目的地国，这也是中国自 2003 年以来首次超越美国跃居世界第一。2014 年中国实际使用外资 1195.6 亿美元（未含银行、证券、保险领域数据），同比增长 1.7%，高于美国、欧盟、俄罗斯、巴西等主要经济体，连续 23 年保持发展中国家首位。与此同时，美国 2014 年 FDI 总金额仅为 860 亿美元，下跌近 2/3，排名第二。此前，美国一直是全球吸引外资第一大国。

2. FDI 产业结构由制造业为主转变为以服务业为主

中国利用 FDI 质量显著提升，FDI 产业结构调整成效显著，由制造业为主逐步转向服务业为主（图 1-2），其中制造业外资呈现出总体规模下降态势，高端制造业外资比例呈上升态势，FDI 呈现出由低端不断向中高端延伸的态势。

（1）服务业利用外资比例不断提高

2011 年，中国服务业 FDI 金额首次超过制造业，且比例一直在扩大，并于 2013 年超过总额的一半，服务业利用外资的增速明显要比制造业和农林牧渔业的增速快得多。2011～2014 年，农、林、牧、渔业实际使用外资分别为 20.09 亿美元、20.6 亿美元、18 亿美元、15.2 亿美元；制造业实际使用外资分别为 521 亿美元、488.7 亿美元、455.6 亿美元、399.4 亿美元，占全国总量的 48.54%、43.7%、38.7%、

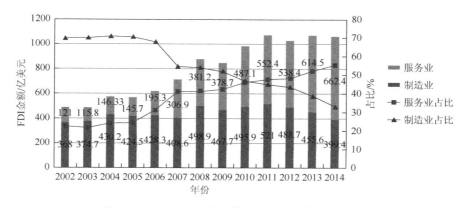

图 1-2　2002～2014 年中国 FDI 产业结构变化趋势

33.57%；服务业实际使用外资分别为 552.4 亿美元、538.4 亿美元、614.5 亿美元、662.4 亿美元，占全国总量的 47.62%、48.2%、52.3%、55.4%。

中国服务业利用 FDI 规模不断扩大，增速有所放缓，占全国总量已超过 55%，成为吸收外资的新增长点，资金密集度进一步提升；制造业和农林牧渔业利用外资的规模则不断缩小，尤以制造业降幅明显。这有两方面原因：一方面，跨国公司在中国建立生产基地后，围绕制造业的服务业投资继续跟进；另一方面，中国服务业对外开放政策、环境越来越宽松。

（2）先进制造业吸引外资速度加快

2006～2010 年，中国制造业利用 FDI 规模为 400 亿～500 亿美元，在利用外资总额中所占比例持续下降，但仍超过 50%；2011～2015 年，中国制造业利用外资规模和所占比例均持续下降，从 2011 年的最大规模 521 亿美元降至 2014 年的 399.4 亿美元，降幅达 23.3%，所占比例也从 48.54% 降至 33.57%。中国制造业 FDI 变化的主要原因有两个：一方面，金融危机后发达国家扩大就业、吸引制造业回流；另一方面，国内要素成本上升，劳动密集型制造业吸引外资比较优势下降，导致跨国公司向越南、印度等周边低成本国家转移。

与此同时，先进制造业吸引外资速度加快。2012 年，中国将高端制造业作为鼓励外商投资的重点领域，将汽车整车制造、多晶硅生产、煤化工等条目从鼓励类删除。2012 年部分高端制造业增长较快，通用设备制造业和交通运输设备制造业实际使用外资分别增长 31.8% 和 17.2%。2015 年，中国鼓励外商投资现代农业、高新技术、先进制造、节能环保、新能源、现代服务业等领域，承接高端产业转移；鼓励外商投资研发环节。2015 年，高新技术制造业实际使用外资 65.7 亿美元，同比增长 9.9%，占制造业实际使用外资总量的 24.1%。

（3）服务业利用外资行业分布不断优化

随着中国对外资的吸引力客观上增加，人均可支配收入的提高，服务业市场规模扩大、需求潜力增长，考虑中国人口的基数、城镇化的动力等因素，外资将更快更多地进入中国服务业领域。为了扩大在华市场，针对本土市场创新产品，大量跨国公司在转移制造业后，逐渐向产业价值链的高端延伸，在中国纷纷设立研发中心、设计创新中心、物流配送中心、结算中心、财务中心、跨国公司总部等服务机构，继续转移研发、设计、现代物流、信息服务等生产性服务业。2013年中国利用外资金额比2006年增长50%以上，金融业翻了一番。由此可见，在服务业利用外资总体规模不断扩大的同时，行业分布也在不断优化，逐渐向物流、金融及文化创意、研发等领域集中。

2011年，服务业中租赁服务，广播电影电视，专用机械设备修理，食品、饮料、烟草和家庭日用品批发、零售，旅游、娱乐服务等行业实际使用外资同比增幅均超过60%。2012年，服务业实际使用外资金额同比增长4.8%。分销、计算机应用、金融服务等行业实际使用外资同比增长较快，增幅分别为10.9%、12.3%和11%。2013年，社会福利保障业、电气机械修理业、娱乐服务业增长较快，分别增长386.6%、308.8%和117.4%。2014年，分销服务业、运输服务业实际使用外资规模较大，分别为77.1亿美元、44.6亿美元，占服务业使用外资总额的11.6%、6.7%。2015年，高技术服务业实际使用外资同比增长59.1%。其中，研发与设计服务同比增长51.7%；信息技术服务同比增长18.2%；科学研究服务同比增长113.7%。

3. 区域结构更趋合理

2011～2015年，中国东部地区利用外资金额约占全国总量的80%以上，仍然占据主导地位，但中西部地区利用外资增速较快，中部地区利用外资增速更是快于西部和东部地区。中国利用外资区域结构加速优化，东中西部地区产业链布局更趋合理，东部地区外资产业结构升级效应显著，外资流向呈现出由东部向中西部地区转移的态势，外资产业链布局呈现出东中西部融合的态势。其原因在于国家相继实施了西部大开发和中部崛起战略，加快了中西部地区的发展步伐，吸引了大量外资，缩小了与东部沿海地区FDI的差距（表1-1）。

表1-1 中国FDI分布结构

类型	省（自治区、直辖市）	FDI平均值/万美元
1	辽宁、广东、江苏	2 576 833
2	天津、浙江、福建、山东、上海、河南	1 224 011
3	河北、四川、江西、安徽、湖北、湖南、北京、内蒙古、黑龙江、重庆、陕西	561 887
4	宁夏、新疆、甘肃、青海、贵州、山西、云南、海南、广西、吉林	86 273

注：以上数据不包括西藏、港澳台地区

（1）东部地区 FDI 逐步转向战略性新兴产业

东部地区利用外资规模较大，整体趋势增长明显（图 1-3）。此外，东部各省市利用外资结构也逐步向战略性新兴产业、高新技术产业和现代服务业升级。例如，2014 年江苏实际使用外资达 281.7 亿美元，规模连续 12 年位居全国前列，呈现出结构持续优化的良好态势，服务业实际使用外资 122.7 亿美元，占比 43.6%，较上年提高 1.6 个百分点。全省新认定 49 家外资总部企业，新设外资独立研发机构 12 家，跨国公司地区总部和功能性机构总数达到 134 家。2014 年，上海实际利用外资 181.66 亿美元，同比增长 8.3%，其中服务业实际利用外资 163.85 亿美元，增长 20.8%，占比 90.2%。上海借助中国（上海）自由贸易试验区的优势，外资利用结构明显优化。

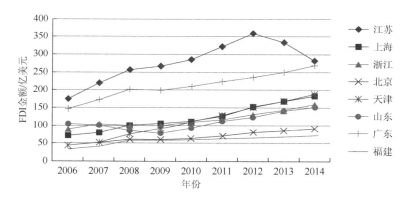

图 1-3　东部地区部分省市 2006～2014 年 FDI 金额

2014 年，北京 FDI 投资 90.4 亿美元，同比增长 6.1%，连续 13 年实现增长。其中，以商务、信息、科技、金融、物流等服务为主的生产性服务业实际外资增长 31%，占全市 65.5%；投资型总部、金融租赁、科技研发项目实际外资分别增长 140%、54.2% 和 43.8%。

（2）中西部地区利用 FDI 规模增速较快

随着西部大开发、中部崛起等区域发展战略的实施，中西部地区在外资增速、外资规模、外资结构等方面都显著提升。2011～2014 年，中国东部地区利用外资占比呈现下降态势。中西部地区利用外资主要集中在第二产业，尤以制造业为主。例如，中部地区中，2014 年湖南实际使用外资 102.7 亿美元，同比增长 17.9%，第一、第二、第三产业使用外资占比为 5.64∶64.13∶30.23，制造业项目占比突出；西部地区中，2014 年广西制造业使用外资占全省利用外资总量的 37.61%，房地产业占 40.62%，仅此两项占比接近 80%。

（3）FDI 来源地集中度较高

中国外资来源地长期以来一直以亚洲为主，从 2000 年到 2013 年，中国实际利用亚洲 FDI 除 2012 年有小幅下降外均逐年增长，2000~2010 年平均增速为 17.52%，2011~2013 年平均增速为 7.14%，中国实际利用亚洲 FDI 增速下降，但占总量比例从 2006 年的 55.67%上升至 2013 年的 79.18%，集中度大幅度提升。

中国实际利用拉丁美洲（以下简称拉美）FDI 主要来自英属维尔京群岛和开曼群岛；2006~2013 年中国实际利用欧洲、北美洲、大洋洲及非洲 FDI 均为小幅波动，变化不大。美国对华投资先升后降，2011~2013 年美国对华投资规模及占比持续小幅度攀升，自 2014 年至 2016 年双双下滑，2014 年同比下降 20.4%；此外，欧盟及东南亚国家联盟（以下简称东盟）地区 2013~2014 年对华投资规模也有所下降。"一带一路"沿线国家对华投资设立企业 217 家，同比增长 19.9%；实际投入外资金额 7.6 亿美元，同比下降 1.3%。

1.1.2 中国 ODI 发展的动因和模式

自 1978 年改革开放以来，中国经济得到迅猛的发展和增长，也逐步由计划经济体制向市场经济体制转变。当前，中国已经成为世界第二大经济体，并在全球经济中扮演着日益重要的角色。中国经济发展的过程也是积极融入经济全球化的过程，全球化在中国经济增长过程中发挥了重要的作用。从资本形成的角度来看，FDI 被视为中国经济稳步增长的主要推动力之一。自 1980 年以来，FDI 涌入中国，规模不断增加，连同进口贸易一起推动了产业结构升级和经济发展。中国自 2012 年以来已成为世界最大的 FDI 接受国之一。

全球化是一个双向的过程。在资本流动方面，中国经济在吸引大量 FDI 的同时，ODI 也开始走向世界。值得关注的是，在 2004~2014 年，中国的 ODI 快速增长。1999 年，中国政府提出将推动 ODI 作为促进全球化的政策之一，中国的 ODI 由此开始增长，尤其是在 2005 年以后增长速度更快，见图 1-4。2008 年，全球性金融危机爆发后，中国每年 ODI 更是超过 500 亿美元。自 2013 年以来，中国已经成为世界 ODI 第三大国家。

1. 中国 ODI 发展的动因

ODI 和企业国际化推动产业升级与转型，是近年来中国国内"走出去"战略之一。无论中央政府主管部门，还是沿海发达地区的区域决策层，对于企业"走出去"国家战略或区域战略的核心定位，大多包含了一个重要期望，即借助企业国际化及 ODI 促成产业升级与转型。中国企业 ODI 的动因主要有以下三个方面。

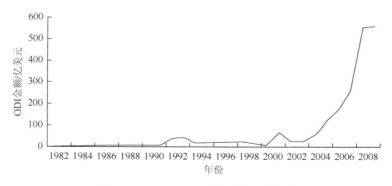

图 1-4　1982～2008 年中国 ODI 趋势

（1）产业转移动因

在 ODI 及企业国际化背景下，如果 ODI 所在国面临产业调整，这些 ODI 企业最先出现于即将失去比较优势的产业（或称为"边际产业"），而这些"边际产业"的外向转移则会腾挪出一些国内稀缺的生产要素，后者则可为本国依然占有比较优势的产业或新兴行业的发展所用。投资国即将或者已经失去比较优势的产业的外向转移，与其国内依然具有比较优势的产业或新兴产业的发展具有某种因果联系。

20 世纪 50 年代以来，国际产业转移总的流动态势带有明显的"下行梯度推移"倾向，即由最发达国家到次发达国家再到发展中国家的单向转移。不仅如此，转移所涉及的重头产业在不同时期也有较明确的倾向性。具体来说，20 世纪 80 年代以前，主要由发达国家向发展中国家单向转移，转移的产业以初级产品加工和原材料为主。20 世纪 90 年代以来，除了由发达国家向发展中国家的转移外，新型工业化经济体及中国、印度这样的新兴市场经济体，也越来越多地涉足产业转移，涉及的产业也开始由初级工业、制造业向高附加值工业、服务业拓展。在这个过程中，投资国借助 ODI，将那些比较优势殆尽的产业外移，释放出此类产业集聚的稀缺生产要素，从而进行产业存量调整，由此促进产业升级。这方面的典型案例主要有东亚纺织、电子产品制造等生产中心的国际变迁。

（2）产业关联动因

产业关联动因是由美国经济学家赫希曼提出的，他将产业之间的关系视为前后向的线性关联关系，认为一个产业的规模、技术等变化会对与其关联的产业产生线性影响，这种影响通过产业前后向关联发挥。其中，前向关联（forward linkage）是指通过需求与其他产业部门发生的由下游到上游的联系。这一关联产生的效应是，下游产业技术的发展或市场的扩大，会带动为其提供原材料、设备和技术等投入要素的上游产业的同步发展或扩展。与此类似，后向关联（backward linkage）

是指通过上游供给与下游其他产业部门发生联系。这一关联产生的效应是，上游产业的扩展及技术提升，会刺激下游产业的投资乃至技术提升。

从产业变迁联系视野来看，无论是前向关联还是后向关联，ODI 都对投资所在国的产业具有某种积极效应。前向关联效应传导与促使投资所在国产业升级的机理，既有量的扩展效应，又有质的提升与竞争效应。一方面，企业 ODI 无疑会增加所在行业的海外规模，进而增加对国内上游产业产出的需求，需求的增加则会刺激上游产业规模扩张和技术提升；另一方面，借助 ODI 发展的跨国企业面对的是激烈的国际竞争，竞争往往促使其提高对国内上游产业投入产品质量的要求，从而促使上游部门以提高产品质量为目标的技术研发和创新。

这方面的典型案例既可从发达国家找到，也可从新兴市场经济体找到。前者以日本家电业为代表，20 世纪 90 年代以来，日本家电业的大量 ODI 主要集中在低端产品及非核心部件制造与装配环节，而在其国内则保留了高端产品制造及核心部件生产，海外制造的扩张刺激了国内高端及核心部件的生产和技术创新。韩国三星集团的技术提升无疑是新兴市场经济体最典型的案例。

与前向关联有所不同，后向关联效应传导与促使投资国产业升级的机理主要表现为专业化效应。具体而言，一国上游产业企业的 ODI 意味着本国可将稀缺性资源集中于下游产业，主要是高新技术产业。在这方面，美国、欧洲等发达国家和地区的案例最为典型。这些国家和地区的企业通过"外包"及在海外设立企业等方式，将低技术的上游产业转移至海外，本土企业则专业化于高端产业。专业化无疑促成了高端产业的技术提升。

（3）产业内竞争动因

从产业或行业内竞争的视角切入，考察 ODI 及企业国际化的投资国产业效应。德国化学工业、瑞士制药业及美国和日本半导体产业的发展证明，竞争可促成企业纵、横向间的互动与交流，由此激发创新。沿着这一理论不难推断，特定行业企业的 ODI 及其国际化，不仅会加剧一个行业的国内竞争，而且会将整个行业置于国际竞争环境下。具体而言，率先实现 ODI 进而国际化的企业，由于获得国外资源与技术等要素，容易获得行业竞争者的优势地位，由此对国内同行企业形成竞争压力，进而激发整个行业的竞争。

不仅如此，率先国际化的企业本身所面对的就是国际竞争，借助国际化企业，这种竞争具有某种传递效应，即通过国际化企业的活动将国际竞争传入国内整个行业。无论国内竞争还是国际竞争，都具有行业效率提升进而促进产业升级的效应。

这方面的典型案例是海尔集团（以下简称海尔）等家电企业国际化对中国家电业技术升级所起的作用。家电业众多案例显示，20 世纪 90 年代中后期，海尔等企业率先国际化，通过国外制造引入先进技术和"绿色产品"理念，提升了其国内外竞争优势，正是这类企业的突破引发了家电业的国内竞争，同时打通了国内外竞争壁垒，由此带动了国内家电业标准的提高，促进了中国家电及相关行业的产业升级。

2. 中国 ODI 发展的模式

（1）能源寻求型 ODI 模式

随着经济增长，我国对各种资源的需求也越来越大。在 20 世纪后 20 年中，我国能源消耗翻了一番；进入 2010 年，我国已成为世界上能源消耗的第二大国。在这样的经济发展背景下，购买海外矿产和资源已成为我国企业"走出去"的主要战略。这种类型的 ODI 的主要表现形式是购买外国资源公司，购买矿山、油田等资产。

（2）销售渠道寻求型 ODI 模式

随着中国经济的快速增长，很多企业面临着国内产能的过剩和海外市场的壁垒。据调查，在过去几年里，中国出口遭遇了"两反一保"等各种贸易壁垒，涉及金额为全球之最。而我国企业通过 ODI 则可避免类似壁垒，增强在海外市场的销售能力。联想集团（以下简称联想）收购 IBM（International Business Machines Corporation，国际商业机器公司）的个人计算机（personal computer，PC）业务就是一个典型的例子。

（3）技术寻求型 ODI 模式

中国近年在制造业取得了长足发展，已经成为世界工厂。但是，中国的大部分企业并没有自己独立的技术和品牌，使得大部分利润被外国企业获得。因此，我国现阶段需要通过并购等进入方式，对研发资源密集的区位实施 ODI，从而促进技术进步。具体来说，可以分为以下三种情况。

1）可降低技术获取的成本。自主创新投入周期长、研发成本高，而通过 ODI 在技术知识较为发达的国家进行相应的科研、生产、贸易等活动，可充分利用发达国家的资源优势，寻求核心技术资源来弥补我国的技术空缺，从而达到获得先进技术又节约成本的目的。

2）加快技术的获取效率。当前，单凭通过国内直接投资（inward direct investment，IDI）来吸收外国先进技术的效率是很低的，发达国家向我国转移技术知识时会存在很多壁垒，包括成本较高、利益冲突、消化吸收能力差等因素，而且跨国公司通常对先进技术特别是核心技术进行垄断和控制，传统的许可贸易和吸引 FDI 都很难使我国引进核心技术，致使我国在获取技术知识的质量和效率方面很难达到预期效果。因此，中国企业应调整 ODI 动机，提高技术导向型投资动机的比例，通过技术的逆向溢出效应使其向国内转移，从而提高技术的获取效率。

3）加快产品的更新速度。产品更新的实质是生产技术的更新。技术劣势企业必须时刻关注技术领先者的技术发展动向，主动及时地加以吸收和跟进，ODI 则是实现这一目标的有效途径。由于技术竞争加剧和知识外溢空间约束的特性，企业最优的区位选择策略就是与其他竞争者聚集在同一技术外溢空间内。

知识密集型企业往往在一定的地理空间形成积聚，这种积聚有利于彼此充分吸收其他竞争者的技术外溢，同时也有利于这些企业利用积聚带来的研发网络化的优势。据此，我国技术劣势企业的占优策略就是不断地从发达国家技术领先企业的区位网络中吸收新技术外溢带来的正向外部性。

1.2　跨国供应链及其管理的未来发展

1.2.1　跨国供应链内容及其特点

1. 跨国供应链的概念

跨国供应链（multinational supply chain）是指在全球范围内组合供应链，以全球化的视野，将供应链系统延伸至整个世界范围，根据企业的需要在世界各地选取最有竞争力的合作伙伴。跨国供应链管理强调在全面、迅速地了解世界各地消费者需求的同时，对其进行计划、协调、操作、控制和优化，在供应链中的核心企业与其供应商及供应商的供应商、核心企业与其销售商乃至最终消费者之间，依靠现代网络信息技术支撑，实现供应链的一体化和快速反应，达到商流、物流、资金流和信息流的协调通畅，以满足全球消费者需求（Hishleifer，1956）。

跨国供应链是实现一系列分散在全球各地的相互关联的商业活动，包括采购原料和零件、处理并得到最终产品、产品增值、对零售商和消费者的配送、在各个商业主体之间交换信息，其主要目的是降低成本扩大收益（图 1-5）（Hishleifer，1956）。

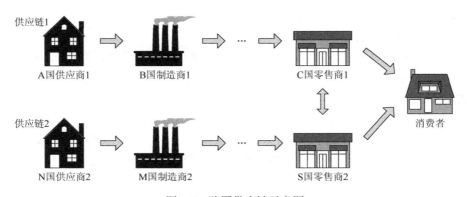

图 1-5　跨国供应链示意图

　　跨国供应链描述的是从商品的需求到生产再到供应过程中，跨出国界的经营实体（供应商、制造商、零售商和消费者）和活动（采购、制造、运输、仓储和销售）及其相互关系动态变化的网络。跨国供应链的概念注重围绕跨国企业的网链关系，每一个不同国家的企业在供应链中都是一个节点，节点企业之间是一种需求与供应关系。对于跨国核心企业来说，供应链是连接不同国家供应商、供应商的供应商及客户、最终消费者的网链。跨国企业开展供应链始于销售和运输管理方面，后又延伸至入库、最终产品库存、物料处理、包装、客户服务、采购和原材料等方面。在跨国供应链上除有资金流、物流、信息流外，根本的是要有增值流，在跨国供应链上流动的各种资源，应是一个不断增值的过程。因此，跨国供应链的本质是在全球范围内的增值链。

　　2. 跨国供应链结构的特点

　　一般意义上的跨国供应链管理理论，是在企业摒弃了以前基于所在国内部垂直一体化的模式，在世界范围内"做专做精"的基础上产生的。由于世界范围内不同国家的优势和资源禀赋不同，其所在国企业专注的竞争力就存在差异，在外界环境和市场需求复杂和多变情况下，为了能够快速响应市场，跨国企业迫切需要以供应链的形式进行合作。在供应链合作结构形式上，跨国供应链管理的研究经历了从个体企业向单链式纵向一体化管理发展过渡，并在竞争和发展过程中朝着供应链的跨链间横向一体化发展。

　　（1）跨国供应链纵向一体化

　　跨国供应链纵向一体化是指跨国企业在进行供应链管理的过程中，沿着单链的上下游，对位于不同国家的不同环节的企业进行一体化，其基础是在同一个供应链上进行，不涉及与其他供应链的任何联系。

　　在跨国供应链纵向一体化中涉及不同环节的企业——供应商、制造商、分销商、客户和最终消费者，需要对这些不同国家企业之间的物流、信息流和资金流进行计划、协调、控制等，以实现"7R"［right quality（正确质量），right quantity（正确数量），right time（正确时间），right place（正确地点），right condition（正确条件），right price（正确价格），right commodity（正确商品）］的目标。所以，有人将这种不同环节的跨国企业纵向一体化整合的管理称为跨国企业的集成化供应链管理。

　　另外，在跨国企业纵向一体化供应链管理中，由于近年来对环境问题意识加强，跨国供应链管理的纵向一体化运作内涵也受到影响。跨国供应链管理中的逆向物流（reverse logistics）得到重视，其强调不应将顾客退回物品及产品使用后废弃物排除在企业经营战略之外，因为有效逆向物流管理不仅能保护环境，为跨国企业带来明显的经济效益，还能提高跨国企业的公众形象，强化其供应链的竞争优势，提高物流供应链的整体绩效。所以，人们在研究纵向一体化正向物流（forward logistics）的同时，也将逆向物流纳入纵向一体化跨国供应链管理的内容中，使得跨国供应链纵向一体化向更为复杂的"类网络式"供应链发展。

（2）跨国供应链跨链间横向一体化

具有正向物流和逆向物流的跨国供应链纵向一体化，只是在一个供应链上进行运作，所以不能称为真正意义上的"网络式跨国供应链"，而只能称为"类网络式"跨国供应链。而真正意义上的"网络式跨国供应链"应该是跨国供应链跨链间横向一体化，它涉及跨链间的不同单链式供应链企业的协调和协作，也就是涉及两个及以上的跨国供应链在不同或相同环节企业之间的协调管理。

基于集群式的跨国供应链，是产业集群和供应链耦合的一种新型组织形式。在不同国家的产业集群地域中，多个平行单链进行的跨链协作，就是典型跨国供应链跨链间横向一体化结构。

3. 跨国供应链管理的内容

跨国供应链管理主要涉及四个领域：供应（supply）、生产计划（schedule plan）、物流（logistics）和需求（demand）。跨国供应链管理是以同步化、集成化生产计划为指导，以各种技术为支持，尤其以互联网为依托，围绕跨国供应、生产计划、跨国物流、需求来实施的。跨国供应链管理的目标在于提高用户服务水平和降低总的交易成本，并且寻求两个目标之间的平衡。

在以上四个领域的基础上，可以将跨国供应链管理细分为职能领域和辅助领域。职能领域主要包括产品工程、产品技术保证、跨国采购、生产控制、库存控制、仓库管理、分销管理。而辅助领域主要包括客户服务、制造、设计工程、会计核算、人力资源、市场营销、通关和关税。

由此可见，跨国供应链管理关心的并不仅仅是物料实体在供应链中的流动。除了跨国企业内部与企业之间的运输问题和实物分销外，跨国供应链管理还应包括以下主要内容。

1）位于不同国家的战略性供应商和用户合作伙伴关系管理。

2）跨国供应链产品需求预测和计划。

3）跨国供应链的设计。

4）跨国企业内部与其他国家企业之间物料供应与需求管理。

5）基于跨国供应链管理的产品设计和制造管理、生产集成化计划、跟踪和控制。

6）基于跨国供应链的用户服务和物流管理。

7）位于不同国家的企业间资金流管理。

8）基于互联网的跨国供应链交互信息管理。

跨国供应链管理注重总的物流成本与用户服务水平之间的关系，为此要把跨国供应链的各个职能部门有机结合在一起，从而最大限度地发挥出供应链整体的力量，达到整个供应链企业群体获益的目的。

1.2.2　跨国供应链管理的原则

跨国供应链管理就是要实现整个供应链核心价值的优越性、延展性、独特性、动态性等表征，这要求跨国供应链管理必须从管理模式、组织结构、企业资源等因素进行创新和改进，具体来说表现在如下几个方面。

（1）品牌原则

跨国供应链核心主导企业的品牌影响是跨国企业的无形资产，它不仅能反映出跨国企业的综合实力和产品价值，而且是对供应链其他配套环节企业合作的内在引力，主要原因是品牌效应具有传递效应，跨国企业最终产品的美誉度，将延伸到该最终产品各零部件的生产美誉度。进一步，如果跨国供应链内大部分核心主导企业都有一定的品牌知名度，不仅使得各个核心主导企业能在同一平台具有对接的可能，即能促成进行横向合作的可能，广而推之，还对整个供应链的整体品牌的提升起到很大作用，促进跨国供应链其他企业的合作可能和能力的提高。

（2）市场原则

跨国供应链对市场的领悟能力，就在于是否是以客户为导向，而不是以产品为导向的观念和行为方式。在产品导向观念下，跨国企业不会顾及客户或潜在客户的需求偏好，而是以自身已有产品来组织各项活动，采取 4P［place（渠道）、product（产品）、price（价格）和 promotion（促销）］营销策略来推销自己能生产的产品，其实这是基于"push"（推）方式的市场响应策略。相反，在以顾客为导向的模式下，主导企业注重把握不断变化和个性化的需求，并努力加以满足，与客户建立牢固的伙伴关系，所以跨国企业在此种情况下会应用 4C［consumer wants and needs（客户需求）、cost to satisfy（客户满意）、convenience to buy（方便顾客购买）和 communication（经常与客户进行交流）］营销策略，这种策略是基于市场的需求，是一种市场"pull"（拉）方式的生产策略，实施这种策略才可能真正不断增强市场领悟能力。

（3）敏捷原则

跨国供应链组织结构并不仅仅体现一种扁平、易重组和易进行信息传递的物理组织结构，还要反映出在该组织系统后面与其相适应的生产专业化形式、管理方式、执行能力、信息挖掘处理能力等，即一种敏捷性组织结构。跨国供应链要求其企业对动态的竞争环境、动态的市场需求有着很好的适应性和灵活性，有能力迅速组织、调整和重新整合企业之间的业务流程，能衡量供应链的外部环境和内部条件的变化，并对跨国供应链战略层、策略层和运作层进行调整和响应，才能使得跨国供应链不因合作环节较多而影响其敏捷性。

（4）整合原则

跨国供应链整合能力是指供应链核心主导企业具有将其他环节的企业组织好、领导好、协调好的能力，能将其他合作企业进行基于纵向一体化运作的能力。在跨国供应链的环境中，跨国供应链整合能力就是企业具有基于纵向一体化单链式供应链的整合能力，以及不同单链式供应链跨链间的整合能力等。这些整合层次不同，涉及的企业数量较多、环节各异，整合内容繁杂，如营销渠道整合、物流整合、文化整合、技术整合、业务流程整合等，这对集群核心主导企业整合能力而言将是一种挑战，也是其核心竞争力的一种体现。

1.2.3　跨国供应链发展背景和趋势

1. 跨国供应链的发展背景

全球经济一体化进程的不断加快，使得世界各国的经济通过相互开放，形成相互联系和相互依赖的整体。跨国供应链作为经济一体化的产物，对世界经济的发展起着举足轻重的作用，其通过 ODI，在世界各地设立分支机构或子公司，从事国际化生产和经营活动，是跨国公司最直接的表现。跨国公司进行跨国供应链管理是现实的客观要求，其产生背景体现在以下两个方面。

（1）跨国公司在世界经济发展中地位越来越重要

随着经济全球化的发展，企业竞争也日趋激烈，迫使企业不得不走出本土，在世界范围内寻找需求市场和供给资源。经历了一个多世纪，跨国公司由小到大、由少到多获得了举世瞩目的发展。据联合国跨国公司中心统计，20 世纪 60 年代后期，西方发达国家有跨国公司 7276 家，受其控制的国外子公司 27 300 家；到 70 年代末 80 年代初，跨国公司的数量已增到 1 万多家，受其控制的国外子公司和分支机构已达 10 万多家。到 1996 年，跨国公司已增至 4.4 万家，受其控制的子公司达 28 万家，其在全世界的雇员也增长至 7000 多万人。2001 年，跨国公司达 6.5 万家，受其控制的子公司达 85 万家，年销售额 19 万亿美元。目前，跨国公司控制了世界工业生产总值的 40%～50%，国际贸易的 50%～60%，ODI 的 90%，且拥有全球 90%的技术转让份额。跨国公司在国际经济活动中的主体地位日益显著。

《2000 年世界投资报告》表明，在过去二十多年里全球范围的投资并购平均增长率为 42%，在 1999 年达到了 2.3 万亿美元，其中，跨国并购投资于 20 世纪 90 年代在数量和规模上维持着 25%的增长率，在 1999 年达到了 7.2 亿美元。

据法国《费加罗报》2011 年 8 月 15 日报道：美国苹果公司季度报表显示，其利润、收入分别增长 125% 和 82%，其资产总额达 3620 亿美元，超出埃克森美孚石油公司，成为全球市值最高上市公司。其中，苹果公司持有流动资金达 758 亿美元，甚至超过头号经济大国美国政府当时的运营现金额。称这些跨国公司富可敌国可谓实至名归。

2000 年 2 月，马来西亚总理马哈蒂尔在联合国贸易和发展会议上，曾说过跨国企业通过并购，实力和体量越来越大，财力达到甚至超过如同马来西亚一样的中等收入国家的年收入。他坦诚地说在希望与跨国公司合作的同时，也很害怕这些跨国公司无条件进入将鲸吞这些国家的经济和行业（Moskalev，2010）。

（2）跨国供应链管理是跨国公司打造核心竞争力的重要手段

跨国公司之所以能维系强大的竞争力，是因为其在建立供应链管理的基础上，即在全球范围内配置资源，整合供应链各个环节，从而实现快速响应市场，提供用户所需产品。跨国公司在跨国经营过程中，通过出口（exporting）、合资（joint venture）、并购（merger and acquisition，M&A）和独资（greenfield investment）等方式，进入目标东道国，构建相关链节企业来优化其供应链。特别是在经济飞速发展的发展中国家（如中国），市场和资源（如劳动力资源）双重重要的前提下，尤其成为跨国企业嵌入其供应链的关键区域。近年按照 WTO 达成的协议，中国市场管制不断放松，出现了一股合资企业"独资化"的潮流。外商独资企业所占比例急剧增长，从 1998 年的 41.8% 一路上升至 2008 年的 81.4%，远超中外合资企业和中外合作企业的比例，成为外企在华运营的主要模式。从阿尔卡特公司（以下简称阿尔卡特）到西门子通信投资公司（以下简称西门子），再到达能集团，外资独资潮特别体现在快速消费品、互联网技术（internet technology，IT）等行业。但在 1998 年世界金融危机之后，有些行业在中国市场是由国有企业主导，并且受到"国进民退"的影响，这些行业发展趋势正好相反，不仅更多的跨国公司寻求和中国企业展开合作，而且中外双方还通过展开海外销售、在国外合资建厂等方式征战全球市场。

中国市场在全球市场中的地位凸显，在中国的合资企业成为跨国企业全球业务中的亮点。在一些竞争充分的行业中，合资的方式更加有利于跨国企业深入中国市场。在全球市场中，跨国企业之间的竞争更加激烈，这导致中方在合资的过程中谈判能力显著增强，更加提升了中外方之间合作的可能性。手机领域的竞争让诺基亚公司（以下简称诺基亚）放弃了与英特尔公司（以下简称英特尔）合作的 MeeGo 系统，英特尔不得不面对新的战略抉择。2011 年 4 月，英特尔透露，将与中国的深圳市腾讯计算机系统有限公司（以下简称腾讯）合作建立一家研究中心，英特尔将专注于硬件和操作系统的开发，而腾讯则侧重服务、用户体验和产品。此外，以往中外合资企业一直都是专注于中国市场，现在则是合资企业主动走出去，成为中外方合作的新模式。随着发展中国家的吸引力不断增强，国际知名公司往往对低端市场并不熟悉，而中国合资企业却拥有适合的产品和管理模式。通用汽车（General Motor，GM）公司虽然是全球知名顶级企业，但其在印度市场的份额却与铃木公司及当地本土企业的市场份额相差甚远，销量只有当时的马鲁蒂铃木的十分之一。2010 年底，GM 公司和上海汽车集团股份有限公司经过一系列复杂的股权交易后，双方通过各持股 50% 的合资公司进军印度市场。在中国的合资企业——上汽通用五菱汽车股份有限公司以技术转让的形式，将部分车型与零部件体系导入 GM 印度公司。GM 公司将扩建当地工厂，并利用 GM 的渠道以雪佛兰品牌销售产品。

事实上，在航空制造和能源等领域，美国通用电气（General Electronics，GE）公司、空中客车公司、荷兰皇家壳牌集团等外资巨头也对在华成立新的合资公司乐此不疲。2006 年，世界 500 强企业之一的 GE 公司与中国大型国企沈阳鼓风机（集团）有限公司签订合资合作协议，GE 公司将投资参股沈阳鼓风机（集团）有限公司的核心企业；同时，GE 航空集团和中国航空工业集团有限公司建立的中航通用电气民用航电系统有限责任公司，除了共同开发下一代航空电子技术和产品，参与国产 C919 大型客机的开放式航空电子系统平台竞标外，还参与了国际民用航空市场的竞争，这已经超越了"市场换技术"的业务层次。而 2009 年 GE 公司更与中国铁道部签署备忘录，寻求在参与美国的高速铁路建设项目方面加强合作，这使得 GE 公司通过与中国国有企业和部门合资合作，反过来在本土市场受益。此外，在铁路运输方面，2010 年 GE 公司与中国南车股份有限公司的合资公司也将目标投向对新兴市场的出口。GE 公司与国有企业的合资结盟，虽然看上去与外资在华的独资潮相悖，但实质上更多由行业特性决定。未来国企巨头和外资巨头将在本土、国际两个市场上，既相互竞争，又相互合作。

2. 跨国供应链的发展趋势

我国经济经过 40 年左右的飞速发展，特别是在加入 WTO 后，国内企业的实力和技术创新能力大幅提高，许多企业为了巩固市场地位和规避市场风险，纷纷在海外投资建立生产基地，通过谋求海外发展来增强其核心竞争能力。这些企业在实际运作过程中，采用的方式和策略都有所差异。例如，海尔和联想是通过直接建厂或并购来促进企业产品进入国外高端市场；而力帆集团和华为技术有限公司（以下简称华为）则是在海外建立生产基地来布局和占领海外中低端市场。目前，随着劳动力成本不断上升，企业向海外转移生产的意愿将进一步增强，而劳动力成本相对低廉的中低端海外市场，将更适合企业向海外投资。跨国企业作为当代世界经济的主体，随着全球经济一体化的深入发展，促进了世界各国经济的发展。发展中国家通过在工业发达、技术先进的国家和地区收购企业或购买股份，直接经营或参与企业的经营管理，可以吸收其中的先进技术，学习有效的管理经验和方法，有助于提高国家的整体技术水平和企业的经营效率。

与此同时，跨国生产在原材料采购、产品生产和销售方面，都突破了国家的范围，使得这些企业组成的供应链系统成为一个较为复杂的全球供应链系统。供应链（supply chain，SC）是一个在以顾客为中心的市场环境下，由供应商、制造商、分销商和顾客构成的网络系统。供应链运作管理是一个动态的过程，包括连续的信息流、资金流和物流在成员间流动。为达到缩短交货时间、提高产品和服务质量、降低产品成本和提高客户满意度的目标，供应链成员企业需要在整个供应链范围内协调与协作。提高客户满意度和供应链成员企业利益最大化是供应链最根本的战略目标。当前，产品或服务的竞争将不再是企业与企业之间的竞争，取而代之的是供应链与供应链之间的竞争。

在经济日益全球化的今天，贸易壁垒不断消除，贸易自由化程度不断提高，资金大范围流动也更趋于便利，这些都为企业间相互合作提供了可能性。为了实现效益最大化，跨国公司不断向海外扩展其原材料采购网络、成品销售网络，使得资源的配置不断得到优化，其企业规模也迅速扩大。在此背景下，跨国公司的供应链网络发展具有以下趋势。

（1）注重核心业务外包非核心业务

许多大型跨国公司，尤其是高科技类产品的跨国公司，更多地将其资源集中在能带来高附加值的研发环节、市场销售等环节，而将那些附加值低且其他企业能完成的环节外包出去。在全球范围内选择外包服务承接商，降低企业的各项成本，实现企业较优的资源分配，强化公司核心能力，从而获取更高的回报。例如，纺织服装行业世界著名的运动品牌阿迪达斯和耐克，把主要精力集中于设计和研发上，生产环节都外包给劳动力成本较低地区的企业；软件行业的微软也只专注于核心业务，即开发和普及软件产品，在提供顾客服务和援助方面则以战略同盟的方式，通过与其他公司合作完成，除此之外的工作则全都外包出去。

中国和印度是供应链流程全球外包的两个主要承接地，但两国的优势和承接外包的主要商业流程不同，跨国公司所考虑的侧重点也明显不同。中国在承接制造业外包方面有明显优势；印度在承接完整的供应链外包、IT 外包和离岸业务外包方面有明显优势。

（2）产业集群化发展

1890 年，英国著名经济学家马歇尔首次提出了"产业区"（industrial district）的概念。在欧美许多国家和地区已完成工业化，产业集群也在这些国家和地区大量出现并成型。当波特教授在 1990 年用"产业集群"（industrial cluster）来界定这种现象时，产业集群已在世界上许多地区诞生了，众多研究结果也证实了产业集群可以带动经济腾飞的规律（黎继子，2005）。例如，美国硅谷微电子产业、底特律汽车产业、波士顿生物制药产业、洛杉矶军工航空制造产业等，都是因为产业的集中化带动了这些区域经济的发展。同样在德国，汽车及配件制造是重要经济支柱，在慕尼黑和斯图加特，世界著名汽车品牌宝马、奥迪、保时捷、戴姆勒和克莱斯勒影响着当地经济；福特汽车公司、德国博世有限公司等国际企业在萨尔州设有工厂，汽车及配件制造业是该地区经济发展的主要动力。在当今世界经济更加紧密的时代，产业集群以其特有的本质，继续推动世界经济的发展。

（3）生产环节转向低成本区域

许多技术含量较高或是资本规模比较大的企业，从自身战略考虑，在全球范围内进行生产选址，以此来不断降低成本或者占领市场。特别是考虑对于区域经济发展状况不同的海外市场，实行不同技术层次的梯度布局策略，即在中国国内作为技术层次最高的企业，通过技术的领先而不是成本领先，获取市场高额垄断利润；随着技术优势的逐步丧失，以成本优势来取代技术优势，即将该技术产品转移到低成本的国家或区域进行生产。在我国华东长江三角洲地区（以下简称长三角地区，以江浙沪为主）和华南珠江三角洲地区（以下简称珠三角地区，以广东为主），成为跨国企业生产基地的集中区域，并在某些地区出现了特定的产业集群，如东莞的计算机零件生产和深圳的电子产品生产都比较集中。随着成本的上升和我国西部大开发战略的实施，西部地区投资环境也不断地改善，加上其相对长三角地区和珠三角地区更具优势的劳动力成本，成为在华跨国企业生产转移的新空间。此外，这样的规律在世界范围内更加普遍，也将成为企业发展的一种长远战略举措。

总之，跨国供应链全球化趋势越来越强，涉及运输和仓储等主要物流环节和基本业务的全球化，采购、外包、供应链流程的全球化。自 2005 年以来，全球化在物流和供应链领域的影响日趋明显。供应链全球化影响已经深入企业商业活动的方方面面。影响供应链管理的宏观因素，包括石油冲击、绿色法规、国际贸易、全球贸易和经济增长等。其中，建立对环境负责的供应链，是保证跨国供应链可持续发展的关键。

第 2 章　跨国供应链跨国经营的方法和策略

在国际经济合作不断加强的背景下，更多跨国企业在全球范围内进行资源配置，打破了传统地域限制，使得传统物流模式发生变化，物流环节也突破地域的限制，是跨国企业管理理念的一次重要飞跃。跨国企业内部各部门（或分支机构）跨越地域限制，企业内部合作、与外部企业合作都使得企业间关系变得更加复杂，更加难以控制，如图 2-1 所示。在跨国经营的视角下，跨国企业供应链策略的选择，对企业的发展尤为重要。

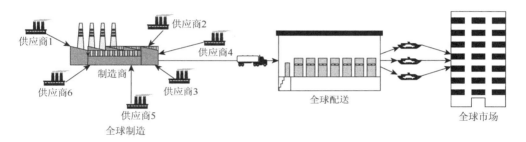

图 2-1　跨国供应链

基于跨国视角，企业的跨国供应链管理是以对外投资的形式参与东道国经济活动，在逐步扩大投资领域的基础上，与东道国政府、东道国企业及其他地区企业开展竞争与合作，以获利为目标，不断优化各自的供应链成员企业，形成双赢的供应链结构模式。全球产业规模的不断发展，将会打破原有的平衡，使得整个跨国供应链面临新的竞争环境，从而跨国供应链策略也要随之变化。跨国供应链企业面临更多的不确定性和风险性，因而对跨国企业的供应链决策带来许多困难。

2.1　跨国供应链的跨国经营方法

2.1.1　特许经营方法

1. 特许经营的起源和内涵

特许经营（franchising）最早起源于美国，1851 年美国胜家缝纫机公司为了拓展其缝纫机业务，开始授予缝纫机的经销权，在美国各地设置加盟店，撰写了第一份标准的特许经营合同书，被业界公认为现代意义上的商业特许经营起源。

特许经营是许可证贸易的一种变体，特许权转让方将整个经营系统或服务系统转让给独立的经营者，后者则支付一定金额的特许费（franchise fee）。具体来说，特许经营指特许者将自己所拥有的商标（包括服务商标）、商号、产品、专利和专有技术、经营模式等以特许经营合同的形式授予被特许者使用，被特许者按合同规定，在特许者统一的业务模式下从事经营活动，并向特许者支付相应的费用。

2. 特许经营的类型

（1）按授予范围和对象

1）单体特许。特许者赋予被特许者在某个地点开设一家加盟店的权利。

2）区域开发特许。特许者赋予被特许者在规定区域、规定时间开设规定数量的加盟店的权利。

3）二级特许。又称为分特许。特许者赋予被特许者在指定区域销售特许权的权利。在这种类型中，被特许者具有双重身份，既是被特许者，又是分特许者。

4）代理特许。特许者授权被特许者招募加盟者。被特许者作为特许者的一个代理服务机构，代表特许者再招募被特许者，为被特许者提供指导、培训、咨询、监督和支持。

（2）按特许权授权内容和方式

1）生产特许。受许人投资建厂或通过原始设备制造（original equipment manufacturing，OEM）的方式，使用特许者的商标或标志、专利、技术、设计和生产标准来加工或制造取得特许权的产品，然后经过经销商或零售商出售，受许人不与最终用户（消费者）直接交易。典型的案例有可口可乐的灌装厂、奥运会标志产品的生产。

2）产品-商标特许。受许人使用特许者的商标和零售方法来批发和零售特许者的产品。作为受许人仍保持其原有企业的商号，单一地或在销售其他商品的同时销售特许者生产并取得商标所有权的产品。

3）经营模式特许。受许人有权使用特许者的商标、商号、企业标志及广告宣传，完全按照特许者设计的单店经营模式来经营；受许人在公众中完全以特许者企业的形象出现；特许者对受许人的内部运营管理、市场营销等方面实行统一管理，特许者对整个流程具有较强的控制性。

3. 特许经营的优缺点分析

（1）特许经营的优点

1）特许者利用特许经营实行大规模的低成本扩张。

对于特许者来说，借助特许经营的形式：①特许者能够在实行集中控制的同时保持较小的规模，既可赚取合理利润，又不涉及高资本风险，更不必兼顾加盟者的日常琐事；②由于加盟店对所属地区有较深入的了解，往往更容易发掘出企业尚没有涉及的业务范围；③由于特许者不需要参与加盟者的员工管理工作，本身所必须处理的员工问题相对较少；④特许者不拥有加盟者的资产，保障资产安全的责任完全落在资产所有者的身上，特许者不必承担相关责任；⑤从事制造业或批发业的特许者可以借助特许经营建立分销网络，确保产品的市场开拓。

2）加盟者借助特许经营复制成功范式。

有人形象地把加盟特许经营比喻成"扩印底盘"，即借助特许者的商标、特殊技能、经营模式来反复利用，并借此扩大规模：①可以享受现成的商誉和品牌。加盟者由于承袭了特许者的商誉，在开业、创业阶段就拥有了良好的形象，使许多工作得以顺利开展。否则，借助于强大广告攻势来树立形象是一大笔开支。②避免市场风险。对于缺乏市场经营的投资者来说，面对激烈的市场竞争环境，往往处于劣势，投资一家业绩良好且有实力的特许者，借助其品牌形象、管理模式及其他支持系统，其风险大大降低。③分享规模效益。这些规模效益包括采购规模效益、广告规模效益、经营规模效益、技术开发规模效益等。④获取多方面支持。加盟者可从特许者处获得多方面的支持，如培训、选择地址、资金融通、市场分析、统一广告、技术转让等。

（2）特许经营的缺点

1）加盟者虽然得到了一套完善的、严谨的经营体系，但是很难改变这种经营模式来适应市场的、政策的各种变化。另外，由于各个地区消费者的需求不同，特许经营也很难在任何地方都能保持持续的优势。

2）对消费者来说，加盟者的频繁变更给他们带来了疑惑。加盟者的频繁变更造成了特许者、现任加盟者和以往加盟者之间的责任不清，相互推脱责任。

3）特许经营只能专注于某一个领域，而不可能在各个市场都取得战略性的成功。

2.1.2　许可证贸易方法

1. 许可证贸易的概念与类型

（1）许可证贸易的概念

许可证贸易，又称许可贸易，是指技术许可方将其交易标的的使用权通过许可证协议或合同转让给技术接受方的一种交易行为。许可证的标的，通常是"软技术"，可以是专利、设计、工业模型、商标及版权，也可以是专有技术（诀窍）。

（2）许可证贸易的类型

1）按标的的不同。

a. 专利许可证。专利许可证是一种古老的技术转让方式，指专利所有人或其授权的法人及自然人在一定范围内允许他人使用其受专利保护的技术权利。

b. 专有技术许可证。专有技术是指生产秘密、技术知识、经验、制造方法等。专有技术许可证不同于专利许可证，它是靠合同中的保密条款来保护的，专有技术的有效期比专利更富有伸缩性。

c. 商标许可证。商标称为商品的牌子。商标权是商标的使用者向主管部门申请、经主管部门核准所授予的商标专用权。商标许可证是指拥有商标专用权的所有人通过与其他人签订许可合同，允许他人在指定的商品上及规定的地区内使用其注册的商标。

2）按授权的范围。

a. 独占许可证协议。即在规定的地区内，接受方在协议的有效期内对许可证协议项下的技术享有独占的使用权，许可方不得在该地区内使用该项技术制造和销售商品，也不得把同样的技术授予该地区内的任何第三方。

b. 排他性许可证协议。排他性许可证协议，又称全权或独家许可证协议，是指在规定的地区内，许可方和接受方在协议有效期内对许可证协议项下的技术都享有使用权。但许可方不得将此种权利给予第三方，即不得与第三方签订同一内容的许可协议。

c. 普通许可证协议。普通许可证协议是指许可方允许接受方在规定的地区和时间内享有使用协议中所规定的技术制造和销售相关产品的权利。但这种权利不是独占的，对许可方（或出让方）没有限制，技术使用权转让给接受方后，许可方仍可在该地区内使用该项技术或将该项技术的使用权授予任何第三方。

d. 分许可证协议。分许可证协议，又称从属许可证协议，是指在协议的有效期内，接受方有权以自己的名义把协议项下的技术向第三方转让。

e. 交叉许可证协议。交叉许可证协议，又称互换许可证协议，是指双方以价值相等的技术，在互惠的基础上，交换技术的使用权和产品的销售权，一般都是不收费的。这种方式常在合作生产、合作设计时使用。

2. 许可证贸易的优缺点分析

（1）许可证贸易的优点

1）这是避开进口国限制、作为产品出口转换形式的最佳途径。

2）可大大降低或避免国际营销的各种风险。许可方的资金没有进入国际市场，减少了接受方所在国的外汇管制风险；纯粹的技术使用权许可，不存在独资或合资的企业被东道国没收征用的政治风险；由接受方利用技术进行产销活动，使市场竞争与汇率变动等风险转移到接受方身上。

3）可节省高昂的运销费用，提高价格竞争的能力。

4）有利于特殊技术的转让。某些关系进口国国计民生的重要工业产品无法采用投资或产品出口方式，而通过许可证贸易便能顺利地涉足于这些产品的生产经营领域。

5）便于服务性质的企业进入国际市场。例如，各种类型的咨询公司、技术服务公司等企业本身并不制造产品，许可证贸易便为它们的无形产品（技术）进入国际市场提供了便利条件。

6）使小型制造企业也能进入国际市场。这一优点对于我国众多的制造企业来说尤为重要。

（2）许可证贸易的缺点

小型制造企业实力不足、缺乏资金，难以采用直接投资在国外生产经营产品的方式，但只要拥有某项对市场具有吸引力的技术，同样可以通过许可证贸易的方式进入国际市场。客观地评价许可证贸易方式，它也有以下一些不足之处。

1）必须具备一定的条件。并非任何企业或任何技术都能进行许可证贸易。当企业拥有驰名商标、良好商誉、先进技术并对接受方有吸引力时，许可证贸易才能成为现实。

2）许可方对目标国家的市场经营难以控制。许可证贸易双方并非从属关系，而是等同于买卖关系，不管接受方的市场经营状况如何，许可方也不能对其加以直接控制，只能把接受方视为自己在国外的经销商，市场经营状况不佳可能会对许可方及其产品的声誉造成不良的影响。

3）许可方的纯收益可能会受到目标国家经营状况的制约。当采用提成的办法计算转让费用时，许可方的纯收益由产品在目标国家的竞争能力、销售数量、盈利水平来决定。

4）许可方可能在国际市场上培养了自己的竞争对手。许可证贸易实际上是许可方把一部分技术的优势、独占的权力转让给了接受方，即让出了一部分现实市场和潜在市场，这是许可方的风险损失。因此，在技术出口之前就要权衡利弊，估算这种风险损失，拟定补救的办法，然后才做出决策。

2.1.3　合资方法

1. 合资的概念和成因

（1）合资的概念

合资，又称合营，一般定义为由两家公司共同投入资本成立，分别拥有部分股权，并共同分享利润、支出、风险、对该公司的控制权，与策略联盟不同。策略联盟与公司股权无关，在形式上也较不严谨。所以，合资是指两家或多家公司共同出资、利润共享、风险共担，组建新企业进入新的市场领域，例如，联合利华集团就是 20 世纪 20 年代由英荷合资组建的公司。

（2）合资公司的成因

一般两家或多家公司合作并成立合资公司的原因有以下四点。

1）政府的鼓励和法令限制。基于当地政府的鼓励或法令限制，如印度政府限制国外公司在当地的持股最多只能到 40%。

2）关税政策。关税也是国外公司与当地公司合作成立合资公司的原因。进入国外市场，如丰田汽车公司（以下简称丰田）与通用汽车公司合作，成立新联合汽车制造公司，丰田得以进入美国市场，而通用汽车公司则取得丰田的技术与管理方法。

3）资源互补。例如，对于中方投资者来说，合资经营可以引进先进技术和设备，发展新技术，促进企业的技术改进和产品升级换代；可以利用外国投资者的国际销售网，开拓国际市场，扩大出口创汇；可以学习国外先进的管理经验，提高国内管理人员的管理水平。

4）分散风险。事实上，对于外方投资者来说，合资经营减少或避免了政治风险和投资风险，可以享受优惠待遇，尤其是优惠税率，外方可以通过当地合营者了解中国的政治、社会、经济、文化等情况，有利于增长商业及经营知识，提高商业信誉，还可以通过当地渠道，取得财政信贷、资金融通、物资供应、产品销售等方面的便利。

但合资企业又是一种内部冲突水平比较高的特殊的企业形式，中外合作双方可能来自不同的国家和地区，其社会、政治、法律制度不同，文化背景不同，由此形成的经营理念、管理决策思维、企业行为方式等也有很大的差异，因此在合作过程中出现管理冲突是不可避免的。

2. 合资的特性

（1）合资的可控制性降低

在合资模式下，与合作对象配合是必然的现象，合资固然可享受对方资源的好处，但同时对于企业的控制力也相对会受到牵制。一般在合资公司中占有 51%的股权，即可取得控制地位。拥有少数股权的一方，则应争取的是否定权。所以对合资公司来说，合资的结果，必然是各自股权被稀释，各合资公司不可能完全按照己方的意愿做出决策，控制度降低。

（2）资源彼此互补

合资公司五大资源〔1T-4M，即技术（technology）、市场（market）、管理

（management）、人才（man power）、资金（money）] 中，每个合资企业的各方都有自己的资源优势，合资的目的就是彼此间资源得到互补，从而最大限度取得对外的竞争优势。所以，在决定合资时，就需要充分分析自己的和对方的资源优势，合作合资时才能取得成功。

（3）进入高科技产业的垫脚石

对外合资合作的现象在高科技产业尤其明显，往往一方具有技术、管理上的优势，另一方具有市场、资金上的优势，同时所在市场国政府的法令的限制，使得合资成为双方间唯一的选择，故在中国像汽车、高铁、核电等行业均是采用合资方式进行的。

（4）合资者有财务性投资动机

合资具有多重属性，有一种属性是财务性投资，即公司出资后并不插手经营，其投资的出发点在于股利收入，此种合资纯粹只为获利性考量。这种合资最多出现在上市公司和股票市场上，通过股票市场购买上市公司的股票来进行，但是这种形式更多可能是一种短期的投机行为。

2.1.4　独资的方法

1. 独资的概念和特点

（1）独资的概念

独资企业指外国的公司、企业、其他经济组织或者个人，依照中国法律在中国境内设立的全部资本由外国投资者投资的企业。外资企业的组织形式一般为有限责任公司，也可以说是一人有限责任公司。但它不包括外国的公司、企业、其他经济组织设在中国的分支机构，如分公司、办事处、代表处等。

（2）独资的特点

1）除土地外，企业的投资百分之百为外国投资者所私有，没有中国投资者参股，便于投资者保守技术诀窍与商业秘密。外商独资企业可以是一个外国投资者独资，也可以是若干外国投资者合资。

2）外商投资者独立出资，独立经营，没有中国投资者参与经营管理，拥有绝对的经营决策权。企业依章进行经营管理活动，不受干涉。

3）自负盈亏。经营收入除按中国有关税收的规定纳税外，完全归投资者所有和支配。企业终止，应当及时公告，按照法定程序进行清算。

2. 外商独资化的表现形式和途径

（1）外商独资化的表现形式

独资化趋势是指近几年跨国公司在中国投资时，更多地采用独资企业的形式，以及原有在华合资企业纷纷增加外方控股比例，甚至是转向独资这一新现象，主要表现形式有以下两种。

1）外商独资全面超过中外合资和合作。

1997 年外商来华投资的企业中，独资企业的数量首次超过了合资企业。而从 1998 年起外商独资企业一直多于合资企业。从 2000 年起，实际使用外资金额中独资企业的比例开始超过合资企业，并呈逐年上升趋势，近几年来这种独资化趋势更加明显。2005 年，中国共批准 FDI 企业 39 679 家，其中外商独资企业 29 239 家，约占总数的 74%。2015 年，合同利用外资金额 1704.81 亿美元，其中外商独资企业合同利用外资金额 1288.34 亿美元，约占总数的 76%。

2）原有中外合资企业外商控股权明显增大。

经过多年发展，中外合资企业中中方的股本逐年下降，外方的股本逐年增加。这其中最具代表性的例子是 1988 年成立的广州宝洁有限公司（以下简称广州宝洁），刚开始外方控股比例是 49%，经过几次股权变更，现在的广州宝洁基本上已成为一家外商独资企业，外方持股 99%，中方仅剩下了 1%。

（2）外商独资化的途径

通过分析，外商投资步入独资化进程的途径多种多样，主要有如下几种。

1）建立合资合作企业。

外商最初进入中国市场时，由于对中国市场不够熟悉，缺乏市场运营的经验，为了能够迅速占领中国市场，通常采取在当地选择合作伙伴，建立合作企业的方式。中国政府也积极推进外商与国内企业的合资、合作，认为通过合资、合作中方企业可以近距离学习跨国公司的经验。这使得合资、合作成为外商进入中国的主要投资和经营方式。但当外商在中国经营一段时期后，对中国市场、法规及竞争的情况已十分熟悉，并且积累了相当丰富的运营经验，于是就想摆脱束缚、减少内耗，以求得在中国更快的发展，这势必会走向独资化。

2）股权收购。

20 世纪 80 年代以来，国际上的跨国并购活动日益频繁，规模也越来越大，已成为国际直接投资的主流趋势。例如，法国达能集团通过股权收购，控制了 50% 的广东乐百氏集团（以下简称乐百氏）股权，41% 的娃哈哈集团股权，90% 的广东达能食品有限公司的股权和 63% 的唐山欧联豪门啤酒有限公司股权。外商以这种方式进入中国市场可以节省许多时间和成本，尤其是中国一大批具有收购价值企业的存在，促使外商加快了跨国并购的进程。

3）增资扩投。

增资扩投是外商提高控股权，实现控制经营管理权的一种快捷而有效的方式。由于外商资金雄厚，而国内企业大多资金有限，根本无力与外商抗衡，外商能够通过增资扩投，顺利地增加股权，从而达到其独资化的目的。

4）技术转让。

在经济全球一体化的趋势下，国际分工合作的世界经济格局已形成。由于中国拥有一大批具有低成本优势的制造业，而外商若将最新技术迅速转移到国内其控制的企业中，将极大地降低成本，使其在国际竞争中处于优势地位，于是外商把掌握着其核心技术的企业和研发中心转移到中国，成立独资企业。到2012 年，世界 500 强中已有 431 家在中国投资了 2000 多个项目，西方发达国家的 IBM、微软、通用汽车公司、阿尔卡特和西门子等世界著名跨国巨头，已经在国内建立了 100 多个研发中心，形成了继生产制造中心之后的又一个新的投资热点。

5）建立外商独资企业。

部分外商在尝到了独资的甜头之后，其他外商也不甘示弱，一部分外商会直接投资建立独资企业，以取得更佳的效果。这是外商独资最明显、最直接的方式。

3. 外商独资化的利弊分析

（1）外商独资化的好处

外商独资化是一把"双刃剑"，它在给中国经济带来机遇的同时也带来了挑战。外商独资化对中国经济的正面效应主要表现在以下七个方面。

1）弥补了中国建设资金的不足。

外资在过去 20 多年里对中国经济发展有明显促进作用。外资一般选择经济发展有一定基础和前景的地区进入，在带动地区经济发展的过程中，体现了与当地经济的相互正强化的作用。

2）为中国输入了先进的理念、技术、设备及科学的管理方式。

这有助于增强国内企业的技术能力与整体实力，促进中国产业结构的优化与升级，尽管它们对于母公司的专利、技术、工艺等的应用只放在实现了独资化的企业中，但仍然对中国社会经济的发展具有积极的促进作用。

3）有利于资源的优化配置。

当前，中国产业体系存在着严重的结构性过剩问题，资本等各类资源配置不合理，既消耗、浪费了资源又无法达到预期的目标。跨国公司对在华子公司实行独资化的过程中，在带来配套的外资企业的同时也带来了配套的市场，促使国内企业形成适应于外商的配套型产业群，从而达到调整产业结构的功效。

4）促进了中国开放型经济的形成。

外商独资化的深入，加强了中国同世界经济的联系，促进了中国经济体制和法律制度体系同国际的接轨。

5）营造了竞争环境，增强了竞争意识，提高了竞争能力。

外商独资企业的存在给国内企业起到了典范作用，创造了新的市场竞争环境，从而促使国内企业建立良好的公司治理结构，培养和增强了自身的竞争意识，提高了在国际市场上的竞争能力。

6）为中国人力资源素质的提升创造了良好的环境。

外商独资化对中国人力资源素质的提升起了巨大的推动作用，尤其是外商把培训战略和实行人才本土化战略结合起来，使中国本土人力资源的素质明显提高。此外，外商在国内的独资化对在外人才的回流有着极大的吸引力。

7）对国内企业的研发具有带动作用。

独资化是外商全球化战略中举足轻重的步骤，伴随着独资化研究与开发（research and development，R&D）机构也迈向全球化，外商在中国建立研发战略机构就是此潮流中的一支。这些都迫使中国科研体制和科研机构进行市场化改革，促进科研成果转化成实际的生产力。

（2）外商独资化的弊端

外商独资化在带来好处的同时，也对中国经济的发展具有一定负面影响，突出表现在以下六个方面。

1）外商独资化加大了国家宏观调控的难度。

外商独资企业在中国完全采用资本主义的运作方式，独资企业不仅遍布各行业，而且规模大、资金雄厚、技术先进、服务优质，这对中国的经济基础会产生巨大影响；其经营发展战略游离于中国行业监管之外，基本由外商独资企业自己决定，从而降低了中国宏观调控手段的调节力度，加大了宏观调控的难度。

2）外商独资化加剧了中国区域经济发展的不平衡性。

改革开放之初，中国东、西部地区经济差距并不大，但随着改革开放的深入发展，外商独资化对于中国二元经济结构的形成及发展起到了不可忽视的作用。中国改革开放初期发展重点布局于东部沿海地区，倾向性优惠政策的实施吸引了大量外资涌入，使东部沿海地区发展步伐快于其他地区，其基础设施、市场环境、经济条件、人才素质、社会观念等优势越发突出，进而加剧了东、西部地区的差距，导致中国区域经济发展不平衡状况愈显突出。

3）外商独资化加快国内市场的分割。

外商进行独资化，一方面希望通过管理一体化和系统化来达到其全球战略的终极目标。在此过程中，外商就必将对东道国的某些行业进行控制，独资化的企业凭借规模、资金、技术、管理、服务等方面的优势高筑准入壁垒以排斥国内企业，这就使得一部分原本在国内企业中有一定优势的企业也不得不寻求外方控股性合资的渠道，致使外商在独资化进程中形成行业垄断。

另一方面，中国人口众多、市场前景十分广阔，外商独资企业在对中国行业控制并形成垄断后，会进而分割、挤占甚至独占中国市场。资料显示，外资控股企业的产品已基本占领中国饮料业、洗涤用品业、通信器材业的市场。随着中国加入 WTO 后市场准入逐渐放宽，国内市场将进一步被外商独资企业分割和抢占。

4）外商独资化阻碍国家引资战略目标的实现。

外商独资企业能够获得跨国公司的最新技术，其研发机构也常设立于独资企业，而国内企业或合资企业通常只能得到陈旧的、淘汰了的技术，外商这种对关键技术或核心技术的严密封锁及对非核心技术的垄断会致使中国"以市场换技术"的引资策略落空，甚至血本无归。市场是让出去了，甚至在某些行业外商独资企业处于垄断地位，但真正换来的一流先进技术却少之又少。

5）外商独资化民族品牌被吞噬。

在近几十年的生产经营中，中国一些国有产品品牌、技术技艺、企业名称等，不仅在国内市场占有重要地位，而且在国际市场也很有竞争力。一些外商认识到中国市场的巨大潜力，认为要打开中国市场，与其靠自己的力量逐步渗透，不如借中国企业已有实力和市场迅速占领制高点。为此，它们吞噬了人们苦心经营多年的民族品牌，如金鱼、香雪海、天府可乐等品牌的消亡；活力 28、白猫被奥妙、碧浪所取代等。外商独资企业运用各种手段对中国品牌进行控制与摧毁，不仅对国内产业安全构成威胁，而且可能影响中国在国际社会中的竞争地位及国家经济的长远发展。

6）外商独资化引发国内企业人才流失。

外商独资化后，一方面对企业进行结构调整及重组，会产生大量失业人口，造成富余人员"过剩"的现象；另一方面，受外商独资企业高薪的吸引，国内企业的一些科技骨干会单向流往外商独资企业，致使国内科技人才，尤其是科技研发人才的流失，从而造成国内人才结构失衡和国内科研机构缺乏新生力量，进而降低中国技术革新力量，削弱中国企业在国际市场上的竞争力。

2.1.5　并购方法

1. 并购的概念和动因

（1）并购的概念

并购是指两家或者更多的独立企业、公司合并组成一家企业，通常由一家占优势的公司吸收一家或者多家公司。并购的内涵非常广泛，一般是指兼并（merger）和收购（acquisition）。其中，收购是指一家企业用现金或者有价证券购买另一家企业的股票或者资产，以获得对该企业的全部资产或者某项资产的所有权，或对该企业的控制权。与并购意义相关的另一个概念是合并（consolidation），是指两个或两个以上的企业合并成为一个新的企业，合并完成后，多个法人变成一个法人。

（2）并购的动因

产生并购行为最基本的动因就是寻求企业的发展。寻求扩张的企业面临着内部扩张和通过并购发展两种选择。内部扩张可能是一个缓慢而不确定的过程，通过并购发展则要迅速得多，尽管它会带来自身的不确定性。

一般，并购的最常见动因就是协同（synergy）效应。并购交易的支持者通常会以达成某种协同效应作为支付特定并购价格的理由。并购产生的协同效应包括经营协同（operating synergy）效应和财务协同（financial synergy）效应。

在具体实务中，并购的动因归纳起来主要有以下几类。

1）扩大生产经营规模，降低成本费用。

通过并购，企业规模得到扩大，能够形成有效的规模效应。规模效应能够带来资源的充分利用、充分整合，降低管理、原料、生产等各个环节的成本，从而降低总成本。

2）提高市场份额，提升行业战略地位。

通过并购，企业规模扩大的同时也伴随着生产力的提高、销售网络的完善，市场份额将会有比较大的提高，从而确立企业在行业中的领导地位。

3）取得充足廉价的生产原料和劳动力，增强企业的竞争力。

通过并购，企业规模不断扩大，企业成为原料的主要客户，能够大大增强企业的谈判能力，从而为企业获得廉价的生产原料提供可能。此外，高效的管理、人力资源的充分利用和企业的知名度都有助于企业降低劳动力成本，从而提高企业的整体竞争力。

4）实施品牌经营战略，提高企业的知名度，以获取超额利润。

品牌是价值的动力，同样的产品，甚至是同样的质量，名牌产品的价值远远高于普通产品。并购能够有效提高品牌知名度，提高企业产品的附加值，获得更多的利润。

5）为实现公司发展的战略，通过并购取得先进的生产技术、经营网络、专业人才等各类资源。

并购活动收购的不仅是企业的资产，而且获得了被收购企业的人力资源、管理资源、技术资源、销售资源等。这些都有助于企业整体竞争力的根本提高，对公司发展战略的实现有很大帮助。

6）通过收购跨入新的行业，实施多元化战略，分散投资风险。

这种情况出现在混合并购模式中。随着行业竞争的加剧，企业通过对其他行业的投资，不仅能有效扩充企业的经营范围，获取更广泛的市场和利润，而且能够分散因本行业竞争带来的风险。

2. 并购的类型和风险

（1）并购的类型

根据并购的不同功能或并购涉及的产业组织特征，可以将并购分为以下三种基本类型。

1）横向并购。

横向并购的基本特征就是企业基于横向整合，即基于供应链同一链节企业间的并购。具体来说，就是生产经营相同或类似的企业之间相互并购，是对竞争对手的并购。

全球第一次并购浪潮是以横向并购为特征的。19 世纪下半叶，科学技术取得巨大进步，大大促进了社会生产力的发展，为以铁路、冶金、石化、机械等为代表的行业大规模并购创造了条件，各个行业中的许多企业通过资本集中组成了规模巨大的垄断公司。在 1899 年美国并购高峰时期，公司并购达到 1208 起，是 1896 年的 46 倍，并购的资产额达到 22.6 亿美元。在 1895～1904 年的并购高潮中，美国有 75% 的公司因并购而消失。

在工业革命发源地英国，并购活动也大幅增多，在 1880～1981 年，有 665 家中小型企业通过兼并组成了 74 家大型企业，垄断着主要的工业部门。后起的资本主义国家德国，工业革命完成比较晚，但企业并购重组的发展却很快，1875 年，德国出现第一个卡特尔，通过大规模的并购活动，1911 年就增加到 550～600 个，控制了德国国民经济的主要部门。在这股并购浪潮中，大企业在各行各业的市场份额迅速提高，形成了比较大规模的垄断。

2）纵向并购。

纵向并购是发生在同一产业的上下游之间的并购。纵向并购的企业之间不是直接的竞争关系，而是供应商和需求商之间的关系。因此，纵向并购的基本特征是企业在市场整体范围内的纵向一体化。

全球第二次并购浪潮是以纵向并购为特征的。1925～1930 年发生的第二次并购浪潮中，那些在第一次并购浪潮中形成的大型企业继续进行并购，进一步增强经济实力，扩展对市场的垄断地位，这一时期并购的典型特征是纵向并购为主，即把一个部门的各个生产环节统一在一个企业联合体内，形成纵向托拉斯组织，行业结构从垄断转向寡头垄断。第二次并购浪潮中有 85% 的企业并购属于纵向并购。通过这些并购，主要工业国家普遍形成了主要经济部门的市场被一家或几家企业垄断的局面。

3）混合并购。

混合并购是发生在不同行业企业之间的并购。从理论上看，混合并购的基本目的在于分散风险，寻求范围经济。

全球第三次并购浪潮是以混合并购为特征的。20世纪50年代中期，各主要工业国家出现了第三次并购浪潮。第二次世界大战后，各国经济经过40年代后期和50年代的逐步恢复，在60年代迎来了经济发展的黄金时期，主要发达国家都进行了大规模的固定资产投资。随着第三次科技革命的兴起，一系列新的科技成果得到广泛应用，社会生产力实现迅猛发展。在这一时期，以混合并购为特征的第三次并购浪潮来临，其规模、速度均超过了前两次。在面临激烈竞争的情况下，我国各行各业的企业都不同程度地想到多元化，混合并购就是多元化的一个重要方法，为企业进入其他行业提供了有力、便捷、低风险的途径。

20世纪80年代兴起的第四次并购浪潮的显著特点是以融资并购为主，规模巨大，数量繁多。1980～1988年，企业并购总数达到20 000起，其中1985年达到顶峰。多元化的相关产品间的"战略驱动并购"取代了"混合并购"，不再像第三次并购浪潮那样进行单纯的无相关产品的并购。此次并购的特征是：企业并购以融资并购为主，交易规模空前；并购企业范围扩展到国外企业；出现了小企业并购大企业的现象；金融界为并购提供了方便。

（2）并购的风险分析

企业并购后可以产生协同效应、合理配置资源、减少内部竞争等多方面有利于企业发展的优势，但也存在大量风险，尤其财务风险最为突出。

1）融资风险。

企业并购通常需要大量资金，如果筹资不当，就会对企业的资本结构和财务杠杆产生不利影响，增加企业的财务风险。同时，只有及时足额地筹集到资金才能保证并购的顺利进行。

按筹资的方式不同，可分为两种情况：①债务性融资风险。多数企业进行负债筹资的方式一般是长期借款，但是银行信贷资金主要是补充企业流动资金和固定资金的不足，没有进行企业并购的信贷项目，因此，难以得到商业银行支持。另一种负债筹资的方式是发行企业债券，虽然资金成本较低，但筹资时间长、筹资额有限。②权益性融资风险。发行普通股是企业筹集大量资金的一种基本方式，而且没有固定利息负担，筹资风险小。但是，股利要从净利润中支付，资金成本高，而且无法享受纳税利益。

2）目标企业价值评估中的资产不实风险。

由于并购双方的信息不对称，企业看好的被并购方的资产，在并购完成后有可能存在被严重高估现象，甚至一文不值，从而给企业造成很大的经济损失。并购过程中人的主观性对并购影响很大，并购并不能按市场价值规律来实施。并购本身是一种商品的交换关系，所以需要建立服务于并购的中介组织，降低并购双方的信息成本且对并购行为提供指导和监督。

3）反收购风险。

如果企业并购演化成敌意收购，被并购方就会不惜代价设置障碍，从而增加公司收购成本，甚至有可能会导致收购失败。

4）营运风险和安置被收购企业员工风险。

企业在完成并购后，可能并不会产生协同效应，并购双方资源难以实现共享互补，甚至会出现规模不经济，整个公司反而可能会被拖累。而且，并购方往往会被要求安置被收购企业员工或者支付相关成本，如果公司处理不当，往往会因此而背上沉重的包袱，增加其管理成本和经营成本。

2.2 跨国供应链的跨国经营策略

对跨国供应链企业跨国经营策略进行归纳，主要有生产和产品策略、技术和品牌策略、研发策略三种。

2.2.1 生产和产品策略

跨国供应链企业生产和产品策略主要有供应链外包策略、供应链全球采购策略、供应链整合重组策略及供应链生产转移策略等，下面进行具体的分析。

1. 供应链外包策略

供应链外包策略是指企业注重本企业的核心竞争力发展，选择供应链时将部分或者所有节点采取外包，由专业的企业来运作，以达到降低成本、降低风险和提高效率的目标。在全球经济一体化的要求下，企业只有发挥出自己的核心竞争力，才能生存和发展。在跨国视角下，众多的企业选择将生产、组装和运输等技术含量低的环节转移到成本较低的地区，而将大量的资金和资源用于研发和销售环节。例如，在生产环节，许多企业不再直接进行生产投资，而是以 OEM、原始设计生产（original design manufacturing，ODM）等方式来完成其产品的生产任务。目前，在制造型的企业中，多采用 OEM 的形式外包生产。在第三方、第四方物流发展的趋势下，许多企业将物流环节中的仓储、配送等外包，将主要资源集中于核心领域。外包策略并不是完全将企业的整个运营环节外包，而是为了更好地服务于本企业供应链的运作与管理，实现效益最大化。

2. 供应链全球采购策略

全球采购是指在信息技术发展的背景下，跨国企业通过建立数字化的信息系统，可以迅速地获得信息，同时对信息进行处理，获得全球范围内的产品价格，从而选择对本企业最有利的采购信息。与此同时，实现在全球范围内的 JIT（just in time，准时）采购、JIT 配送，最大限度地控制库存，能够降低成本和风险。在全球采购方面，零售巨头沃尔玛公司（Walmart）是最成功的。在强大的信息系统的支持下，企业能够迅速、准确地获得产品信息；通过条形码技术的运用，在运输、库存环节能够对产品进行适时追踪，有效控制库存。全球采购要求企业拥有较完善的信息平台，能够在较短的时间内获得大量的、及时的及全球性的产品信息。在全球信息网络发展的情形下，企业面临着区分网络虚假信息的问题，在无法辨别信息真伪的情形下，信息对于企业的决策是无益的。总而言之，全球采购对企业自身信息化程度的要求较高，并不适合所有企业。

3. 供应链整合重组策略

供应链的整合重组是供应链管理中最复杂，也是对其影响最大的一种策略，它直接影响整个供应链的运作效率，也会在很大程度上影响企业的经营成败。特别是在跨国视角下，企业都已经具备一定的规模，也处于发展的关键阶段，很多企业都会选择整合重组这把"双刃剑"，使企业获得质的飞跃。事实也证明了许多企业在整合重组中实现了跨越式发展，也有部分企业陷于困境之中。联想通过并购美国 IBM 的计算机业务，通过对供应链的整合，实现了企业的跨越式发展，使得本企业在竞争激烈的电子信息行业占有一席之地。相反，中国 TCL 集团股份有限公司（以下简称 TCL 集团）收购法国阿尔卡特公司的手机业务是供应链整合失败的典型案例，其在整合品牌优势和技术优势及产品销售模式上，都没有达到整合的目标，因而直接导致了利润的迅速下降。

4. 供应链生产转移策略

跨国生产在原材料采购、产品生产和销售方面，都突破了国家范围，使得这些企业的供应链系统成为一个较为复杂的全球供应链系统。特别是考虑对于不同区域的海外市场，实行不同技术层次的梯度布局，即国内作为企业研发技术所在国，技术层次最高，通过技术的领先，而不是成本领先来获取市场高额垄断利润；随着技术优势慢慢丧失，成本优势就取代了技术优势，这时就需要将该技术产品转移到低成本的国家进行生产。以此类推，可以定义如下两种不同的企业。

1）研发型。这种类型的企业进行产品研发和工艺改进，支持产品的创新，以新产品、高技术作为自己的竞争力。生产方式可以是大批量生产装配流水线，也可以采用计算机集成制造技术。这种企业专注于生产有限的产品或者是建立"厂中厂"的结构模式生产多种产品，它们一般位于本国，拥有较强的竞争力，市场占有率较高，处于行业的领导地位。

　　2）市场型。这种类型的企业通过提供工艺和技术上的服务来改进和升级产品，满足顾客的需求。它们为了获得区域性的市场，利用本企业的技术转移和目标市场的生产技术。这种企业的选址基于获得目标市场的当地身份，对客户需求迅速反应，并且使成本最小化，一般处于国外市场，在技术和价格上有优势，在占领市场的基础上增加获利。

　　企业跨国生产的类型代表了不同企业的战略选择，但是必须从全球性的维度来考虑不同东道国的区域位置。区域的选址，可以根据东道国经济和国家的性质，行政区划，或者是不同的城市等因素进行。

　　在图 2-2 中，给出了企业的产品类型与生产地（或市场）的组合，每一种组合代表一种类型的生产企业。I 表示企业以生产研发型产品进入某一行业，选择国内生产是因为对环境熟悉，容易克服企业成立之初的各种困难；II 表示企业获得顾客认可后，为了发展，以生产市场型的产品来获得市场；III 表示企业为了获得更多的利润，在考虑原材料、劳动力成本等因素下，通过降低成本来获得更多的利润，通过在国外生产市场型产品，能够快速获得市场；IV 表示企业为了稳定国外市场，面对更多的竞争对手，改变生产策略，以研发型的产品

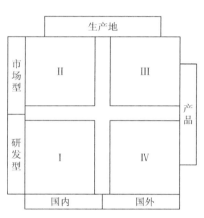

图 2-2　企业跨国生产类型

来维持竞争力，保证市场份额。从全球的角度，以单个国家为基础，考虑区域性经济的发展状况不同，进行生产转移的决策的选择，是企业跨国生产的主要途径。

2.2.2　技术和品牌策略

1. 市场换技术策略

（1）市场换技术的含义

　　市场换技术策略的主要目标是通过开放国内市场，引进 FDI，引导外资企业的技术转移，获取国外先进技术，并通过消化吸收，最终形成我国独立自主的研发能力，提高我国的技术创新水平。

　　让出市场，是指允许部分的国内需求让外资企业来满足，而这部分市场我国企业又无法完全满足，同时外资企业也不会对我国民族企业构成威胁。"技术"必须是高于我国或我国不具备的技术，利用它能生产出我们国内还不能生产或是能生产但质量差、成本高、资源消耗多、缺额大、需要长期大量进口的先进产品，特别是那些"高精尖"产品。"以市场换技术"，不是将市场份额直接给予外资企业，而只是将市场对外开放，国内企业仍可在该市场开展商业活动进行竞争，并努力夺回市场。

　　（2）市场换技术策略中获取技术模式

　　在中国企业与跨国企业进行合作过程中，以中国国内汽车行业为例进行说明，国内汽车厂家通过市场获取技术有以下四种模式。

　　1）全面引进产品。

　　对外方的产品进行全部引进，虽然中方可能参与很多改型和本土化的工作，但没有知识产权，也没有完全的品牌。而外方提供的大多是进入成熟期甚至开始衰退的技术，很多车型在中国刚刚生产或热销，在国外已进入淘汰期，如桑塔纳、捷达等。

　　2）买断知识产权型。

　　中方享有知识产权和品牌，并可以在此基础上不断推出改进产品，不再受外方的制约。但技术是人家的，属于"拿来主义"的范畴。

　　3）单纯引进技术型。

　　中方花巨额资金引进外方技术和关键零部件，而由中方生产或组装，然后挂上外国品牌或联合品牌出售。这种模式固然可以更自由地选择技术，但显然技术转让方不会把最新的技术拿出来，而中方合作者也往往沦为零部件的进口商。例如，北京吉普汽车有限公司引进日本三菱集团的技术。

　　4）自主研发型。

　　虽然不能回避模仿的痕迹，但属于自己研发的产品，没有通常所说的原型车，不足的地方是技术相对落后，但客观来说，属于真正意义上的国产轿车，如吉利、奇瑞、哈飞。

　　跨国供应链企业采用以市场换技术策略，对中国国内合资企业来说，有成功也有失败的例子。失败的例子是失去中国汽车市场，但是换到的技术却寥寥无几。德国大众汽车集团几乎半壁江山都在中国市场，但是中国两家合作伙伴中国第一汽车集团有限公司（以下简称一汽）和上海汽车集团股份有限公司拿到的技术极其可怜。一汽的自主车型用的是马自达、丰田底盘，上海汽车集团股份有限公司的自主车型荣威则是英国和美国的技术。另外，高铁也是采用以市场换技术策略，虽起步比汽车晚得多，但十年磨一剑，不仅中国高铁建设大发展，每个人都从中受益，而且中国高铁已经走出国门进入各国市场，一跃成为行业的领先者。

【案例】高铁的市场换技术

中国高铁的市场换技术过程是该策略的典型案例。当年的铁道部是中国剩余不多的能够垄断市场的部门，高铁当年市场换技术的核心就是垄断市场，只留一个出口进行谈判。

当年德国、日本、加拿大都有高铁技术，而且报价都很高，他们知道中国没有核心技术，希望以最小成本来获得利益。

而中国这边一方面抛出很具竞争力的超级大订单，一方面不紧不慢地谈判。用尽各种策略，先排除德国企业；拖长战线，让股东给企业决策者压力；利用垄断优势做自主研发替代，压低报价。

西门子最初每列原型车价格 3.5 亿元，技术转让费 3.9 亿欧元。因其价格过高，不容协商，结果中国直接让西门子出局，而让价格适中的阿尔斯通公司、川崎重工业株式会社、庞巴迪车辆有限公司中标。随即，资本市场做出反应，西门子股票狂跌，谈判团队被集体解雇。等西门子再次竞标时，每列原型车价格 2.5 亿元，8000 万欧元价格转让关键技术。无砟轨道板是高铁的重要技术之一，外方给了一些资料，不透露核心问题，铁路方面依靠整体优势，把中国铁道科学研究院、北方交通大学、西南交通大学等单位的专家都聚集起来，攻关数年拿下。

最后的结果就是以不高的代价拿到核心技术，并且迅速消化吸收掉。中国有辽阔的土地，高铁技术在实践中不断升级进步。十年下来，中国从当初的"小学生"变身"大学教授"，不仅解决了中国的高铁问题，还能对外输出。中国高铁的市场换技术堪称市场换技术的经典案例，市场给了一部分但是主流没有丢掉，技术拿到了完成消化吸收。

2. 技术换品牌策略

（1）技术换品牌的含义

技术换品牌策略是利用技术优势与对方合资合作，并取得对方产品的品牌经营权和收益权。这种策略首先是在对方技术优势不明显，而对方品牌效应很强的情况下，通过技术来换取对方的品牌，然后通过品牌来占领所在国市场。

在技术换品牌策略中，随着时间推移，外方通过各种方式取得对合资公司的控制权，既可能保留对方品牌，又可能抛弃或冷藏对方品牌，而改用自有品牌。

（2）技术换品牌的模式

1）保留模式。

保留模式是通过技术换品牌后，继续保留对方品牌进行经营，同时取得该品牌的拥有权和收益权。

例如，苏泊尔成为法国 SEB（世界小家电头号品牌）的品牌；北京大宝化妆品有限公司成为强生（中国）投资有限公司旗下全资子公司；哈尔滨啤酒成为百威的母公司安海斯-布希（Anheuser-Busch，A-B）公司的品牌等。

2）替代模式。

替代模式是通过技术换品牌后，技术方将合作方的品牌抛弃，而改用新的品牌，或启用其自身的品牌，从而达到取而代之的目的。

例如，创立于 1992 年的小护士品牌。据 AC 尼尔森的调查统计，小护士的品牌认知度高达 99%，2003 年的市场份额达 4.6%，是中国第三大护肤品牌。2003 年底欧莱雅（法国）化妆品集团公司取得其所有权后，对其进行冷藏处理，现在市场上几乎不见踪影。又如，重庆天府可乐集团公司与美国可口可乐公司合资后，也被冷藏，后来不见踪影。再如，乐百氏被达能收购，现在乐百氏品牌已经逐渐淡出公众视野。随着中国企业技术水平的提高，中国也初步通过技术换品牌策略来进行跨国供应链管理。

【案例】吉利收购宝腾成为第一个在海外技术换市场的中国品牌

2018 年初，浙江吉利控股集团（以下简称吉利集团）宣布正式收购马来西亚车企宝腾汽车有限公司，成为继沃尔沃集团后吉利集团完成的又一桩海外并购案，至此吉利集团已经发展成为拥有吉利汽车、领克及四个海外品牌（沃尔沃、英国锰铜、宝腾、路特斯）的"中国版大众集团"。

吉利集团收购 DRB-HICOM 集团旗下宝腾汽车（PROTON）49.9% 的股份以及豪华跑车品牌路特斯（Lotus）51% 的股份，成为宝腾汽车的独家外资战略合作伙伴。

这次收购是吉利集团进行全球化布局的重要一步，为吉利集团打开了东南亚（南亚）市场大门，也将路特斯这一跑车品牌纳入麾下。同时，吉利集团也成为第一个在海外以技术换品牌的中国企业，这是改革开放以来，中国汽车品牌几十年奋斗的一次成功。

宝腾汽车作为马来西亚著名汽车企业，由马来西亚第四任首相马哈蒂尔牵头并于 1983 年正式成立，它的岁数比吉利集团还大，早期宝腾汽车曾为三菱汽车和本田汽车集团（以下简称本田）等进行贴牌生产，而后开始自行研发生产新车型并出口其他国家，1996 年宝腾正式收购英国著名跑车品牌路特斯。

对于吉利集团来说，收购宝腾汽车将为吉利集团打开拥有 6.23 亿人，每年800 万销量的巨大的全球汽车市场，此前根据《2017 年中国汽车产业海外并购报告》曝光的消息，吉利集团竞标方案中提到帮助宝腾汽车提升销量到其 20 世纪90 年代的水平（20 万辆/年以上），吉利集团向宝腾汽车提供（沃尔沃协助开发的）技术和原型车（帝豪、博越），以宝腾汽车的名义在东南亚、南亚和澳大利亚市场贴牌销售，进一步开启吉利集团的全球化进程，从这一步来讲，吉利集团又一次甩开了众多的自主品牌。

不仅如此，收购路特斯后还将为吉利集团带来技术红利及完成吉利集团的跑车梦。众所周知，路特斯是最纯粹的跑车生产商，追求极致的轻量化及纯粹的驾驶乐趣，拥有多年征战 F1 赛场的技术积累，以及最引以为豪的底盘、悬架系统方面的技术调校，而且路特斯为克莱斯勒、道奇、阿斯顿·马丁、标致、捷豹及奇瑞等一大批自主品牌提供过技术支持，那时来自英国莲花汽车有限公司的底盘调校还是自主品牌的一大卖点。

2.2.3　研发策略

跨国供应链研发策略是其拓展全球市场的策略之一，因为在全球范围内，存在基础研发和应用研发两种情况。基础研发水平高，并不能一定带来预期收益，需要跨国供应链的研发与销售国实际结合起来，即研发的"本地化"。另外，发展中国家企业为了跟踪发达国家的基础研发水平，也需要使得研发"国家化"。在中国，国内企业的 R&D 活动越来越贴近市场，企业应第一时间了解市场需求并融合生产实际，从而推动技术创新。通过跨国供应链的纵向整合，可以提高这种默契配合的响应效率，拉近企业的技术开发、产品生产与市场需求之间的距离，真正实现技术、生产与市场的统一。由于供应链上游的技术推动和下游的市场导向这两大因素的作用不尽相同，跨国供应链的技术创新模式有以下三种。

1. 种子研发策略

种子（seed）研发策略是技术推动创新模式，它基于 R&D 环节的技术研发活动，该模式是顺着供应链的流动方向进行设计、样品生产、规模化生产，最终走向市场，如图 2-3 所示。这时跨国供应链上的技术创新是由技术成果引发的一种推动性的线性过程。

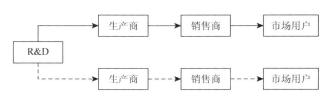

图 2-3　种子研发策略

实箭线和虚箭线分别表示两个不同供应链的物流，图 2-4 和图 2-5 同此

在这一模式中，对于技术创新的需求并不是由市场产生，而是由拥有技术专利的创新主体按技术的功能适用性进行创新，从而间接地满足市场上存在的某种需求或在市场上创造新需求。而这种技术创新的过程是源于研究开发环节，经过生产和销售环节最终将某项技术产品引入市场，但是，市场是研究开发成果的被动接收者，这就使得供应链缺乏市场反馈性，即在技术创新的跨国供应链纵向发展中，供应商、生产商、销售商和市场用户都只是技术创新的载体，而不是技术创新的主体，是一种局部暂时的行为冲动，而不是一种全局长期的战略行为。

2. 需求研发策略

需求（need）研发策略，这种以需求拉动创新的模式是以市场需求为基础的。在激烈的市场竞争中，跨国供应链企业为了贴近所在国市场需求，需要不断地进行技术创新和改进。跨国企业采用需求拉动创新，时间短、见效快，有利于发展那些短、平、快的技术创新项目，如图 2-4 所示。在所在国由于地域的优势，市场反馈信息扩散加快，跨国供应链对市场的响应速度快。

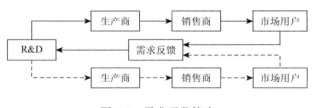

图 2-4　需求研发策略

实践证明，市场需求是跨国供应链企业技术创新的强大动因，它大大加速了技术创新向市场转化的节奏。然而，如果缺乏供应商、生产商和销售商对创新的同步支持和信息的有效反馈，需求拉动创新或多或少忽视或否定基础研究对技术创新的作用，虽然有"治标"的功效，但是还没有达到"治本"的目的，这种创新将导致人们不重视对研发系统、生产系统和营销系统的整合研究。忽视基础研究，使企业技术创新发展可能缺乏强有力的后劲。

3. 支持研发策略

支持（feed）研发策略是一种综合作用创新模式，如图 2-5 所示，是指在全球范围内，通过对跨国供应链上游技术研发和下游市场需求的整合，同时加上供应商和销售商的积极配合，使技术和市场有机结合，引发技术的创新活动。跨国供应链内企业之间在有意识无意识地展开高密度且密集的互动，研发环节通过和市场需求反馈环节的整合，也就是技术创新的知识溢出和流动，不仅能在跨国供应链正向供应链整合的各个企业中产生，而且能在逆向供应链上实现交互作用，这样能够大大缩短技术创新的周期，提高整个供应链的敏捷性。

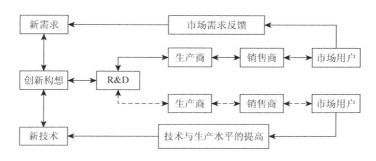

图 2-5　支持研发策略

　　跨国供应链综合作用创新模式，强调技术推动和市场需求的交互作用，激活跨国供应链各个主体的创新潜能，能够更好地反映技术创新的实际过程。它克服了技术推动创新和需求拉动创新的各种片面性，较全面地反映了技术创新的发展过程，起到了"标本兼治"的功效，使跨国供应链能够拥有强劲的发展推动力。

　　上述三种研发策略中的创新动力不同，使得它们具有各自的特点。表 2-1 列出了它们的主要特点。

表 2-1　三种跨国供应链企业研发策略的特点

名称	类别		
	种子研发策略	需求研发策略	支持研发策略
创新动力	技术发明	市场需求	技术发明和市场需求综合
所在国家	发达国家	发展中国家	新兴市场国家
创新难度	难	较难	较易
创新周期	长	较短	短
技术与需求关系	技术创造需求	需求促进技术发明	技术与需求共同作用
创新环节	R&D 环节	市场需求环节	R&D 环节、供应环节、生产环节、销售环节、市场需求环节

续表

名称	类别		
	种子研发策略	需求研发策略	支持研发策略
创新成果的效用	一旦采用会导致新产品的产生，但是大部分不会产生反馈作用	易于商品化，能够满足现阶段的市场需求，创新能够迅速产生效益	易于商品化，但是效果较为持久，技术与市场经济发展相互促进
集群主导企业类型	销售型企业（链上企业）	研发型企业或研发生产型企业（链上企业）	服务功能型企业（链外企业）
供应链的完整性	分离型供应链系统［R&D 部分与供应链系统其他部分 M&P（制造与生产，manufacturing&production）相分离］	分离型供应链系统（R&D 部分与供应链系统其他部分 M&P 相分离）	完整型供应链系统［R&D 到顾客中每个链节的主体，包括区域的服务功能环节 S&L（服务和物流，service&logistics）］

第 3 章　我国企业跨国供应链管理的策略

3.1　我国企业的跨国供应链管理分析

我国企业早期跨国经营的主要目的是扩大市场需求、降低生产成本，特别是对于一些传统行业，如纺织服装、玩具等企业更是如此。而跨国供应链管理在客观上，使得中国企业获得成本领先优势，保证国内企业产品或服务的生产、经营成本降至同行业中的较低水平。

3.1.1　我国企业的跨国供应链管理驱动力

由于现代企业的竞争力来自整条供应链，供应链管理在 20 世纪 90 年代初就被许多跨国公司采用，并成为跨国公司实现其在华竞争战略演变的重要驱动力。如图 3-1 所示，我国企业在国际市场上通过跨国供应链管理，其驱动力可以分为内部驱动力和外部驱动力两种。

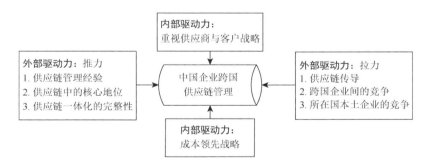

图 3-1　我国企业跨国供应链的驱动力

1. 跨国供应链管理的内部驱动力

内部驱动力是我国企业在国际市场通过供应链管理实施成本领先战略的内因，通过跨国供应链实施，能有效降低国内企业的运营成本，有助于企业在国外生产时实施成本领先战略。随着国内劳动力成本的上升及对环境要求的提高，我国国内企业将部分生产环节迁移到国外，这要求我国国内企业必须通过跨国供应链管理整合产业链，同时有效消除重复、浪费与不确定性，减少低效环节，从而大大降低企业成本。据中国物流与采购联合会 2014 年的统计，供应链管理的实施可以使企业总成本下降 14%，按时交货率提高 12%，生产周期缩短 15%～45%，资产运营业绩提高 5%～10%。

另外，我国国内企业在跨国经营中，越来越重视与供应商和客户的关系，并以此作为竞争优势的源泉。据安达信（上海）企业咨询有限公司和 IBM 咨询公司对 120 位我国跨国经营企业管理人员的调查显示，95%的人认为，与供应商和客户的联系是推动竞争优势的主要因素，90%的人认为到 2020 年，与供应商和客户的联系是推动竞争优势的第一位因素。这充分显示了我国企业在跨国经营中，通过供应链管理来获取竞争优势的重要性。

2. 跨国供应链管理的外部驱动力

外部驱动力是我国企业在国际市场中，通过供应链管理实施其战略的外因，可以分为拉力和推力两种。

（1）外部驱动的拉力

拉力是指我国企业在国际市场要实现重视供应商与客户战略和成本领先战略，必须依赖供应链管理的有效开展，具体包括以下几种类型。

1）供应链传导。在很多行业中，我国本土企业生产所需的核心部件来自跨国公司，处于下游的我国本土企业面对激烈的价格战，一般都将成本领先战略作为其基本竞争战略，这必然会向上游的跨国公司传导降价压力。以我国 PC 制造业为例，本土企业基本上都是组装企业，并不自行生产核心元器件，PC 最重要的硬件——芯片来自英特尔公司等，基础操作软件则来自于微软。整机组装企业在面临价格竞争时必然要求其供应商降价，导致成本压力的供应链传导，使跨国供应商不得不通过供应链管理来适应这种压力，以提供价格适宜的零部件。

2）跨国企业间的竞争。亚洲已成为全球经济增长的亮点，也是我国企业在跨国经营中的主战场。全球 500 强公司中的绝大部分都已经在亚洲，特别是东南亚地区开展业务，并将东南亚作为全球战略的重要环节和最有潜力的市场。这便造成了大多数在东南亚地区经营的跨国公司都难免遇到同行业其他强大的全球竞争者。这种包括我国跨国经营在内的公司之间的竞争从三个方面导致通过供应链管理来实施成本领先战略成为必要：一是，跨国竞争者同样高水平的产品和服务大大削弱了跨国公司的差别化优势；二是，供应链管理可以有效降低企业经营成本，而我国企业的跨国竞争者一般都是行业中的佼佼者，在供应链管理上也积累了较丰富的经验；三是，在供应链全球化的今天，供应链合作伙伴的选择具有一定的排他性，即同行业的跨国公司之间必然会争夺优秀的供应链合作伙伴，通过供应链管理降低企业成本的要求变得不仅必要，而且异常迫切。

3）所在国本土企业的竞争。一方面，所在国本土企业对本国市场的了解程度、销售渠道及人力成本等方面的优势远非我国跨国经营的企业可及，使得所在国本土企业得以长期获得一定的成本领先优势；另一方面，所在国本土企业经过长期的发展和优胜劣汰，逐步形成了一批优秀的民族企业，这些企业在成本领先的同时，在产品和服务的质量及品牌知名度等方面的成效也有目共睹，从而削弱了我国企业跨国经营的优势。以上两方面因素共同决定我国企业在跨国经营时，在努力保持其差别化优势的同时，必须进一步降低成本，以与所在国本土企业开展有效的竞争。

（2）外部驱动的推力

推力是指我国国内企业在国际市场中，通过供应链管理的实施获取成本优势的可能性，由以下几种因素构成。

1）供应链管理经验。随着供应链管理思想和技术迅速发展，该方法在我国企业得到普遍采用。在长期实践中，我国国内企业创造和积累了与我国市场环境相似的，更适合发展中国家进行跨国经营的供应链管理方法和经验，与那些从发达国家企业所采用的跨国供应链管理方法相比，我国企业的跨国经营的方法更为适用和有效。可以预见，在短期内我国国内企业可能在供应链管理方面与跨国企业互有优点和长处，这就使我国企业跨国经营时，在国际市场利用供应链管理获取成本领先优势成为可能。

2）供应链中的核心地位。按照供应链结构中的企业角色理论，我国企业在海外经营中一般处于供应链中的核心地位，是供应链管理的主体企业。这种核心地位使我国企业跨国经营时可以在供应链整体成本的节约中获取杠杆效益。一方面，我国企业大多控制供应链中最有利可图的环节，因此在供应链成本优势的获取中收益最大；另一方面，我国企业在跨国经营中一般都具有雄厚的实力，它们在与上下游企业的讨价还价中占有主动权，也使得成本节约的杠杆效应成为可能。

3）供应链一体化的完整性。在资源导向阶段，特别是 20 世纪 90 年代以来，全球供应基地逐步向亚洲转移，亚洲特别是东南亚已成为全球的制造中心。例如，在全球纺织服装市场上，制造中心已从中国转移到东南亚，耐克、阿迪达斯等跨国企业相继在越南、泰国等设立了采购中心。当企业战略转变为市场导向时，中国市场必然成为许多跨国公司竞争的市场。这样，在我国企业跨国经营时，较为完备的供应链的地理范围可以缩小到其所在国本土，使得供应链成本中比例最大的物流成本大大节约，跨国公司利用供应链管理获取成本优势的可能性进一步增加。

3.1.2　我国企业的跨国供应链管理实施路径

1. 我国企业传统的跨国供应链管理分析框架

我国企业在世界市场上究竟如何通过跨国供应链管理获得优势，下面从一种两维视角来审视其实现路径。

其中一个分析维度是折衷范式理论所提出的三种关键优势。英国经济学家约翰·邓宁于 1976 年在斯德哥尔摩举行的诺贝尔学术讨论会上提出并首次命名了折衷范式（eclectic paradigm）。这一理论经过多年的不断改进和完善，吸收了国际经济学、产业组织理论、区位理论和公司理论等各种理论的精髓，形成了迄今为止对解释 FDI 和跨国公司最重要的理论框架。该理论的核心思想是：企业跨国投资是为了获得、利用和开发三种关键优势，即专属优势（ownership advantages）、内部化优势（internalization advantages）和区位优势（location advantages），因此，折衷范式又称三优势理论。

专属优势，又称为所有权优势，是跨国公司 ODI 和开展国际生产的基础，包括跨国公司在有形资产（如产品、设备、资金等）和无形资产（如研发能力、经验技术、专利、品牌口碑等）方面具备的竞争优势，而这些优势是东道国的竞争对手难以获得的。

内部化优势是指跨国公司将专属优势在内部使用所带来的优势，即有形资产和无形资产所形成的协同优势，其核心在于交易费用的节约。

区位优势是指东道国的政治、经济、社会文化等环境中存在的可以为跨国公司所利用的优势，包括市场、成本、关税、外资政策等各个方面。因此，在分析折衷范式三种优势时，按照我国企业跨国经营时注重成本管控，分别细化为专属优势、内部化优势和区位优势。

另一个分析维度是供应链管理的三个不同环节。供应链管理旨在从系统的观点出发，以集成思想对供应链中的物流、资金流、信息流进行设计、规划和控制，以最大限度地减少供应链中各成员的内耗和浪费，通过整体最优来提高全体成员的竞争力或福利水平，实现全体成员的共赢。供应链管理的本质就是以顾客需要为出发点，整合各个节点企业的核心竞争力，以形成优势互补，从而更好地实现顾客价值。

我国企业在海外的经营范围涉及各个领域，其中大多包括完整的供应链，尤其以中游的生产型企业居多，例如，中国对印度投资所涉及的产业以制造业为主，在 2010～2015 年的产业分布总投资累计额中，制造业所占比例达到 70% 以上。为了分析方便，根据中国企业在海外跨国供应链管理所涉及的三个环节，其管理可分为采购供应链管理、内部供应链管理和分销供应链管理。

采购供应链管理和分销供应链管理分别是指基于供应链管理思想的采购管理和分销管理，我国企业在海外可以通过有效地选择上下游的供应商和分销商，并基于各自的核心竞争力与它们建立长期的合作伙伴关系，从而在降低成本的同时更好、更快地满足顾客需要。内部供应链管理是指企业内部的活动流程也存在上下游的供需关系，这些内部活动之间的有效整合便形成了内部供应链管理的主要内容。

2. 我国企业传统的跨国供应链管理路径分析

通过上述理论框架，以供应链管理的三个环节为横轴，以折衷范式的三种成本优势为纵轴，建立九象限的分析模型，来具体分析在不同供应链管理环节中，我国企业跨国经营时综合利用三种成本优势，使成本领先战略得以有效实施。在分析的过程中，不考虑成本的对比优势，即先不与本土竞争对手作对比，而仅仅分析我国企业跨国经营时通过供应链管理降低成本的具体路径，如图 3-2 所示。

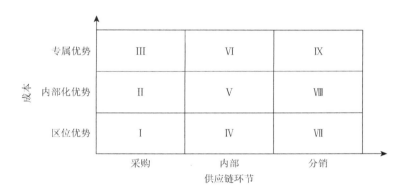

图 3-2　我国企业跨国供应链管理的路径分析

（1）采购供应链的成本降低途径

采购成本在企业供应链成本中占有很大的比例，据统计，生产型企业至少要用销售额的 45% 来进行原材料和零部件的采购。因此，通过采购供应链管理来降低成本的空间比较大。随着我国本土企业的成长，越来越多的本土企业可以满足我国企业跨国经营的供货要求，使得我国供应企业一起走出国门，或通过出口方式来供应海外生产市场。例如，我国从事制造业的跨国公司在越南配套率已达60%。另外，很多在海外的我国企业按照供应链管理思想纷纷与本土供应商建立战略伙伴关系，从而有效地降低了采购供应链成本。

在第 I 象限中，我国在海外经营的企业在采购供应链上的区位优势有三种：一是采购成本优势。中国作为"世界工厂"具有生产成本优势，本土生产的相同质量的零部件或中间产品的价格即使加上关税等费用也依然低于国外，使得本土采购充分利用了区位优势，降低了采购成本。二是运输成本的优势。一方面，基于供应链管理的大规模采购使供应物流具备规模经济性，降低了运输成本；另一方面，随着"一带一路"倡议的实施，相应的铁路和水路运输越来越完善，使得运输成本也继续下降。三是库存成本的优势。跨国供应链的实施将提高管理水平，从而缩短订货提前期，使在途库存维持在较低水平，从而节约了流动资金的占用量。

在第 II 象限中，我国在海外经营的企业基于采购供应链利用内部化优势的作用充分体现在交易费用的节约上。传统的内部化优势是指企业把原来在外部进行的经营活动通过一体化战略转为在企业内部进行，其核心思想是降低交易费用。而供应链管理的运用，使得上下游企业之间的非合作博弈转变为合作博弈，竞争变成竞合，信息割裂与封闭变成了信息互通与共享，通过供应链的整体优化促成节点企业的帕累托改进，以及发展节点企业间的信任关系成为供应链所有成员企业的目标。供应链管理的核心同一体化战略一样，也在于交易费用的节约，有效的供应链管理可以取得类似于一体化战略的优势，也属于内部化优势的范畴。

具体而言，供应链管理的内部化优势体现在信息搜寻费用、交易谈判费用、契约履行费用及交易变更费用的节约上。我国在海外经营的企业或积极培育当地供应商，或引入我国供应商在海外一起投资，或向自己的控股子公司采购，统筹利用其先进的供应链管理思想和技术，将采购供应链的内部化优势发挥得淋漓尽致。

在第 III 象限中，我国在海外经营的企业利用其专属优势降低采购供应链成本。我国在海外经营的企业利用先进计划系统（advanced planning system，APS）改进其供应链管理效率。研究表明，全球 500 强企业已全部开始实施 APS。在采购供应链上，APS 的实施可以使采购提前期平均缩短 30%，准时交货率平均提高 98%，误期率平均降低 5%，而当地竞争对手，如东南亚地区企业在 APS 利用上的差距非常大。同时，供应链中的核心地位赋予了我国在海外经营的企业另一项专属优势。我国在海外经营的企业一般实力都较为雄厚，在各自所处的供应链中都属于核心企业，而其他节点企业只是跨国公司的配套企业。实力的悬殊造成供应链中的利益分配向跨国公司倾斜，跨国公司不仅利用其议价能力获得优质、低价的零部件或中间产品，而且利用供应商管理库存（vendor managed inventory，VMI）等方式来降低采购供应链中的风险，并减少库存成本和仓储成本。

（2）内部供应链的成本降低途径

在第 IV 象限中，我国在海外经营的企业内部供应链中的区位优势主要表现为人力资源本土化带来的成本节约。据调查，我国在海外经营的企业人力资源本土化程度平均超过了 70%。例如，小米手机在印度已经基本实现了人力资源本土化，公司的员工有 99% 来自本土。我国在海外经营企业的人力资源本土化既包括作业人员的本土化，又包括管理人员的本土化。一方面，海外的劳动力成本远低于国内；另一方面，本土化的人才更了解当地环境，他们在协调能力、适应能力及加速跨国中国公司本土化进程等方面是母国人才所不具备的，因此有利于管理费用的进一步节约。

在第 V 象限中，内部供应链仅限于企业内部活动，不存在内部化优势的问题。如果从交易费用的角度考虑，企业内部上下游价值活动之间的交易费用可以达到最小化，也可以认为内部供应链中的内部化优势天然存在。

在第 VI 象限中，我国在海外经营的企业有可能在内部供应链上综合运用其专属优势。第一是生产成本的节约。我国在海外经营的企业具有较好的生产技术和装备，相比本土竞争对手，可以在保证产品和服务质量的同时降低生产成本。另外，中国在海外经营的企业一般规模较大，大规模生产所产生的规模经济性进一步降低了生产成本。第二是库存成本和配送成本的节约。我国在海外经营的企业引入先进信息系统，在内部供应链上实现了准时制生产，它们持有少量的库存并在生产线上合理安排物料的配送。相关研究表明，成功使用供应链管理可以使企业的库存下降 30%～50%，库存周转率提高 50%，合理配送物料使停工待料减少 60%，引入先进的信息系统使制造成本下降 12%。这说明除了技术装备和规模生产，我国在海外经营的企业的先进供应链管理技术也是降低生产成本的重要原因。

（3）分销供应链的成本降低途径

我国在海外经营的企业也致力于分销渠道的本土化。我国在海外经营的企业在分销供应链上，结合运用本土原有分销渠道和自建分销渠道两种方式来实现分销渠道本土化。近年来，我国在海外经营的企业更倾向于后者，究其原因主要有三点：一是分销渠道在竞争中具有极端重要性，尤其是渠道终端的能力直接影响企业的销售业绩。谁掌控了销售渠道，谁就能在竞争中获胜。二是我国在海外经营的企业在经营初期，在分销渠道方面与本土企业相比一直处于下风，随着在海外积累了一定的经营经验及对海外市场的了解更加深入，自建分销渠道成为可能。三是海外市场需求具有多样性和分散性的特点，这对分销渠道提出了更高的要求，可能所在国本土原有的分销渠道较为原始且管控难度较大，难以满足我国在海外经营的企业的要求，自建分销渠道的需求非常迫切。

在第 VII 象限中，我国在海外经营的企业在分销供应链上的区位优势并不明显，仅仅在人力成本的节约及渠道，对当地市场的了解程度方面可以产生一定的成本效应。虽然，市场需求和劳动力成本优势是我国在海外经营的企业投资的主要区位优势之一，但不同于采购供应链上区位优势的成本导向，在分销供应链上的区位优势是市场导向的。

在第 VIII 象限中，无论是自建分销渠道还是利用本土原有渠道，分销供应链管理的内部化优势都在于降低交易费用。通过实施前向一体化战略，投资自建销售公司或者建立专卖店，或者与分销商和零售商建立紧密的战略伙伴关系，我国在海外经营的企业可以有效地节约交易费用的支出。

在第Ⅸ象限中，我国在海外经营的企业在分销供应链上的专属优势体现在三个方面：一是供应链管理技术，如先进信息技术的使用使得成品库存和分销配送更为合理，降低了缺货成本和库存成本。二是卓越的市场预测能力可以有效避免需求不确定性带来的"牛鞭效应"，从而降低库存成本。三是高水平的产品和服务质量及良好的品牌声誉保证了大量的市场需求，从而能够取得货物运输的规模效应，降低运输成本。

3.2 我国企业的跨国供应链管理策略方法

3.2.1 先易后难策略与先难后易策略

1. 先易后难策略与先难后易策略的含义

先易后难策略与先难后易策略是指我国企业进入海外市场经营时，根据自身的条件和外部市场环境，确定先进入发达国家市场，还是先进入发展中国家市场。如果先进入发达国家市场，可能难度较进入发展中国家市场大得多，但是一旦进入，后续再进入发展中国家市场相对来说就比较容易；如果先进入发展中国家市场，则相对容易，但是再进入发达国家市场可能还需要从头再来。

2. 先易后难策略案例分析——以华为为例

华为作为一家全球领先的信息与通信技术解决方案供应商，截至 2016 年底，有 17 万多名员工，华为的产品和解决方案已经应用于全球 170 多个国家和地区，服务全球运营商 50 强中的 45 家及全球 1/3 的人口。2013 年，华为首超全球第一大电信设备商爱立信公司（以下简称爱立信），排名《财富》世界 500 强第 315 位。《2017 年 BrandZ 最具价值全球品牌 100 强》公布，华为名列第 49 位；2015 年美国《财富》杂志发布了世界 500 强名单，华为以 785.108 亿美元营业收入首次打入前百强，排名第 83 位。

华为的境外市场开拓，还是沿用境内市场所采用的"农村包围城市"的先易后难策略。第一步，华为瞄准的是深圳的近邻香港。1996 年，华为与长江实业集团旗下的和记电信合作，提供以窄带交换机为核心产品的"商业网"产品。第二步，华为开始考虑发展中国家的市场开拓，重点是市场规模相对较大的俄罗斯和拉美地区。第三步，2000 年以后，华为开始在其他地区全面拓展，包括泰国、新加坡、马来西亚等东南亚市场及中东、非洲等区域市场。第四步，华为开始在发达国家市场上有所动作。

1995 年，我国通信市场竞争格局发生了巨大变化，由于通信设备的关税相对较低，国内、国际市场竞争态势呈白热化。当时国际市场的萎缩使我国企业国际市场拓展乏力，而跨国通信设备巨头在国际市场需求下滑的情况下，转入方兴未艾的我国市场攫取更多利润。随后几年，尤其在 2000 年以后，跨国公司以更残酷的价格战与华为等本土企业来争夺市场。

在这种情况下，国际化成了唯一的选择，华为的国际化行动也就跌跌撞撞地开始了。华为国际化战略的初始阶段是占领发展中国家市场。在这个阶段，华为创始人任正非已经在寻找华为同国际大公司之间的差距。其中，"华为的交货时间和研发周期是最突出的毛病，都比其他公司的时间长"。1999 年，华为海外业务收入不到总营业额的 4%。

（1）开拓发展中国家市场

1）国际化第一站——俄罗斯市场。

在发展中国家市场稳扎稳打，华为将俄罗斯作为国际化的第一站。20 世纪 90 年代，俄罗斯的电信业受经济迟滞发展的影响，市场需求很大，行业市场没有统一的技术标准，对于通信设备的选购更注重产品的性价比和增值服务。而且，俄罗斯的股份制改造正初步展开，政府在其中占有很大的股份，政治对经济的影响很大。而中国政府与俄罗斯政府一直保持着良好的外交关系，这为中国企业进军俄罗斯市场提供了有利条件。

初期华为在俄罗斯屡屡碰壁，调查一个地方就需要两个星期，但就是没有客户，更不用说介绍产品了。在俄罗斯人眼里，电信是朗讯科技公司、西门子等国际巨头的专利，他们从内心不信任华为，华为几乎在每个客户那里都碰了钉子。起初华为派往国外的年轻员工经验不足，需要花大部分时间适应国外生活和工作环境。加之部分国内企业将质量不过关的产品销往俄罗斯，俄罗斯人对中国产品丧失了信心。华为面临的难题不仅是向对华为一无所知的俄罗斯客户推销华为的技术，更是推销中国制造，改善中国的国际形象，这无疑为华为在俄罗斯市场的拓展增加了难度。

天有不测风云，却意外送来好风。1997 年，俄罗斯陷入经济低谷，卢布贬值。日本电气股份有限公司（NEC Corporation）、西门子、阿尔卡特等国际巨头纷纷从俄罗斯撤离，给华为带来了重大机遇。1998 年，俄罗斯的市场一片萧条。俄罗斯的一场金融危机，使整个电信业都停滞下来。当时俄罗斯经济处于低谷，市场异常萧条，开拓非常艰难。而且经历金融危机后的俄罗斯市场，资本市场极其混乱，资金链短路，市场开拓的风险极大。

在国外巨头纷纷撤资减员的情况下，华为坚持了下来，并反其道而行之，实施"土狼战术"，派出 100 多人的营销队伍，在经过严格培训后到俄罗斯进行市场开拓。而在不断的市场拓展中，华为终于从俄罗斯国家电信部门获得了第一张只有 38 美元的订单，可是这却是华为的国际贸易第一单！

当普京全面整顿宏观经济，俄罗斯经济"回暖"之际，华为终于赶上了俄罗斯政府新一轮采购计划的头班车。2000 年，华为斩获乌拉尔电信交换机和莫斯科移动网络两大项目，加快了俄罗斯市场规模销售的步伐。2001 年，华为与俄罗斯国家电信部门签署了上千万美元的全球移动通信系统（global system for mobile communication，GSM）设备供应合同，华为在俄罗斯市场销售额超过 1 亿美元。从初期的 38 美元销售额起步，华为最终成为俄罗斯市场的主导电信品牌。2011 年，华为在俄罗斯的销售额突破 16 亿美元。2013 年，华为智能手机、便携式计算机在俄罗斯共售出 60 万台。

2）国际化第二站——拉美市场。

20 世纪 90 年代末期，拉美地区整体经济水平处于全球中等水平，政府对通信行业的投资比较大。受经济的影响，通信行业发展速度快，但地区之间发展不平衡。巴西和阿根廷是拉美最大的通信市场，占了拉美通信市场的 80%，已成为发展中国家最受投资者欢迎的地方之一。1998 年拉美地区有 5 亿人口，是一个有着巨大发展潜力的市场。由于拉美地区的国家的电信服务业刚刚实现私有化，面临着调整经营战略，更新设备，扩大通信容量，改善服务，满足用户对电话机、移动电话、网络等方面需求的任务。

1998 年，华为开始在拉美地区拓展市场。但与俄罗斯相比，拉美市场的开拓更加艰难。由于拉美地区金融危机、经济环境的持续恶化，拉美地区的国家的电信运营商多是欧洲或美国公司，采购权在欧洲或美国公司总部而不在拉美当地。

于是华为采取了一个重要策略：让自己的海外采购路线沿着中国的外交路线走。巩固和发展同周边国家友好合作关系，华为的"先国家、再公司"之"新丝绸之路"活动也积极开展，再加上各种努力，终于打开拉美市场并站稳脚跟。1997 年，华为在巴西投入 3000 多万美元建立了合资企业。1999 年，华为进入厄瓜多尔市场，在厄瓜多尔的首都基多和瓜亚基尔市各设立一个办事处。2004 年 2 月，华为获得巴西下一代网络（next generation networks，NGN）项目，合同金额超过 700 万美元。2004 年 7 月，华为与委内瑞拉电信管理委员会签署了约 2.5 亿美元的合作意向书。2011 年 2 月，华为被拉美地区 Nextel 品牌的母公司美国 NII 控股公司选中，共同合作在巴西、墨西哥市场推广应用 NGN 技术。

2015 年，华为拉美消费者业务部门宣布，华为消费者业务在拉美的智能手机发货量突破 1200 万台，与 2014 年同期相比增长 68%。华为在拉美已取得与超过 50 家运营商及跨国渠道的深度合作，并与超过 550 家代理商、零售商携手，使华为品牌知名度在拉美从 2014 年的 37%上升到 2015 年的 65%，同比增长 28 个百分点。

3）国际化第三站——东南亚市场。

2000 年前后，华为开始在其他地区全面拓展，包括泰国、新加坡、马来西亚等东南亚市场及中东、非洲等区域市场。在华人比较集中的泰国市场，华为取得了相对的成功，连续拿下了几个较大的移动智能网订单。由于泰国华人覆盖率较大，华为销售额呈持续增长状态。

泰国现代电信公司原来在泰国只拥有 200 万移动电信客户，在与华为合作后，不到两年时间已发展到 1200 万移动电信用户，占全国用户的 60%。此外，泰国现代电信公司还拥有 1000 万预付费用户，风靡泰国的 1-2-CALL（预付费用户）就是由华为分公司独家提供的。华为分公司还为泰国现代电信公司提供了网络平台和移动智能网，仅一年时间，华为已占有该公司网络平台份额的 20%。

2005 年，华为进入新加坡，但在新加坡价格优势对华为的市场开拓无济于事。当时新加坡电信业大部分业务由知名度高、技术成熟的电信公司承接，名不见经传的华为突然冒出来，让人们不以为意，对电信产品有着特殊要求的运营商并不看好华为。华为在新加坡的业务发展一直没有起色，遭遇许多坎坷和波折，直到 2007 年才出现转折。

华为承接的第一个项目是新加坡三大电信运营商之一的新加坡电信公司准备上马的 NGN 项目，为此需要专门开发一套软件，华为方面颇感棘手。新加坡市场不大，新加坡电信公司却有不少自定义的特色业务，而为新加坡开发的产品也只能给新加坡用，其他国家无法再用。因此，研发成本高昂，无论是国际电信设备巨头还是本地电信设备企业都不愿意如此不计成本地开发这套软件。

华为 1000 多人的团队开发了一年，投入巨资完成了该项目，并通过了新加坡电信部门苛刻的测试。至此，华为在新加坡开了一个好头。通过这次合作，华为在新加坡打开了市场局面。2007 年以后，华为在新加坡的业务拓展有了大的飞跃，开始承接大型网络业务项目，在新加坡，至少 50%的通话，无论固定电话还是手机都使用的是华为网络和设备。

大约在 2000 年以后，随着竞争加剧和技术发展，马来西亚宽带市场发展迅速，宽带用户快速增长，当时马来西亚电信公司（简称大马电信）的网络已无法满足宽带市场爆炸性增长的需求。华为刚进入马来西亚时，当地绝大多数消费者并不知道华为。2007 年以前，华为通过努力争取到的业务项目往往是一些偏远地区的接入层的小盒子。经过多年诸如此类的拼搏，华为总算改变了局面，而这一切依然依赖 NGN 项目。

与新加坡相似，同样在 2007 年底，随着华为在核心网产品及解决方案重大项目中的多次出色表现，华为在马来西亚业界声名鹊起。在华为郑重其事的承诺下，大马电信开始考虑引入 NGN 来演进其核心网。2008 年，华为开始承接大马电信委托的 NGN 项目。由于 NGN 项目取得的阶段性成功，大马电信与华为的合作在不断加强。

4）国际化第四站——非洲，华为的冒险。

作为世界上最贫穷的大陆，非洲在全球信息革命的浪潮中严重落后，通信市场基础薄弱。随着经济的不断发展和政府的支持，非洲的通信发展较快，在埃及、南非、尼日利亚等已经形成了一定的规模。但是，因为非洲电信市场普遍存在收费高、服务差、政局不稳定等问题，所以华为当年进入非洲市场还是冒着一定风险的。

现在华为在全球拥有 100 多个分支机构，其中中东和非洲地区近 40 个。目前，华为在非洲部分地区的优势明显，已经是南非第二大综合设备供应商、第一大码分多址（code division multiple access，CDMA）产品供应商、第一大 NGN 产品供应商、第一大传输产品供应商、第三大 GSM 产品供应商。

2000 年，华为进入南非，依靠技术和品牌优势，成为南非所有主流运营商的合作伙伴。如今，作为长期投资南非的全球 ICT（information and communications technology，信息和通信技术）领先供应商，华为在南非开展业务已有十余年，目前是南非最主要的通信设备供应商之一，与当地主流电信运营商、政府与行业客户有着广泛的合作，已成为南非发展数字经济社会的重要战略伙伴。

2005 年，华为开始在纳米比亚投资，现已在纳米比亚市场确立了自身地位，已与纳米比亚电信及移动运营商 MTC 建立了稳固的供应链，签订了长期技术支持服务合同。华为还与纳米比亚公共广播公司 NBC 在数字电视项目建设方面进行合作。

在尼日利亚，从 2005 年起，华为就与所有主流运营商建立了合作关系。MTN 是非洲最大的跨国移动运营商，在尼日利亚、南非、喀麦隆、赞比亚、乌干达等国家都拥有 GSM 网络。2004 年，华为开始与 MTN 合作。目前，华为已经拥有尼日利亚 MTN 40%的市场份额，GSM 基站已经在尼日利亚首都阿布贾（Abuja）、北部最大城市卡诺（Kano）及伊巴丹（Ibadan）、卡杜纳（Kaduna）等地区应用超过 12 000 载频，总话务量超过 20 000 erl。

在肯尼亚，华为是当地最大移动通信运营商萨法利通信公司的第四代移动通信技术（forth generation mobile communication technology，4G）和核心网合作伙伴。

作为中东、北非地区市场份额最大的通信设备供应商，华为在埃及乃至整个中东、北非地区都拥有丰富的网络部署经验，在埃及还拥有一支专业的网络规划和优化队伍。

（2）发达国家市场

1）最艰难一站——欧洲市场。

华为在南非和沙特阿拉伯这些经济发展水平相对较高的国家取得成功后，将目标转向了期待已久的欧洲市场。

欧洲市场属于高端市场，有着较为先进的消费理念，通信消费的水平高于全球其他大部分地区，对产品的要求更注重性能。而且，欧洲通信市场属于成熟市场，网络已经定型且标准统一，其他的制造商如果没有相当的实力则很难有所作为。

　　华为进军荷兰时，荷兰已有四家运营商，最小的一家是 Telfort，准备建 3G 网。但其机房空间很小，摆不下第二台机柜，于是 Telfort 找到全网设备供应商诺基亚开发一种小型机柜，以便放置 3G 机柜。但诺基亚考虑小型机柜开发成本太高，因而拒绝。Telfort 又找到市场主导者爱立信，表示愿意抛弃诺基亚全网设备与爱立信合作，爱立信同样拒绝。2003 年，华为欧洲拓展团队听说此事后，特意上门拜访濒临破产的 Telfort。于是，走投无路的 Telfort 抱着死马当活马医的心情，尝试与华为合作。

　　华为提出解决方案——分布式基站，即基站的室内部分做成类似分体式空调，体积只有 DVD（digital versatile disc，数字多功能光碟）机大小，然后把基站大部分功能放到室外。8 个月后，华为分布式基站诞生，华为凭此进入欧洲的梦想将要变成现实。但天有不测风云，Telfort 竟被荷兰最大的运营商荷兰皇家 KPN 电信集团收购，华为的分布式基站惨遭抛弃。这可是华为方面呕心沥血才完成的杰作，而且这也是华为进入欧洲两三年来，历经千辛万苦得到的第一个项目。

　　经过这次沉重打击，华为的欧洲市场拓展之路又阻延了两年。2006 年，沃达丰在西班牙竞争不过当地龙头企业西班牙电话公司（Telefónica of Spain），于是想借助华为的分布式基站打击对手。处于败北境地的沃达丰在华为面前依然不失傲慢，它告诉华为："只有一次机会。"华为心知肚明，胜负在此一决，如果分布式基站没能取得助攻成效，欧洲再也不是华为的市场。这次华为很幸运，它打赢了。沃达丰采用华为的分布式基站，技术指标超过了西班牙电话公司，从此华为产品逐渐进入欧洲客户购物清单。2007 年，华为的分布式基站斩获一连串大单。

　　此时华为面临选择，要么保持现状，要么产品升级换代，另起炉灶，用与爱立信完全不一致的架构，去做超越爱立信的革命性产品的升级换代。余承东是华为分布式基站第一发明人。他在征询华为内部意见时遭遇众多反对声，因为第四代基站（Single RAN）的成本会提高 1.5 倍，还有很多技术风险无法克服。如此大规模的投入，一旦达不到市场预期可能几年都翻不了身。最后，余承东一锤定音："必须做，不做就永远超不过爱立信。"

　　2008 年，华为第四代基站问世，而且一炮打响。据悉，华为第四代基站技术优势很明显。当时的基站需要插板，爱立信需插 12 块板，而华为只需插 3 块板。这次技术突破，一举奠定了华为无线局域网的优势地位。从此，华为军团一路高歌猛进、四面出击，最后全面占领欧洲市场。2010 年之前，华为无线历经多年艰苦奋斗，在西欧市场仅获得 9% 的份额。但在 2012 年之后，华为的市场份额飙升至 33%，高居欧洲第一。

　　从 2001 年开始，华为以 10G SDH（synchronous digital hierarchy，同步数字

体系）光网络产品进入德国为起点，通过与当地著名代理商合作，华为产品成功进入德国、法国、西班牙、英国等发达国家。2003 年，华为的销售额约为 3000 万美元。2004 年 3 月 20 日，华为欧洲地区总部新技术研发中心在英国贝辛斯托克落成。这是华为在海外最大的机构之一，也是中国企业在英国的最大投资。英国《泰晤士报》的权威评论称，此举是中国企业走向国际化的一个重要标志。从此，华为以英国为基地开拓欧洲市场。贝辛斯托克聚集着一大批全球规模最大的电信公司，华为研发中心的落成标志着华为海外拓展的重点逐渐从亚非拉发展中国家市场转向欧美主流高端市场。

2006 年，华为选择在 3G 运营领域具有绝对优势的全球顶级移动运营商沃达丰作为合作伙伴。沃达丰借助华为的低价因素，比其他老牌企业更有竞争优势。华为获得沃达丰订单，标志着亚洲手机制造商成功进军国际高端市场，它对华为在移动通信领域的全球扩张具有推动作用。

2009 年 2 月 9 日，华为与沃达丰进一步签订了加深双方战略合作伙伴关系的协议。根据协议，华为将在未来 5 年内为加纳电信（沃达丰持股 70%）部署无线网络；参与沃达丰西班牙、希腊、匈牙利及罗马尼亚无线网络及其他子网核心网和骨干网建设；与沃达丰携手开发研究第四代移动通信技术。

截至 2015 年，华为已经与欧洲企业签署了 15 项合作协议，从云存储到电信设备，再到网络安全，涉及广泛。其运行之流畅，业务之全面，让人们已经忘掉它是一家来自中国的不知名企业，华为的国际化实践充分证明，中国企业完全可以在海外立足。

2）最苛刻一站——日本市场。

2006 年，日本电信电话公司（NTT）在没有合同的前提下，要求华为提供一款新产品，技术要求之细，质量要求之高前所未有。为了按时完成任务，华为研发部门没有休息日地连续工作 60 天完成项目。

日本市场的突破异常艰辛，日本既有欧美市场的高标准且更加精益求精，又有东方人的人文情怀。2008 年，KDDI 作为日本第二大、全球排名十二的电信运营商，对华为生产现场进行了第一次审核。当时，华为公司认为审核应该很容易通过，因为他们认为得到了很多证书，不会有问题。KDDI 审核的主审员叫福田，他随身携带三大法宝（手电筒、放大镜、照相机）和白手套，白手套用来抹灰尘，放大镜用来看焊点的质量，手电筒用来照设备和料箱的灰尘，照相机用来拍实物图片。每个华为人看他这样检查灰尘，都觉得太不可思议了！

第一次审核完毕，福田丢下 93 个不合格项返回日本，大家的第一反应是震惊，第二反应是争论。最后华为的领导经过讨论，认为客户是真诚和认真的，不然不会检查这么细，华为也要有开放的心态。接下来的 4 个月，华为抛开分歧和异议，以 KDDI 的要求为标准，以客户的眼光来改进现场，投入大量资源对设备、现场进行了优化改造，准备迎接第二次审核。虽然华为经过了精心准备，但 4 个月后仍觉得自己离 KDDI 的高要求可能还有差距。

第二次审核是在 2008 年 12 月，市场部和日本代表又把福田等请来。这次审核完毕，福田列出问题项 57 个。但华为人很高兴，因为审核的结果是通过！2009 年 10 月，KDDI 给了华为第一份合同，但它对华为并未完全信任。2009 年，KDDI 第三次来到华为，派出 8 名专家在华为现场蹲点，在生产线上全过程观看华为是怎么做产品的。产品从原材料分料到成品最后装箱，KDDI 的专家都要亲眼看到、检查过，他们对华为的工作表示很满意。

2011 年福岛核事故期间，爱立信撤走了，华为的机会来了。华为的服务令日本人感动。华为在日本的销售从 2011 年的不足 5 亿美元，到 2013 年的接近 20 亿美元，增长了 3 倍。

3）没有结束的一站——美国市场。

美国市场是全球最成熟、最高端、最具竞争的市场，这里对手最多、最强。华为进入美国市场，标志着华为真正进入了国际市场。

华为在国际市场上征战的最后城头堡就是美国市场，这也是思科系统公司（以下简称思科）的大本营。思科不仅是全球最大的电信设备供应商，更是全球领先的网络解决方案供应商，因此也是华为最难攻克的"最后堡垒"。不过，华为与思科之间发生的一场最后和解的诉讼，令华为声名鹊起，因祸得福。在高科技超强的美国市场，初出茅庐的华为，与年销售额 8 倍于自己的思科狭路相逢，并遭遇后者的狙击。

2013 年，美国一共有 1000 多家移动运营商，其中美国电话电报公司（American Telephone & Telegraph，AT&T）以 5800 万名用户、25%市场份额排名第一；威瑞森电信 Verizon 以 5670 万名用户、24.8%市场份额排名第二；Sprint 公司以 5189 万名用户、22%市场份额排名第三；T-Mobile 以 2410 万名用户、10%市场份额排名第四；前四强占据的市场份额高达 81.8%。而华为在北美市场仅占据 1%的份额，北美市场的领导者摩托罗拉所占市场份额为 46%，阿尔卡特朗讯公司为 21%，北电网络为 13%，瑞典爱立信为 10%。

3. 先难后易策略案例分析——以海尔为例

海尔是全球大型家电第一品牌。海尔大型家用电器 2016 年品牌零售量占全球市场的 10.3%，居全球第一，这是自 2009 年以来海尔第 8 次蝉联全球第一，同时，冰箱、洗衣机、酒柜、冷柜也分别以大幅度领先第二名的品牌零售量蝉联全球第一。2010 年，海尔在全球有 10 大研发中心、21 个工业园、66 个贸易公司、143 330 个销售网点，用户遍布全球 100 多个国家和地区。2012 年，美国财经杂志《福布斯》发布"亚洲上市公司 50 强"排行榜，海尔挺进 50 强，并连续两年入围该榜单。2012 年，第 18 届中国品牌价值研究结果在英国伦敦揭晓，海尔以 962.8 亿元人民币的品牌价值位居榜首，连续 11 年蝉联中国最有价值品牌排行榜首位。海尔是全球员工总数超过 5 万人，营业额超过 1000 亿元规模的跨国企业集团。

（1）国际化战略发展阶段：走出国门，出口创牌

20 世纪 90 年代末，中国加入 WTO，很多企业响应中央号召走出去，但出去之后非常困难，又退回来继续做贴牌。海尔认为走出去不只为创汇，更重要的是创中国自己的品牌。因此海尔提出"走出去、走进去、走上去"的"三步走"战略，以"先难后易"的思路，首先进入发达国家创名牌，再以高屋建瓴之势进入发展中国家，逐渐在海外建立设计、制造、营销的"三位一体"本土化模式。

这一阶段，海尔推行"市场链"管理，以计算机信息系统为基础，以订单信息流为中心，带动物流和资金流的运行，实现业务流程再造。这一管理创新加速了企业内部的信息流通，激励员工使其价值取向与用户需求相一致。

作为中国"出海"最早的企业，海尔从一开始就选择了坚持"自主创牌"由难到易的发展道路。在创新上下先手棋，在产品创新与迭代中坚持"自主创牌能力、品牌整合能力、本土化建设能力、产品原创能力"成为海尔制胜的关键。从产品出口到在当地建厂，从技术引进到技术输出，海尔在美国、日本、印度等市场像本土公司一样与消费者深度接触，逐渐成为"圈内人"并扎下了根。在整合全球采购、供应链、研发平台等的同时，将中国企业全球化发展与带动当地产业升级结合起来，基于对市场和用户理解认知的高水准，不断扩大市场规模，最终掌握供需的制高点，成为海外主流市场的主流品牌。

（2）全球化品牌战略发展阶段：创造互联网时代的全球化品牌

互联网时代带来营销的碎片化，传统企业的"生产—库存—销售"模式不能满足用户个性化的需求，企业必须从"以企业为中心卖产品"转变为"以用户为中心卖服务"，即用户驱动的"即需即供"模式。互联网也带来全球经济的一体化，国际化和全球化之间是逻辑递进关系。"国际化"是以企业自身的资源去创造国际品牌，而"全球化"是将全球的资源为我所用，创造本土化主流品牌，是质的不同。因此，海尔整合全球的研发、制造、营销资源，创全球化品牌。

通过差异化的国际并购，海尔基于北美第一厨电品牌 GE Appliances、新西兰顶级品牌 Fisher & Paykel（斐雪派克）、国际高端家电品牌卡萨帝、年轻时尚家电品牌统帅、日本最受欢迎高端品牌 AQUA 等多个维度，可以为全球用户提供全品类，精准、快捷、迭代的最佳场景式体验。从本质来看，海尔已经成为全球唯一一个拥有品牌最多、产品最全、最具国际化特质的"世界第一家电品牌集群"。

海尔于 2016 年首次发布海尔、美国 GE Appliances、新西兰 Fisher & Paykel、日本 AQUA、卡萨帝、统帅六大家电品牌全球化战略。领先行业半个身位的海尔，从单一品牌全球化到多品牌全球化，海尔用品牌协同效应向全球不同市场开始渗

透。除了占位以外，更多的是建立后家电时代全球化的多品牌标准体系。从海尔旗下六大品牌的影响来看，无论是全球知名品牌 GE Appliances、新西兰 Fisher & Paykel，还是海尔及高端品牌卡萨帝，都已经牢牢确立了市场地位。

全球知名市场调查机构 GFK 集团公布的 2016 年数据显示，在日本全自动波轮洗衣机市场中，海尔洗衣机以超过 36% 的份额位列行业第一；海尔冷柜在日本市场所占份额位列第一。在巴基斯坦，海尔品牌知名度已达 99%，位居第一，海尔空调已连续 10 年位居巴基斯坦销量第一。在澳大利亚，2016 年 Fisher & Paykel 和海尔的市场份额（白电和厨电）共为 15.6%。在新西兰，2016 年 Fisher & Paykel 和海尔的市场份额（仅白电）共为 42%。

在欧洲市场，海尔及旗下品牌表现同样抢眼。2016 年，海尔冷柜和空调在意大利市场的份额排名前三。2016 年，海尔的对开门冰箱已经拥有法国市场 22% 的份额，超过了韩国 LG，成为法国对开门冰箱市场的第二名。在包括整个欧洲市场在内的多门冰箱市场，海尔也是位居第二名。

在美洲市场（以美国市场为例），海尔更是荣获多项第一，其中包括家电品牌知名度全美第一、嵌入式厨电市场占有率全美第一、对开门冰箱销量全美第一、家电客户满意度全美第一、空间装潢业指定使用率全美第一。这一组并不完整的数据还是令人惊讶于海尔的成长。海尔持续增长的秘诀中，本土化功不可没。只有极致的本土化，才能有持续的品牌认同和销售高峰。

海尔旗下来自新西兰的国际著名家电品牌 Fisher&Paykel 也对海外市场进行了扩张。这意味着，此前海尔实行的"走出去"的国际化策略将会变成"双轨制"，即延续海尔、卡萨帝等高端品牌的国际化路线，还要将纳入麾下的 GE Appliances 和 Fisher&Paykel 引至中国市场及其他海外市场。其实，这是海尔真正国际化的开始。如果说过去海尔的国际化是单边国际化，如今的海尔实行双边国际化的策略，将进一步锁定海尔在家电行业的地位。

（3）网络化战略发展阶段：网络化的市场，网络化的企业

互联网时代的到来颠覆了传统经济的发展模式，而新模式的基础和运行则体现在网络化上，市场和企业更多地呈现出网络化特征。在海尔看来，网络化企业发展战略的实施路径主要体现在三个方面：企业无边界、管理无领导、供应链无尺度，即大规模定制、按需设计、按需制造、按需配送。

外界也提出过质疑，传统家电进入成熟期，产品利润增长逐步放缓，互联网模式很难再出现迎合所有人的普世产品。当 GE 公司、西门子和日本企业都在剥离家电类生活用品业务，将精力集中到上游核心零部件生产，海尔凭什么再"红"几十年？

这个全球传统企业都需要面对的质疑，海尔用打造物联网范式下的"终身用户价值"进行回答。三大平台打通社群生态脉络，平台化的海尔依托顺逛社群交

互云平台、U＋智慧家庭云平台、COSMOPlat 工业云平台，成为物联网时代的范式引领者。在全球化的生态体系中，大顺逛平台的社群交互，可以让全球用户需求与各小微团队实现零距离对接。在大规模个性化定制平台 COSMOPlat 上，用户获得了个性化订制解决方案。用户在体验多入口、全场景的海尔智慧家电后，又衍生出新的社群交互，驱动海尔平台持续迭代升级。

作为首个具备自主知识产权的中国版工业互联网平台，海尔 COSMOPlat 已经成功申请自主知识产权 89 项，聚集了上亿的用户资源，同时聚合了 300 万的生态资源，可以给全球企业提供工业升级的服务方案及切实可行的落地方案（图 3-3）。从制造产品到孵化创客，目前海尔平台上 200 多个小微公司已经有超过 100 个年营业收入过亿元，其中 5 个小微公司估值超过 5 亿元，2 个小微公司估值超过 20 亿元。

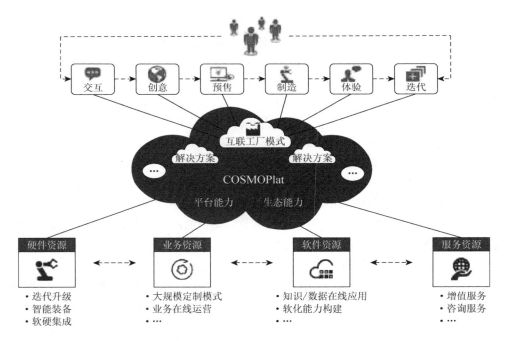

图 3-3　海尔网络化发展战略

海尔 2017 年第三季度报告披露，其前三季度实现营业收入 1191.90 亿元，同比增长 41.27%，用了 9 个月就超过上年一整年所实现的 1190.66 亿元收入。海外整体收入 507.4 亿元，占比 43%，近 100%为自有品牌收入。GE Appliances 贡献收入 342 亿元，南亚市场增长 49%、欧洲市场增长 29%、中东非市场增长 29%、澳洲市场增长 19%。

3.2.2　先上游后下游策略与先下游后上游策略

1. 先上游后下游策略与先下游后上游策略的含义

先上游后下游策略与先下游后上游策略是指中国企业跨国经营时，是以供应链上游的研发环节和零部件生产环节为突破口，还是以下游产品和品牌为跨国经营的突破口，但不管是哪一种，位于价值链的两端的技术和品牌，都是属于高附加值环节，都是中国企业"走出去"需要做的。

2. 先上游后下游策略案例分析——以均胜电子为例

宁波均胜电子股份有限公司（以下简称均胜电子）是一家汽车电子供应商，总部位于中国宁波。均胜电子立足于中国和德国两大基地，实现全球资源配置，企业产品系列包括驾驶员智能控制系统、电动汽车电池管理系统、工业自动化生产线、空调控制系统、传感器系统、电子控制单元、汽车发动机涡轮增压进排气系统、空气管理系统、车身清洗系统、后视镜总成。均胜电子的客户遍及全球，包括德国奔驰汽车有限公司（以下简称奔驰公司）、德国宝马汽车有限公司（以下简称宝马公司）、宾利汽车公司、大众汽车集团、通用汽车公司、福特汽车公司、瑞典沃尔沃汽车有限公司和英国捷豹路虎汽车制造有限公司等，同时还拓展亚洲的日系、韩系等车系，实现全球全覆盖。

（1）初试锋芒

1970 年出生的王剑锋董事长从中国美术学院毕业后，一度沉浸在艺术创作中。即便日后成为行业大鳄，他仍没抛弃自己的爱好，闲暇时出了几本摄影集，企业里"花园式"布局，也由他参与设计。

1994 年，国内宏观经济出现增长回落，汽车零部件行业受损严重。王剑锋家族企业的汽车电子紧固件厂出现危机，王剑锋临危受命。1999 年，在经营几年后，王剑锋不再满足国内市场，他将目光瞄向了来华拓展市场的美国巨头天合汽车集团（以下简称天合）。作为世界十大汽车零部件供应商之一的天合，产品服务于40 多家全球主要汽车制造商，在全球拥有高达 65 000 名员工，实力雄厚。经过多方接触，均胜电子最终拿下了与美国天合的合作：双方成立一家宁波天合紧固件股份公司，王剑锋亲自担任总经理一职。

通过外资企业的历练，王剑锋逐渐意识到国内同行更多还是在下游产业链互相竞争压价。如果一直囿于这个领域，产品容易被模仿，且利润低，未来发展空间小。2004 年，王剑锋决定跳出束缚，离开天合，成立自己的公司——宁波均胜投资集团有限公司（以下简称均胜集团）（图 3-4）。这时的"天合汽车集团"的营业额已经从几百万元上升到超过一亿元。

图 3-4　均胜集团的大楼

（2）大胆出击

创立初期，王剑锋就确立了与汽车制造主机厂同步设计开发的发展理念。由于全球汽车供应链一直被美、德、日三国巨头企业牢牢把持，2017 年，《美国汽车新闻》发布的全球汽车零部件供应商百强榜中，三国企业上榜67 家，占据了绝对统治地位，其中，日系企业以 28 家独占鳌头。王剑锋再看自己企业内部，一没核心技术，二没合作大客户，只能在一些功能件，如内饰上赚点小利润。

对于国内 2000 多亿元的汽车电子配件市场，国内企业很难分享更多的利润，且竞争力普遍偏弱。最终，王剑锋把目光瞄向了海外，德国普瑞制造集团（以下简称普瑞）成了他的第一个试金石。近百年历史的普瑞是汽车零部件行业的"隐形冠军"：拥有 98 项汽车电子发明专利，配件客户供应的更是宝马、奔驰、劳斯莱斯这样的高端汽车生产商。第一次走进普瑞厂房时，王剑锋的最大感受是震撼。收集资料时，王剑锋注意到普瑞在 2003 年被一家私募基金 DBAG 控股后，业务出现重大调整，即只在美国等地开设分支机构，在新兴的中国市场没有涉足。王剑锋觉得这是个突破口，便立刻带着公司高层千里迢迢飞到德国，希望两家合力开发中国市场。但是，普瑞并没有被这个中国企业打动。

初访虽未如愿，但王剑锋还是和普瑞建立了高层互访机制。双方关系的改变，源自于 2008 年世界金融危机爆发，与美国商贸紧密的欧洲各国同样很受伤，汽车行业更是早已哀声一片。捷豹路虎、标志雪铁龙先后被打包出售，王剑锋的浙江老乡吉利集团董事长李书福还趁势拿下了沃尔沃。"在别人贪婪时恐惧，在别人恐惧时贪婪。"股神巴菲特的这句话在王剑锋身上得到了验证。这一次，王剑锋对普瑞的目标也发生了变化，不再是寻求合作，而是直接收购！

金融危机让整个欧洲陷入困境，控股普瑞的 DBAG 基金退出期将至，普瑞愈发担心企业在危机中受损严重，王剑锋适时抛出了橄榄枝，普瑞高层被王剑锋邀请到了中国。这一次双方见面是在王剑锋准备新建的工业园里。但天生严谨的德国人却不买账。王剑锋决定找个过渡方案。经过反复斟酌对比，他最终将目标锁定在上海华德股份有限公司（以下简称华德）。有着中德合资背景的华德，业内口碑、产品都属上乘。更何况，通过华德能更清楚了解德国企业的运作方式。顺利拿下华德后，均胜电子的市场份额大幅提升。随后拔地而起的厂房建筑让第二次造访的德国人感到震撼。三顾茅庐后，德方相信了王剑锋的诚意和实力，谈判正式开始。2011 年，均胜电子成功并购普瑞，王剑锋以 16 亿元获得 74.9%的股权控股普瑞，一年以后，他又将剩余股权和 98 项专利全部买了下来。

（3）接连并购

有了资金和经验，王剑锋在海外并购的路上越走越远，规模也一次比一次大。2013 年，他以 56 万欧元收购软件开发商德国 Innoventis 公司，德国 Innoventis 专注于汽车及相关行业的电子系统测试、软件模块及电子网络系统领域工程服务；2014 年以 1430 万欧元收购全球著名的工业机器人制造公司 IMA（艾玛）100%的股权和相关知识产权；年底又以 9000 万欧元的价格收购德国高端方向盘总成与内饰功能件总成供应商 Quin GmbH（昆格姆贝）；2016 年 2 月，王剑锋以 1.8 亿欧元的价格全资收购德国 Techni Sat（特民萨特）汽车导航企业的汽车信息板块业务；同月，再以 9.2 亿美元的价格收购全球知名的汽车安全系统供应商美国百利得安全系统有限公司（Key Safety Systems，KSS）（图 3-5）；2016 年 5 月，旗下子公司以 1950 万美元收购 EVANA Automation（埃文纳自动化有限公司，以下简称EVANA）100%股权和相关知识产权。EVANA 是一家专注于工业机器人和自动化

图 3-5　美国百利得安全系统有限公司

系统的研发、制造和集成，为客户提供定制化工业机器人系统、自动化解决方案和咨询服务的公司。王剑锋通过一连串眼花缭乱的海外并购和资本操作，从2006 年营业收入 2000 万元的"小打小闹"，到 2016 年营业收入超过 200 亿元，十年跑出了 1000 倍的火箭增速，也造就了一个覆盖汽车安全、智能驾驶及车联网等领域的全球隐形巨头。

（4）成就霸业

最新收购的日本高田集团（TAKATA，以下简称高田），是王剑锋均胜电子版图最后的一块拼图。相较欧美车企千丝万缕、融合开发的生态链，日本汽车链基本处于"闭关锁国"的状态，即便是丰田、本田这两大全球性巨头，也乐于和本国汽车零部件企业合作，外国资本和企业想进来，困难可想而知。为此，外界将日本经济的独立和封闭性，定义为典型的"加拉帕戈斯现象"。如果均胜电子想要进入全球强大、封闭的日本汽车生态链，就要靠机会和计谋。为此，王剑锋先收购了美国 KSS，KSS 是安全气囊、安全带和方向盘等汽车安全系统和其关键零部件的设计、开发、制造领域的领导企业。以 KSS 为依托，避开日本对均胜电子收购的警觉性，间接与日本高田就技术和市场渠道进行对接（图 3-6）。

图 3-6　日本高田和 KSS

最后，高田因"死亡气囊"事故陷入危机而被迫变卖业务，均胜电子通过其控股的美国 KSS，以 15.88 亿美元收购了高田的主要业务。如此，均胜电子成功将全球第二、占市场 20%份额的日本安全气囊生产商高田收购。收购消息一出，KSS 的气囊市场份额在一夜之间从 8%增长到了大约 25%。这与均胜电子收购 KSS 仅相差一年有余。伴随本次收购完成，均胜电子将改写中国汽车零部件企业在国际市场的地位，公司有望晋升为全球汽车安全市场巨头，市场占有率达到全球第二。

为此，均胜电子成为一个横跨美国、德国、日本的全球体量级的跨国汽车零部件巨头。如今，你能想象到的汽车品牌，几乎都装有均胜电子的产品。例如，美国特斯拉公司的 Model X 的多个系统和部件，便是由均胜电子旗下的普瑞和 KSS 协同供货。

3. 先下游后上游策略案例分析——以 TCL 集团为例

TCL 集团创立于 1981 年，是全球化的智能产品制造及互联网应用服务企业集团。2017 年发布的《财富》中国 500 强排行榜单中，TCL 集团排名第 64 位。目前，TCL 集团的 5 万多名员工遍布亚洲、美洲、欧洲、大洋洲等多个地区，销售旗下 TCL、Thomson（汤姆逊）、Alcatel（阿尔卡特）等品牌彩电，以及 TCL、Alcatel 品牌手机。TCL 集团旗下主力产业在中国、美国、法国、新加坡等国家设有研发总部和十几个研发分部，在中国、波兰、墨西哥、泰国、越南等国家拥有近 20 个制造加工基地。

通过对 TCL 集团国际化的总结，可以清楚地看到 TCL 集团经历了四个阶段，从最初的国际贸易，然后到东南亚国家进行跨国投资建厂，再到进入欧洲进行跨国并购，一步一步地成为今天的国际化公司。

（1）最初的国际贸易

从 20 世纪 90 年代初到 1997 年亚洲金融危机期间，TCL 集团以 OEM、ODM 模式为国外企业代工制造，进行国际贸易，这是 TCL 集团海外业务的基本模式。

这期间，TCL 集团出口额得到稳步提升，实现了规模积累和品牌创立。通过代工和国际贸易，TCL 集团熟悉了国外企业生产标准，了解了国外企业运作流程，积累了从事国际化生产、管理的经验。亚洲金融危机接下来的 1998 年和 1999 年，在出口额大幅下滑的局面下，TCL 集团开始重新思考企业的国际化业务模式。

（2）东南亚建厂进行跨国生产

TCL（越南）有限公司于 1999 年 6 月 1 日开始筹建，1999 年 10 月 29 日获得营业执照，同年底完成生产工厂的更新改革，于 1999 年 12 月开始正式运营，是一家 100%的中资企业。它是 TCL 集团以海外设立自营机构的方式推进国际市场的第一站，也是 TCL 集团实施跨国投资经营的初探。

TCL 集团在越南的经营战略目标是以一流的产品、一流的服务和越南普通消费者买得起的价格，创建具有国际竞争力的品牌，以改变越南家电市场国际品牌产品价格居高不下、消费者有心购买但无力支付的局面，让越南广大普通消费者以能支付的价格享受国际一流的产品和服务。多年耕耘取得了不错的成果，目前 TCL 集团在越南的市场份额位居第二，这缘于 TCL 集团对越南市场的正确判断和市场定位。正是通过在越南积累的宝贵的国际化经验，TCL 集团逐渐开始向东南亚市场不断扩张，由相对简单的市场向复杂的欧洲市场拓展。

（3）跨国并购

2002 年，TCL 集团尝试企业国际化的另一种方式是跨国并购。TCL 集团以 820 万欧元收购德国"百年老店"施耐德电气有限公司。TCL 集团旗下的 TCL 国际控股有限公司通过其新成立的全资附属公司 Schneider Electronics（施耐德电气有限公司），与 Schneider Electronics 的破产管理人达成资产收购协议，根据双方协议，Schneider Electronics 收购施耐德的生产设施、存货及多个品牌，其中包括"施耐德""DUAL"等著名品牌的商标权益。同时协议租用位于 Tuerkheim（图克姆）面积达 2.4 万 m² 的生产设施，用以建立其位于欧洲的生产基地。

2004 年，TCL 集团并购法国 Thomson 彩电业务，成立 TTE（TCL-Thomson Electronics，TCL 汤姆逊电气公司），同年 8 月正式运营。并购后就出现连续两年的亏损，到 2008 年才扭转亏损的局面，开始健康发展。到 2009 年，TCL 集团实现营业总收入 442.95 亿元，净利润 4.70 亿元。其中，TCL 集团北美市场增长强劲，销量增长达 215.9%，连续三年被评为在北美增长最快的电视品牌。2017 年上半年，TCL 电视在美国的出货量排名第三。而在欧洲市场，经过十多年的深耕，TCL 电视已经销售遍布欧洲 20 多个国家，市场占有率在法国位列第三，在德国、意大利、波兰等国家也稳定增长。手机业务方面，TCL 通讯科技控股有限公司（以下简称 TCL 通讯）自从 2004 年收购阿尔卡特后，全面踏上国际化发展的快车道。在欧洲市场，TCL 通讯与主流运营商 Vodafone（沃达丰）、Orange（奥运吉）、T-Mobile、Telefónica 等建立了紧密的合作伙伴关系。2015 年初，TCL 通讯在法国建立了专门的 5G（5 generation）实验室，并积极与全球顶尖研发机构展开合作。TCL 通讯自 2010 年进入美国市场以来，已逐步与美国最大的运营商 AT&T、T-Mobile 及 Sprint 等建立了重要的合作伙伴关系。2016 年第四季度，TCL 通讯在北美洲的出货量位列全球企业第五。此外，2016 年第四季度，TCL 通讯在拉美地区的手机及其他产品出货量排名第五。其中，在智利、墨西哥，TCL 通讯持续保持领先优势，手机市场排名第二。在亚太市场，TCL 通讯与菲律宾、印度的多家电信运营商也建立了稳固的合作关系。2016 年，TCL 手机全球销量达 6876.6 万台，排名第八。家电业务方面，2017 年上半年，TCL 家电加大产品技术开发投入，积极布局和发展智能家居业务，随着对产品的持续改善，实现空调产品销量 560.6 万台，同比增长 33.7%，变频空调、风冷冰箱、免污洗衣机等高端产品占比稳步提升。现 TCL 空调已出口到全球 160 多个国家和地区，在南美洲、亚洲和非洲地区，销量位列中国出口排行第三，在中东、欧洲分别位列中国出口排行第四和第五。

（4）向上游半导体显示领域迈进

未来 TCL 集团会在两个技术领域加大投入，争取在这两个技术领域都能够达到全球领先水平。一是半导体显示技术，2016 年 TCL 集团在半导体显示领域的专利申请仅次于三星集团，超越了绝大部分半导体显示企业，包括日本企业；二是智能和互联网应用方面，特别是人工智能，这是未来技术发展的方向，将人工智能技术嵌入各个终端产品中，用互联网、大数据支撑企业的发展，这是 TCL 集团在产品技术的两个重点领域。2016 年，深圳市华星光电技术有限公司在国内企业 PCT（patent cooperation treaty，专利合作条约）国际申请量中排名第 4，全球排名第 16。

国际化是 TCL 集团未来发展的新引擎，希望未来 TCL 集团的海外收入占比能够持续提升。为实现此目标，TCL 集团将通过输出先进的工业能力、技术能力，继续巩固和提高欧美市场份额，同时选择印度、巴西等重点新兴市场突破，扎根当地市场，形成全价值链的竞争力。

3.2.3　跨界策略与专业化策略

1. 跨界策略与专业化策略的含义

跨界策略与专业化策略是指中国企业跨国经营中，是基于单链的跨国经营，还是基于不同产品的多链跨国经营，即是专业化经营，还是多元化经营。这些策略不仅关系中国企业的竞争力问题，还涉及未来发展方向和定位调整问题。

2. 跨界策略与专业化策略案例分析——以美的为例

美的集团（以下简称美的）是一家领先的消费电器、暖通空调、机器人及工业自动化系统、智能供应链（物流）的科技集团。美的于 1968 年成立于中国广东，迄今在世界范围内拥有约 200 家子公司、60 多个海外分支机构及 10 个战略业务单位。2016 年，美的以 221.73 亿美元的营业收入首次进入《财富》世界 500 强名单，位列第 481 位。2017 年福布斯全球企业 2000 强榜单，美的位列 335 名。

美的作为一家从顺德北滘小镇上走出的世界级家电巨头，连续两年登上《财富》500 强，市值超 3000 亿元，稳居中国家电行业第一。美的今天的成绩有目共睹。尤其集团董事长兼总裁方洪波自 2012 年执掌美的以来，美的成为整个行业进步最快的公司，也是中国制造业企业转型升级的一个典型样本。

2012 年 3 月 8 日，美的在上海宣布了公司未来的新战略目标——成为一家全球领先的消费电器、暖通空调、机器人及工业自动化系统的科技集团。

方洪波认为随之而来的挑战也是巨大的，如何整合德国、日本企业从而实现跨文化、全球化经营，如何管理好一家世界 500 强体量的超级公司，这是摆在美的管理层面前的难题。方洪波的终极梦想是把美的建成一家真正意义上的全球化公司。

（1）靠并购跨越多元化

2016 年美的再次登上《财富》世界 500 强名单，排名第 481 位，较 2015 年上升 31 位，成为连续两次入榜的唯一一家中国家电企业。2017 年上半年，美的实现营业收入达到 1245 亿元，归母公司净利润达到 108 亿元，为历史最好水平。美的的规模从百亿元快速增长到千亿元，靠的就是并购。美的在 2016 年的海外收入规模达 640 亿元，约占收入总量的 40%。作为一家世界 500 强企业，美的全球经营的雏形已经具备。

2015 年 8 月，美的与日本安川机器人有限公司共同出资 4 亿元组建两家机器人公司，分别生产可以做家务劳动、养老助老的服务机器人，以及将进入生产线的产业机器人，这被外界看成是美的智能化战略的重要举措。

2016 年，美的以 292 亿元收购全球领先的工业机器人制造商——德国库卡机器人制造集团（以下简称库卡）94.55% 的股权，打响其家电企业转型第一枪。2017 年上半年，库卡营业收入 135.13 亿元、净利润 4.51 亿元，分别同比增长 35%、98%，达到历史最高水平。

此前，美的于 2010 年收购埃及 Miraco 公司 32.5% 的股份，2011 年收购开利公司拉美业务。2016 年美的收购意大利 Clivet 集团 80% 的股权，向伊莱克斯收购 Eureka 吸尘器品牌及其大部分资产，收购日本东芝生活电器株式会社（以下简称东芝）80.1% 的股权，获得了东芝品牌 40 年的全球授权及 5000 多项专利技术。

自 2015 年起，美的逐步与日本、韩国、瑞典企业进行合作合资，依托合作方优势，更为积极地进入多领域市场，并借助公司生产优势形成协同效应，巩固中国市场地位。

通过一系列的外延式并购扩张，美的在海外形成了多品牌运营的格局，也使其可以深入低、中、高多层次市场，全面覆盖家电消费者。而美的国际化并购路径则从买产品、买技术，逐步过渡到买市场、买渠道，最后则是买品牌、买科技能力。

（2）靠三大战略蜕变

时间回溯到 2011 年，尽管有家电下乡、节能惠民等系列政策刺激，但家电行业增速仍明显放缓。伴随着中国家电行业进入存量更新需求时代，美的面临不小的挑战。2011 年，美的电器的财务报表出现了三年来的首次下滑。在销售规模同比增长 58.97% 的情况下，归属于上市公司股东的净利润仅增长了 13.64%，除冰箱以外的所有产品均呈现利润下降。

2012 年 8 月，美的创始人何享健将董事长的职位交给了 45 岁的职业经理人方洪波。方洪波认为，原来以规模为导向的发展模式难以持续，中国制造业的根本出路是通过技术进步带动产业升级，从低端制造业向高端制造业，从低附加值向高附加值，从落后制造业向先进制造业发展的积累和渐进。

2012 年，美的在投资上做了大幅的调整，一刀切停止了传统的、粗放式的投资，进行了以产品研发、技术创新为核心的投资布局，提出了"产品领先、效率驱动、全球经营"三大战略，围绕这三方面构建新的竞争能力。

2013 年，美的集团通过与美的电器股份有限公司换股的方式完成了公司的整体上市，通过整合优化大家电、小家电、机电及物流等产业资源，美的一体化的产业链协同运作能力与资源共享能力大幅提升。此后，美的不断通过横向并购拓展多元化产品线，减少对单一空调业务的依赖。

2015 年，美的在继续坚持三大战略的同时，又提出"智慧家居＋智能制造"双智战略，试图寻求新的增长点。借助资本市场，美的实现了超常规的增长。横向来看，世界级的现代化家电企业，如通用电器等都走过一条从消费产品到工业产品、从传统制造到高端专业制造的发展轨迹。在主业逐渐成熟、增速趋缓、投资需求减弱的情况下，美的利用充沛的现金流投资契合自身优势的第二产业。

（3）全球经营新挑战

在工业 4.0 的全球制造业转型背景下，从世界级白色家电类制造企业升级为未来的全球化科技集团，是愿景也是挑战。2017 年 4 月，美的在美国硅谷开设未来技术中心，并以人工智能、传感器等新兴技术为研发方向，希望为产业升级创新提供技术支持。2012~2016 年，美的投入的研发资金超过 200 亿元，在全球 8 个国家设立了 17 个研究中心，研发人员整体超过 1 万人，外籍资深专家超过 300 人，家电领域专利申请数量全球排名第一。

由于美的已经有接近一半的业务来自海外，这给公司的运行带来了一系列的挑战和困难。包括董事长方洪波在内的管理层都没有管理一家世界 500 强体量的跨国公司的经验。无论是家电领域的日本东芝，还是代表新业务方向的德国库卡，美的近两年的一系列海外并购之后，亟须完成消化和整合。特别是东芝的白色家电业务仍然处于亏损状态。如果整合、融合得好，就会产生价值创造；如果整合不好，那就是巨大的包袱。

3.2.4　合纵连横策略

1. 合纵连横策略的含义

合纵连横策略是指中国企业在国际化进程中，不限于多元化策略，而是以"互联网＋平台"为背景，打造自己的生态体系，从横向和纵向维度形成一个相互依赖、相互支撑的产业网络的策略。

2. 合纵连横策略案例分析——以阿里巴巴为例

阿里巴巴（图 3-7）作为一家主导电子商务的跨国企业，诞生于杭州。2016 年市值 3090 亿美元，预计到 2036 年，阿里巴巴平台整体销售额将超过世界第五大经济体的国内生产总值，仅居于美国、中国、日本和欧盟之后。阿里巴巴的目标是拥有 20 亿用户，相当于地球人口的四分之一。

图 3-7　阿里巴巴集团 LOGO

2017 年，阿里巴巴市值为 4390.07 亿美元，成为继腾讯之后第二家市值超过 4000 亿美元的中国公司。2017 年，在全球也只有苹果公司（8200 亿美元）、谷歌公司（6400 亿美元）、微软（5200 亿美元）、亚马逊（4500 亿美元）、Facebook（美国脸书公司）（4300 亿美元）及腾讯、阿里巴巴 7 家市值超过 4000 亿美元的科技公司。

阿里巴巴构建的生态系统和业务范围涉及生活的方方面面：购物、金融、聊天、医疗、娱乐和新闻。同时，阿里巴巴全球化明显，在 G20（二十国集团）大会上提出 eWTP（electronic world trade platform，世界电子贸易平台），希望该平台成为中小企业的 WTO——e-WTO。

（1）核心商务与物流

最早的平台 Alibaba.com 与淘宝（Taobao）、全球速卖通（AliExpress）、1688.com、天猫（Tmall.com）及天猫国际（Tmall global）一同为"企业对企业"（business-to-business，B2B）销售及品牌商家对消费者销售（如亚马逊）提供门户。阿里巴巴还复制了 eBay 的功能。聚划算提供针对各种产品的闪购。菜鸟（cainiao）是阿里巴巴旗下的物流业务。

基于电商业务，阿里巴巴近年来不断创新发展，豪掷数百亿元，先后入股三江购物俱乐部股份有限公司、上海联华超市股份有限公司、银泰百货集团，与百联集团达成战略合作，还战略投资苏宁易购，成为其第二大股东。2015 年开始，天猫提出"全球买、全球卖"的战略，"双 11 狂欢节"更名为"全球狂欢节"，并接入了梅西百货公司等海外零售巨头。阿里巴巴拥有印度尼西亚电商集团 Lazada 的控股权（图 3-8）。

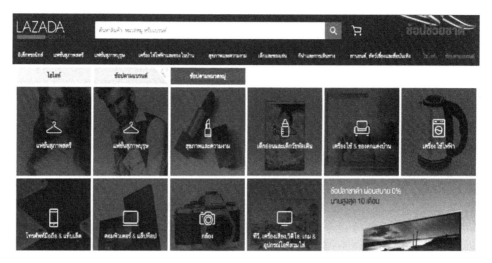

图 3-8　阿里巴巴合作的印度尼西亚电商集团 Lazada

在 2014 年，阿里巴巴以 2.49 亿美元投资新加坡邮政，之后菜鸟网络开始与全球各地的邮政和物流供应商对接，搭建全球化的物流服务网络，为电商全球化打基础。2017 年，菜鸟网络日均可以处理 5700 万个包裹。

阿里巴巴集团执行副主席蔡崇信将该集团形容为一个"大型的创意孵化器"。包括研发人脸识别支付、推出从咨询到药店的一站式在线医疗服务，阿里巴巴的并购团队一直在寻觅投资机会：既入股 Snap、Lyft，也投资了众多初创企业，阿里巴巴利用电商业务为新开展和羽翼未丰的业务提供资金，构建自己的生态系统。

（2）数字媒体和娱乐

数字媒体部门包括类似 YouTube 的视频网站优酷土豆（youku tudou）、流媒体服务阿里音乐（Alibaba music）和智能电视操作系统。阿里影业（Alibaba Pictures）集团有限公司是一家影视公司。此外还有阿里体育（Ali sports），从事中国各地体育赛事、电子竞技的推广和营销，阿里文学、新浪微博等，其中微博在用户规模上已经超越 Twitter（美国推特），成为全世界最大的独立社交平台。而"大文娱"在"阿里系"的地位也越来越重要。

UC 被阿里巴巴收购之前就已经在印度等海外市场站稳脚跟，UC 为阿里巴巴文娱内容全球化提供基础。阿里巴巴同步强化国际化形象，2016 年"Alibaba YunOS Auto"冠名国际足联俱乐部世界杯之类的全球化赛事。

（3）本地服务

本地服务部门包括本地商务平台口碑网（koubei）、在线外卖送餐平台饿了么（ele.me）。2016 年，阿里巴巴将在线旅游门户更名为"飞猪"（fliggy），面向越来越多想出国旅游的中国人。阿里巴巴还利用越来越多的中国人出境旅游来促进支付宝国际业务的增长，海外约有 11 万商家接受支付宝，它同时也在寻找新的合作方。2015 年支付宝与美国的 First Data（第一数据公司）达成合作协议，这家商业技术提供商的 450 万美国企业用户将可以选择接受支付宝。上述协议如果全面贯彻实施的话，将让支付宝入驻 400 万美国商户，与苹果公司的 Apple Pay 不相上下。

（4）支付和金融服务

蚂蚁金融服务集团（Ant Financial Services Group，以下简称蚂蚁金服）源自支付宝，支付宝结合了网络支付系统和数字钱包。除了中国外，阿里巴巴最大的业务分支在东南亚，与关联公司蚂蚁金服一起入股了印度支付平台 Paytm，后者支持刷手机支付，更早之前则与日本最大电商平台乐天、美国在线支付公司 Stripe、欧洲退税机构瑞士环球蓝联达成合作，还投资了韩国互联网银行 K-Bank。阿里巴巴必须进一步加快蚂蚁金服、阿里云国际化进程，其中包括与泰国 Ascend、韩国 KaKao Pay、美国跨境支付服务公司 MoneyGram 等的合作。

蚂蚁金服包括理财、私人银行业务、信用评分和金融云计算服务。阿里云（Alibaba cloud）是中国最大的公共云计算提供商，目前已是与亚马逊 AWS、微软 Azure 齐名的国际化云企业，拥有 230 万 B 端用户，其中，付费用户在 50 万左右，占比 20%以上，剩余 180 万免费用户大多数来自电商平台。阿里云提供类似亚马逊和微软提供的云基础设施服务。

阿里云也不断将自己的数据中心建到美国、德国、澳大利亚、日本、新加坡、马来西亚、阿联酋及中国等，截至 2016 年已经在全球 14 个区域拥有超过 20 个数据中心，与美国亚马逊公司（AWS）、微软公司（Azure）等云计算巨头在全世界范围内竞争。阿里妈妈（Alimama.com）是阿里巴巴旗下一个广告和数据管理平台。其他业务中的海量客户数据使阿里巴巴能够帮助商户更好地找准广告目标。

第4章 我国企业与跨国供应链整合方法模式

4.1 我国企业与跨国供应链整合的载体

4.1.1 我国企业与跨国供应链整合的内涵和背景

全球价值链是在全球商品链（global commodity chain）的基础上提出的，用以分析全球产业联系及产业升级问题（Gereffi and Koraeniewicz，1994；Gereffi and Kaplinsky，2001）。产业的垂直分离和跨区域转移的频繁发生，使得产业的价值链分布呈散碎状，Arndt 和 Kierzkowski（2001）也将这种价值链称为离散价值链（fragment value chain）。根据 Humphrey 和 Schmitz（2002）对集群结构和集群企业之间相互联系进行分析，将集群价值链分为四种形态：短距离（arm's length market）价值链、层级（hierarchy）价值链、准层级（quasi hierarchy）价值链和网络（network）价值链。Gereffi 将这些基于集群的不同形态价值链形成和整个物流驱动，归结于购买者和生产者行为，所以相应的集群价值链也称为购买者价值链（buyer driven chain，BDC）和生产者价值链（producer driven chain，PDC）。在此基础上结合 Kessler（1999）及李海舰和冯丽（2004）对集群和企业在发展过程中提出的集群价值链不同环节企业实力和地位的分化，提出销售型企业（need theory）、技术型企业（seed theory）和服务型组织（feed theory）主导着集群价值链的差异（黎继子和蔡根女，2004）。没有这些核心企业的存在，集群很难吸引和聚集价值链上游或下游企业，而这些核心企业的竞争力，特别是他们在全球范围内的核心竞争力已经成为地方产业集群发展和升级的关键。目前发展中国家的地方产业集群往往缺乏这一环节，所以全球价值链与地方产业集群的耦合发展成为人们研究和关注的热点。

在全球价值链与地方产业集群的耦合发展中，地方产业集群的生产者往往从位于全球价值链中的核心企业（如购买者）中学会如何提高生产工艺水平、改进产品质量、增强对市场的响应速度，这些是通过全球价值链的"出口中学"（learning by exporting）获得，所以处于全球价值链中的核心企业将对分散在全球各地的相关价值链活动进行功能性整合和协调起到重要作用。而地方产业集群正是利用与全球价值链的耦合机会，沿着产业价值链向着附加值更高环节扩展，Gereffi（1999）将此定义为"组织性续衍"（organizational succession）。以东亚国家纺织服装行业为例，地方产业集群的服装生产正是通过全球价值链进行来料加工和不断扩大生产规模，然后过渡到在跨国企业品牌下设计出售产品，最后是销售自己专有品牌的服装。

虽然后来 Schmitz 和 Knorringa（2000）发现，巴西的地方制鞋产业集群在过渡到产品品牌设计出售产品时，全球价值链中的核心企业对相关技术在价值链流通中加以限制和阻止，导致在国内外市场销售自己专有品牌遇到很大障碍。但 Bair 和 Gereffi（2001）及 Kessler（1999）在研究墨西哥诸多纺织服装产业集群时进一步确立了墨西哥纺织服装产业集群如同东亚国家和地区的发展模式，从起初的以出口为主的来料加工型（maquila sector），向着基于本地的一体化集群价值链（full-package sector）发展。这种基于本地的一体化集群价值链，就是地方产业集群在同一地域形成完整或近乎完整的价值链集群，所以将这种集群发展模式称为集群的供应链整合，其实集群供应链式整合在很多国家（包括中国在内）的地方产业集群中普遍存在。在全球分工进一步发展下，这种地方产业集群与全球价值链的供应链式整合，一方面，巩固地方产业集群在加工制造环节的优势，以及摆脱了对全球购买商的高度依赖；另一方面，使得地方产业集群真正意义上具有核心竞争优势，能获取价值链中因高增值而带来的利润，更重要的是地方产业集群能根植于本地，而不会资源禀赋丧失导致地方集群的锁定（lock-in）。

目前据统计，中国国内纺织服装地方产业集群已有 200 多个，面临过渡到纺织服装的"后配额时代"和在全球产业进一步分工的背景下，如何与全球价值链对接，将影响着这些新兴地方产业集群的发展和升级，特别是作为新兴的地方产业集群在嵌于全球价值链的同时，是进行专于某个价值链环节做精做专，还是在此基础上进行供应链式整合以获取核心、高附加值的战略环节？对不同条件下地方纺织服装产业集群发展模式是否趋同呢？所以本章在此背景下对相关问题进行探讨。

4.1.2　跨国供应链整合的模式

全球价值链与中国国内地方产业集群进行耦合，很大程度上是地方产业集群价值链中的某个环节或区域地理位置或产业背景具有的竞争优势，使得全球价值链中的核心企业愿意与国内地方产业集群进行相互嵌入和耦合，但是中国国内地方集群发展程度和条件差异很大，决定了全球价值链与国内地方产业集群在整合时有如下几种模式。

1. 模式 1

地方产业集群的某个环节所具有的优势，成为全球价值链寻找的嫁接枝点。

位于全球价值链的核心企业总是不断在世界范围内寻找新的能降低生产成本的渠道和价值链的某个环节,当某个区域集群的某个环节比目前的集群产地更有潜力时,自然会被趋利的核心国外采购商舍弃(Humphrey and Schmitz, 2002)。这是全球的产业分工导致整个产业分布在地理位置上的碎片化。作为全球价值链中的核心企业,为了面对日益不确定的复杂竞争环境,不得不专注自己核心竞争力的价值环节,并在其他集群地域寻找被自己剥离的非核心价值环节用于优化自己的价值链,以形成自己价值链的精益物流(lean logistics)战略。而作为全球价值链某个环节具有竞争力的地方产业集群,为了摆脱单纯从事某个非核心、低附加值环节的从属地位,防止集群产业链的空心化和边缘化,地方产业集群必然以嵌入全球价值链的某个环节作为基点,通过"出口中学"来强化整个集群,并沿价值链向上下游的高附加值环节延伸,形成集群供应链式的整合,所以其集群式供应链的整合表现为集群功能升级。

2. 模式 2

地方产业集群在价值链的各个环节虽然没有任何竞争优势,但其产业整体优势却是处于全球价值链中核心企业注重和耦合的焦点。在大多数情况下,地方产业集群的产生发展与本地久远产业积淀是密切相关的,往往这种地方产业集群发展是渐进式的演化,这也决定着集群的网络化程度低、分工粗糙、技术水平落后,并且由于地域因素,缺乏与外部市场产业(特别是与全球价值链)的沟通和联系。但在国内巨大市场背景下,地方产业集群通过满足层次较低的国内市场来形成供应链式的整合,形成了这些地方产业集群的完整的产业体系、较为丰富的产品品类,以及相应完善的产业配套组织。随着产业梯度转移和市场竞争的加剧,位于全球价值链核心环节的企业在重视和满足国际市场的同时,也逐步将重心转移到地方产业集群所在国的国内市场,所以全球价值链的核心企业为了能够及时快速进行本地化的生产和采购,就由原来追求生产成本最低的精益物流战略向敏捷物流(agile logistics)战略转变,以保证对市场和消费者需求的反应速度。集群的价值链的完整性就成为全球价值链核心企业整合自身价值链的平台。这种地方产业集群与模式 1 中的产业集群相比,从短期来看劣势明显,较难获得位于全球价值链核心企业的青睐;但从长期来看,以其在同一地域产业的供应链完整性和悠久产业技术底蕴,以及完善的相关培训机构、中介机构、信息中心等组织支撑,一旦嵌于全球价值链中,其后续竞争力将更长远和持续(Pietrobelli and Barrera, 2002),而这种集群式供应链的整合更多表现为集群价值链各环节工艺水平的升级。

3. 模式 3

这种模式独特的地方在于全球价值链将自身的某个环节转移出来,在没有任何产业基础的地域中形成新的地方产业集群。这种地方产业集群的产生是由于两者间的外部环境发生突变后，相互间的资源存在高度互补性。所以这种地方集群与全球价值链的耦合是一开始便产生了。例如，墨西哥加入了北美自由贸易协定（North American Free Trade Agreement，NAFTA）后，与南加利福尼亚州接壤相邻的、几乎没有任何纺织服装产业基础的墨西哥尤卡坦地区，马上成为处于全球价值链核心的美国销售商和品牌商及制造商企业（J.C. Penney、Polo、Guess、Tommy Hilfiger、Gap、Limited 等）服装加工集群产地。现在在墨西哥尤卡坦地区90%以上的生产来源于美国这些全球价值链的全球购买者（Bair and Gereffi，2001）。这种作为一种产业"飞地"（enclave）的地方集群表现为高度的单一性和依赖性，所有生产和加工的原材料和辅料及设备都来自全球价值链的核心企业。可以说，地方的产业集群的所有活动包含和受制于全球价值链框架中，很难有所作为。但融合在全球供应链中，与全球发展和需求同步，技术和产品更新快，相对规模较小、适应性强的特点，为这种地方产业集群开拓低层次的国内市场，摆脱全球采购商的依赖创造了条件，也为地方产业集群进行集群式供应链的整合打下了基础。目前在广东东莞的诸多地方产业集群就是采用这种发展模式。

4.1.3　跨国供应链整合的案例分析——以苏浙粤纺织服装产业为例

纺织服装产业由于其产业性质，往往采用集群的产业发展模式。对于纺织服装行业来说，其上游纺织环节属于技术资金密集型，除了供给下游服装生产加工企业所需的面料外，还有较多其他用途，如家纺、汽车内装饰、工业用品等；而下游服装生产环节属于劳动密集型，其发展很大程度上受价值链终端的服装品牌公司、设计公司和大型销售商的控制和制约（图4-1）。正是这个特点，纺织服装产业价值链中的上游纺织环节和下游服装生产环节的产业之间相互依赖程度较低，所以纺织服装产业在全球分工转移中不是整个行业的迁移，只是纺织服装产业链中加工生产这个环节向劳动力价廉的发展中国家（如墨西哥和中国等）转移，在价值链上游的纺织面料、服装设计和最下游的品牌营销仍然保留在本土，而这些环节恰恰是纺织服装产业价值链中附加值最高的、战略的环节。

在全球纺织服装产业链经历的三次较大的地理空间转移中，都存在着迁移地的地方纺织服装产业集群首先承接了这种产业加工生产环节的转移，然后进行集群式供应链整合，即沿着价值链向上下游延伸获得附加值高的核心环节，并取得纺织服装产业竞争优势，最后又将附加值低的相关环节转移和外包，形成只经营核心环节的非完整产业链。所以，地方纺织服装产业集群发展过程为：生产加工

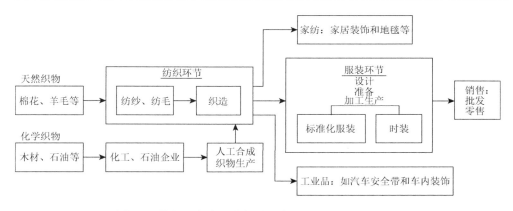

图 4-1　纺织服装产业价值链示意图（Kessler，1999）

环节集群—整个价值链环节集群（集群式供应链整合）—核心高附加值环节集群，韩国、中国台湾和中国香港等纺织服装产业集群发展可清晰反映出这一点，所以忽视集群式供应链的整合环节，地方产业集群始终只是全球价值链中的配角，始终无法过渡到掌握产业中的核心环节。目前，中国在很大程度上承接了国际纺织服装产业中的加工生产环节，并努力通过集群供应链式整合，向价值链的核心环节延伸。在纺织服装的"后配额时代"的来临和中国庞大的国内消费市场的背景下，地方纺织服装产业集群在更多强调专业化集群的同时，更要重视在专业化的基础上进行集群供应链式整合。中国较大的国内市场和各地开放程度的差异，使得中国国内不同区域的纺织服装产业集群在与全球价值链的供应链整合中存在着多样性，本章以江苏横扇镇的"羊毛衫产业集群"、浙江织里镇的"童装产业集群"、广东沙溪镇的"休闲装产业集群"为例具体说明。

1. 苏浙粤三地的地方纺织服装产业集群供应链整合示例

（1）江苏横扇镇的羊毛衫产业集群供应链式的整合

江苏省苏州市横扇镇是目前国内羊毛衫的最大生产和集散地。2003 年，全镇羊毛衫企业发展到近 4000 家，在全镇 7000 多户中，有 3500 多户从事羊毛衫生产，550 户从事羊毛衫经销，拥有针织横机 3 万余台，年产羊毛衫超 1.2 亿件，年销售额超过 15 亿元。而在 1979 年以前，横扇镇生产羊毛衫没有任何产业基础、背景和优势，当时是为了改善横扇镇一家五金厂的经营状况，从外地购进 3 台针织横机，并聘请上海技术人员开始了羊毛衫的生产，而 3 台针织横机在当年的第一个月就为厂里带来 8000 余元的利润。羊毛衫生产工艺比较简单、投资少、产出快、回报率高，非常适宜一家一户生产，由此促进了横扇镇的羊毛衫产业集群的快速发展。

经过多年发展，横扇镇的羊毛衫在产业价值链的生产加工环节中优势十分明显，目前全镇 80%的产品在国内市场销售，占有国内市场 10%的份额，剩下 20%的产品出口美国、俄罗斯、意大利等 20 多个国家和地区。在生产高峰季节，平均每天都有 50 万件羊毛衫投放市场，品种众多，涉及原料为腈纶、兔羊毛、全羊毛、精纺、冰麻、仿羊绒等适合在不同季节穿着的产品。但在价值链其他环节，如毛纺面料、款式设计、品牌、生产质量和市场营销上，对于横扇镇多数属于"三无"（无规模、无厂牌、无商标）的企业来说，很难与国内品牌"鄂尔多斯""雪莲""恒源祥""珍贝"等大企业抗衡。

为了提高横扇镇羊毛衫产业集群竞争优势，在几乎没有全球价值链嵌入的外部推力下，横扇镇针对国内巨大农村和中小城市市场，对原先只有加工环节的羊毛衫产业集群进行基于本地的供应链式整合：在供应链上游的面料环节上，吸引两家有实力的毛纺企业和 50 多个专业供应点进驻；在染色环节上，引进了先进的染整设备和现代化的环保设施，能进行染色、砂洗、印花等多种工序的加工；在品牌和款式设计环节上，重点扶持包括"灯台""林芳""雪山宝马"等一批在国内市场具有一定知名度的 20 多家企业，帮助它们走规模化、品牌化、外向型发展道路；在营销和市场上，建造一个 3.3 万 m² 的横扇羊毛衫商城，形成一个交易量大、流通快的全国性羊毛衫市场，配有一支 500 余人的专业营销队伍，驻扎在全国各地和各大专业市场了解市场行情，同时引进浙江民营资本开办托运公司，开设了几十条全国运输线路，保证今天生产的羊毛衫，明天就可以摆上柜台销售。如今横扇镇的羊毛衫产业集群正在形成从纺纱、染色、砂洗、印花、编织、包装、托运到销售的产供销一条龙供应链生产体系和服务配套体系。

（2）浙江织里镇的童装产业集群供应链式的整合

浙江织里镇作为童装产业集群重镇，在历史上就有纺织刺绣的传统。在 20 世纪 80 年代初期，织里镇就有绣品、服装生产加工专业户 1000 多家，其沿街的绣制品集市是湖州乃至浙江最早的专业市场之一，也是织里镇童装产业集群的早期雏形。后来服装生产加工逐步向童装集中，到 2003 年全镇有童装生产企业 6000 多家，从事生产、销售及相关产业的人员 8 万余人，各种规格、型号齐全，每季童装款式多达 500 余种，每年推出 1～16 岁各个年龄层次段的童装 1500 余款，年童装产量达到 1.8 亿件（套），产值达到 40 亿元。

织里镇服装生产加工的产业历史较长，其集群的供应链整合已初步成型。在童装整个价值链各个环节中，涉及的企业为数不少，如从事印花、砂洗等相关环节 466 家，从事绣花环节 1021 家，生产经营面料、辅料企业 872 家，经营缝纫机配件 39 家，还有 37 个联托运站，而且出现了专门从事童装设计的公司。产品质量和品牌在国内有了一定的声誉，培育出"今童王""芝麻开门""佳锦""华诺""小矮人""锦红""益华""赛洛菲""涛涛""乖宝宝"等知名童装品牌，并且织里镇童装在国内市场占有率达到 21%。良好的产业配套和产业集群的供应链整合，吸引和聚集了省内外的 416 家童装企业落户织里镇，童装的产业集群由本地化（localization）向区域化（regionalization）发展，目前处于全球价值链核心地位的一些童装生产企业有意在织里镇寻找 OEM。

为了使织里镇的童装产业集群真正耦合到全球价值链中，成为诸如美国"米奇"、法国"贝纳通"、日本"巴布豆"的生产集群地，从而进一步打开国际市场，织里镇建设了 19.8km² 的精品童装生产园，配套有童装检测中心、信息发布中心、设计研发中心等公共平台。同时，为了增强童装文化底蕴，织里镇建立了国内第一座展示中国儿童服饰文化发展史的专业博物馆——中国童装博物馆，并聘请北京、上海、杭州等地一流的设计师加盟，着力打造全国童装名牌。

（3）广东沙溪镇的休闲装产业集群供应链式的整合

在改革开放初期，地域的邻近和劳动力价格的优势，使得沙溪镇成为香港服装产业的"三来一补"（指来样加工、来订单生产、来图纸加工和补偿贸易）的理想加工基地，并直接嵌入全球价值链中。这也促成沙溪镇以开放眼光和开拓意识在服装界独辟蹊径，创立了以休闲装为品类的纺织服装产业集群，成为中国休闲服装第一镇。2003 年，沙溪镇共有休闲服装企业 826 家，从业人员 4.12 万人，年产能力达 2600 多万打，资产总额 34.71 亿元。制衣业产值 62.7 亿元，占全镇社会工业总产值的 68%。

由于全球价值链的生产加工环节一开始就嫁接于沙溪镇，因此确立了其在加工环节的优势，吸引了更多处于全球价值链中其他核心企业的进入，如 LEE、CK、耐克、彪马、ROCKPORT、锐步、UI 等。同时，沙溪镇在 20 世纪 90 年代初期发现国内市场对休闲装的巨大潜在需求，改变原来只是承接全球价值链的"三来一补"的加工环节，转而朝向集群供应链式的整合，这里已经有了与制衣相关的织造、整染、印花、水洗、织唛、绣花、纽扣到服装加工、销售相配套的系列化生产和销售，同时也有了相对完善的服装生产、服务供应链网络。此外，沙溪镇还拥有与休闲服装生产销售相配套的专业市场、布碎市场、制衣机械市场、辅料市场和布匹面料市场，完善的体系也吸引了国内的休闲装品牌，如"美特斯邦威""七匹狼"等的加入，更加增强了沙溪镇作为休闲装产业集群的地位。

在集群供应链式的整合中，沙溪镇的产品质量、设计和品牌档次不断提高，并有着"中国十大休闲服装品牌八个源自沙溪"之说。沙溪镇现有 72 个休闲服装品牌，其中部分品牌在国内声誉日隆，更多的品牌正在中国市场崭露头角，如鳄鱼恤、剑龙、马克·张、智威龙、雷柏高、柏仙多格、圣玛田、汉弗莱、霞湖世家、海獭等。特别是为了提高沙溪镇的休闲装设计档次，努力打造集加工中心、研发中心、时尚中心于一体的"休闲服装之都"，沙溪镇将越来越多的全国乃至全世界知名设计师揽入门下，如国内时装界最高设计水平"金顶奖"得主张肇达、武学伟和房莹，以及王宝元、方健夫、王玉涛等服装设计大师都在沙溪镇工作。

2. 苏浙粤三地的地方纺织服装产业集群供应链整合的差异比较

从苏浙粤三地的地方纺织服装产业集群，可以看出三者在集群供应链的整合中的发展特点和差异，见表4-1。

表 4-1　苏浙粤三地的地方纺织服装产业集群的特点和差异比较

比较项	江苏横扇镇羊毛衫产业集群	浙江织里镇童装产业集群	广东沙溪镇休闲装产业集群
发展历史	没有历史产业背景，发展纯属偶然	有着悠久的产业发展基础	产业历史短，承接香港服装产业，并创立休闲装品类
目前目标市场	低端市场（农村和中小城市）	中低端市场	中高端市场
品牌方面	企业品牌意识差，几乎没有成名的品牌	企业的品牌意识初步形成，成名的品牌较少	企业品牌意识较强，成名品牌较多
发展模式	先有产品后有市场的发展模式	先有市场后有产品的发展模式	先有市场后有产品的发展模式
数量和规模	企业数量众多，绝大部分以家庭为单位，规模很小	企业数量较多，多以家庭生产为单位，但也有部分规模企业	企业数量相对较少，但企业规模大、管理规范
与全球价值链耦合	目前还没有	正在接触中，将以服装生产加工环节相耦合	全球价值链耦合于服装生产加工和设计环节
供应链整合阶段性	通过集群本地化来进行集群供应链式整合	通过集群本地化—区域化来进行集群供应链式整合	通过集群全球化—本地化—区域化来进行集群供应链式整合
类似地方产业集群	江苏的妙桥镇	广东佛山的环市镇	暂时没有

3. 基于全球价值链的中国地方产业集群供应链式整合的障碍和发展思路

（1）基于全球价值链的中国地方产业集群供应链式整合的障碍

苏浙粤三地纺织服装的地方产业集群虽然是个案，但反映出苏浙粤纺织服装集群发展的差异的一般规律：广东由于地缘优势和作为改革开放的前缘，地方纺织服装产业集群是在全球价值链驱动下形成；浙江则是依靠当地企业家精神和传统产业发展起来；而江苏更多是在集体经济和乡镇企业的基础上建立的。所以，广东地方纺织服装产业集群不仅数量最多，而且在与全球价值链耦合的供应链式整合中领先于浙江和江苏；而浙江和江苏在发展地方纺织服装产业集群时，更多是依靠国内市场,通过本地化和区域化来进行集群供应链式的整合,以最终达到融合于全球价值链中,并全面提高集群的竞争力。

苏浙粤三地的地方纺织服装产业集群的差异性发展,说明提升地方纺织服装产业集群的模式不是单一的,但有一点不可否认的是,地方产业集群的升级和发展离不开与全球价值链进行耦合及集群供应链式整合,没有嵌入全球价值链中,地方产业集群缺乏跃迁的外部动力;而缺乏集群供应链式整合,地方产业集群难以摆脱附属地位和锁定的困局。但对于目前发展基于全球价值链的中国地方产业集群供应链式的整合还存在着诸多障碍:

1)集群供应链中的核心企业多为生产加工型企业,鲜有其他环节核心企业。这种情形下的地方产业集群在供应链式的整合过程中,过多依赖政府进行制度创新,通过各种措施来进行招商引资,以吸引所需的各个环节的企业的加入,而较少利用市场机制,但市场机制作用的发挥取决于核心企业所处的供应链环节和竞争能力大小。纺织服装产业上游是资金技术密集型、多功用渠道的纺织企业,而下游是服务型销售企业,所以对于中游劳动密集型的服装生产加工企业来说,处于依赖上游纺织企业的面料供给的同时(但纺织企业不过分依赖其下游服装生产企业),又受制于控制着销售渠道的下游销售企业,这种在与上下游企业比较中处于劣势的生产加工型企业,其在价值链中的地位就显而易见。目前苏浙粤三地的纺织服装产业集群中,绝大部分核心企业为处于中游的服装加工型企业,由于自身在供应链环节中处于从属地位,很难担当起向供应链上下游延伸和驱动集群的角色,在很大程度上阻碍了地方产业集群通过市场机制来进行集群供应链式的整合。而政府的制度创新虽然在集群发展的初期发挥很大作用,但不可否认政府行为中所隐含的低效率高成本的代价,其结果往往使得地方产业集群的供应链式的整合难以摆脱一种"拉郎配"式的凑合。

2)集群中缺乏嫁接于地方产业集群的全球战略投资合作者。不管是已经耦合在全球价值链的广东沙溪镇休闲装产业集群,还是目前还未嵌入于其中的横扇镇和织里镇产业集群,都没有真正有位于全球价值链的核心企业以战略投资合作人的形式进入集群地。在沙溪镇,位于全球价值链的核心企业都通过"三来一补"方式,或 OEM 的方式与当地集群产生联系,关联的环节由最简单的缝制扩展到裁剪,然后再拓展到打板和制样,没有更深层次的合作。也就是说,在苏浙粤三地的纺织服装产业集群中几乎没有位于全球价值链的核心企业与国内企业合作,在面料、设计、设备制造、品牌运营和销售渠道环节上进行战略合作,或代理国内企业的自有品牌向国际市场中销售。这也说明了地方产业集群中核心企业的实力和规模在竞争合作中处于劣势地位。

3)纺织服装产业集群定位趋同,影响全球价值链的嵌入和集群供应链式的整合。在中国国内 200 多个纺织服装产业集群中,绝大多数有着类似趋同的定位。

例如，与浙江织里镇和江苏横扇镇的产业集群相类似的纺织服装产业集群在国内规模比较大的还有广东佛山的环市镇和江苏的妙桥镇。一般国内地方产业集群都存在着技术相对落后，研发能力和营销力量薄弱的劣势，使得定位难以走出中低端市场的范畴，趋同的定位引起价格竞争，产业很容易进入恶性循环，不仅吸引不到全球价值链的跨国企业的加入，还很难基于国内进行集群供应链式的整合。地方产业集群在基于国内进行集群式供应链整合中往往是先进行本地化整合，所以每个地方产业集群为此不遗余力地利用本地各种资源。但是在进一步发展中缺乏区域间的协调，使得定位趋同的地方产业集群向更高的区域化进行供应链整合时，面临的是争抢外部资源（这些资源企业的竞争力比本地资源企业的竞争力更强），把本应集中在某一地的产业集群的整合资源分散到多家，大大弱化集群及企业的实力。使得位于全球价值链的外国核心企业利用这种机会来打压地方产业集群的利润空间，恶化了地方产业集群的生存和发展环境。

（2）基于全球价值链的中国地方产业集群供应链式整合的发展思路

1）重视地方产业集群升级过程中的集群供应链式整合的过渡阶段。

所要说明的是，集群供应链式的整合虽然指在集群的同一地域中形成完整或近乎完整的价值链，但这和地理分布呈碎片状的全球价值链并不矛盾。全球价值链是从全球范围来研究整个产业的各个环节竞争力最强的地理分布状况，由于世界各个地域的技术、资本、劳动力、信息、制度和市场条件等的差异，竞争力最强的各个环节地理分布不可能在同一地域中；而集群供应链式整合则是从集群地出发，它是地方产业集群形成和发展为某个或几个占据全球价值链的条件和途径。

目前中国地方产业集群，无论是传统产业（纺织服装、小五金、玩具、家具等），还是高科技产业（IT等），其集群核心环节都表现为制造加工底层环节，提高集群在制造加工环节的竞争力则反映在产品加工质量、成本和交货期上。而集群供应链式的整合，在客观上使得制造加工环节的上游原材料供应和下游销售渠道畅通得到保证，更重要的是通过地方产业集群的供应链式整合，集群中企业将自己不擅长的环节外包给集群供应链中的专业企业，同样其他企业在集群供应链整合中重新整合自己的业务流程，促使集群产业内部分工发展愈趋精细，集群企业的弹性专精愈趋深化，以满足市场对生产的少批量、多品种、多频次要求。此外，集群发展中必不可少的很多服务和辅助环节并非是供应链的节点，但在产业分工进一步发展中也随之发展起来，所以这种同一地域的完整供应链和齐全服务环节配套，保证了集群中生产企业的物流运作高效、物流成本降低，生产交货期也趋于缩短。

价格、时间和速度上的优势为集群中的企业在国内外低端市场占有一席之地打下基础，同时也是位于全球价值链的核心企业所缺乏和所需要的竞争力要素，因为位于全球价值链的核心企业只有将自身的技术环节优势及外部集群所具有的价格和速度优势进行整合，才能真正维护这些位于全球价值链的核心企业在全球市场的霸主地位。另外，核心企业所带来的集群企业实力的增强为地方产业集群与全球价值链中的核心企业进行战略合作提供了条件，这为集群沿价值链向核心、高附加值的战略环节跃迁产生积极的推动作用。因为地方产业集群没有竞争实力难以获得嵌入全球价值链的机会，即使有这样的机会，在与全球价值链核心企业进行非战略性合作中，地方产业集群也很可能沦为全球核心企业在世界范围内不断寻找新的替代者的牺牲品。因此，地方产业集群要想做大做强，就要做精做专，而实现做精做专只有通过集群供应链式整合，同时还应与全球价值链进行耦合嫁接。

2）不同背景条件下灵活选择发展产业集群发展的路径。

区域和产业条件的差异，决定了中国的地方产业集群的发展路径不可能是一致的。对于有着一定产业基础的东部和中部地区，其地方产业集群的发展往往是先有产品，在专业化分工后，确立了所细分的市场，所以集群供应链式的整合往往是在全球价值链嵌入集群价值链之前进行。而集群供应链式的整合是在本地化发展的基础上向区域化整合的方向发展。在开放较早，且与经济发达的国家和地区在地域上邻近的地方，其地方产业集群的发展往往是先有市场，然后有产品，在发展之初就已经与全球价值链进行了耦合。所以，集群的供应链式的整合是随后进行，而且更多的是其区域化和全球化的整合。

当然，供应链式的整合对于不同的产业来说，其整合的供应链的完整性也是有所差异的。传统产业的集群整合的供应链涉及链长更长和更完整，因为这些产业的推动力来源于市场需求（即 BDC），其集群供应链中的核心企业是销售型企业。集群企业为了满足 JIT 销售、JIT 生产、JIT 设计，就须将产品的开发、设计、生产制造、分销和服务整个供应链系统集成起来，按照市场的变动而不断调整，实现这种根据市场变化的快速反应，故产品 R&D、开发设计必须融入集群式供应链系统中。例如，纺织服装在款式、面料等方面的流行性和需求多样性，只有将面料和服装设计研发纳入集群式供应链体系中，才能使整个系统更加敏捷和快速。

而对于高新技术产业，其产业的推动力更多来源于技术驱动（即 PDC），其集群供应链中的核心企业是技术研发生产企业。其集群不像传统产业集群是根据市场需求量身定做，而是通过技术升级来推动市场。它好比是先有了某种技术（如同技术种子），然后把这种技术做成或渗透到某种产品中，最后再把这种产品推向市场。所以，它的市场与技术研发之间的联系相对于传统产业要强，技术研发趋向从生产集群中分离出来形成技术研发集群，集中设立于科技研发先进的地域。同时，由于这种模式的技术研发具有前趋性和领导性及传递的便利性特点，对供应链系统快速反应不会产生时滞影响。相反这种分离模式更有利于供应链系统竞争优势的提高，因为知识密集型的技术研发和技术劳动密集型的生产制造在同一地域中不能充分发挥各自的潜能。不可否认的是，要想技术劳动密集型集群向知识密集型集群发展，同样离不开地方产业集群供应链式整合及嵌入全球价值链中（黎继子和蔡根女，2004）。

　　总之，中国地方产业集群的发展，离不开通过全球价值链的耦合来提高地方产业集群的产品档次，同时地方产业集群的升级，也需要进行集群供应链式的整合，为从低附加值、非核心环节的集群跃升到高附加值、核心环节提供升级的平台和条件。在此研究的框架下，不难看出在一般条件下，集群供应链式的整合作为地方产业集群的内生变量，对吸引位于全球价值链的核心企业嵌入地方产业集群起到很重要的作用，这对处于中西部没有地缘优势的地方产业集群的发展提供了一种新的思路和方法。当然对不同产业性质，集群供应链式整合如何与全球价值链耦合的互动尚存在诸多待探讨和完善的空间，有待更多的人去进一步讨论。

4.2　我国企业与跨国物流整合的载体

　　从空间角度出发，威廉姆森（D. E. Williamson）的成本交易理论解释了企业在地域上的聚集，即减少和节约企业运输成本、配送成本、信息成本和存储成本等物流成本。据统计，这些物流成本占到企业总成本的 65%～80%，所以物流成本的降低，很大程度上能使集群企业的竞争力得以维系。Gulyani（2001）在对印度汽车工业进行分析时发现，印度落后的交通基础设施和现代汽车工业精益生产要求，迫使印度汽车工业越来越趋向聚集，从而保证如塔塔汽车集团等印度汽车企业的物流运作高效和物流成本降低，使得印度汽车工业能在韩日和欧美企业垄断的国际市场中生存下来，而且得到了很好的发展。

　　但是，集群发展的动态性、集群企业分工不断精细化，以及产业集群区域分布不断拓展，集群地域中腹地物流总量和物流跨度扩大，这些不断对原有物流运作模式提出了挑战。也就是说，集群企业难以通过自身地域临近性来保证物流运作的高效。而近年来物流园区以其在某个地域中聚集了不同功能的第三方物流企业和不同类型的物流设施的特点，为解决目前产业集群物流发展困局提供了一种可行思路，也成为当今研究产业集群和物流园区发展的热点问题。那么，在产业集群和物流园区的发展和耦合过程中，产业集群式供应链组织续衍与物流之间存在着哪种演变规律？并且如何影响物流园区的功能定位和发展？反过来物流园区的发展又是如何促进集群的升级呢？对这些问题的研究和分析目前却很少，而要回答这些问题，必须从产业集群发展与其供应链的组织续衍分析开始。

4.2.1　我国企业组织续衍与跨国物流特点

产业集群在发展过程中，往往从较低层次的某个环节，沿价值链向附加值高、战略环节扩展，以获取集群产业升级和跃迁，Gereffi（1999）将此定义为"组织续衍"；无独有偶，Bair 和 Gereffi（2001）将此定义为本地一体化集群价值链（full-package sector），实质上都是指产业集群在集群地域形成完整一体化供应链的发展趋向。但对于集群式供应链组织续衍的研究较为零星，没有形成系统，因为目前国内外对于产业集群研究的四大主流理论中，不同理论研究侧重不同环节。其中，外部经济学说侧重分析共享"公共物品"服务环节；成本费用学说的 Storper（1989）等侧重交易成本的销售交易环节；弹性专精学说的 Piore 和 Sabel（1984）及 Brusco（1982）侧重弹性专精和信任合作的生产环节；环境创新学说的 Castells 和 Hall（1994）及 Saxenian（1985）等侧重创新研发环节。这些理论侧重研究的不同环节其实构成了集群供应链，所以集群供应链组织续衍为研究集群与物流园区的发展耦合提供了一种新视角。

产业集群的供应链组织续衍和集群企业物流发展是密切相关的。集群供应链组织续衍意味着集群企业分工不断加强，促使自己将非核心业务外包出去的同时，也迫使集群企业向产业价值链的核心环节跃迁，来突出核心竞争优势和获取价值链战略环节。集群企业外包出去的环节和跃迁的环节，往往并没有转移出集群地域，而是继续存在和根植本地，从而使得集群企业间的物流联系越来越多，物流联系方向性越来越强，即集群企业物流发展朝着本地供应链一体化方向衍生。正是由于这种产业集群的供应链组织续衍，以及产业集群参与主体多为中小企业，其物流体现出较为独特的表征。

1. 物流整体的外包性

集群的大企业相对较少，但它们在集群中往往处于核心地位，而配套和服务于大企业的中小企业数量较多，单个中小企业物流活动较大企业少，而其整体物流规模远超过大企业，所以产业集群的物流本质上是以中小企业为主导的物流。但中小企业由于自身资金和实力限制，没有能力打造自身的物流网络运作平台（物流信息系统、运作网络设施等），难以对自己企业的物流活动进行自我经营，所以往往需要将物流整体外包出去。同样，集群的大企业虽然物流规模大，但自营物流将分散其核心业务资源，同时，物流运作效率和物流成本也难以长期保持在一个稳定合理的水平。所以，在产业集群中集群企业通常将物流外包出去。

2. 一体化性

产业集群发展升级，客观上要求集群进行供应链式的组织续衍，而衍生和分化的环节，使得从产业集群上游到下游的各个环节价值链趋向完整，这种发展方便了集群企业的物流运作，避免一般企业在物流运作中存在的跨地域、频繁中转和多次间断的弊端，而是直接建立在产业集群供应链平台的基础上、基于本地一体化进行组织。地域的临近和供应链环节的完整，不仅使集群中的大企业提高了物流运作效率，更重要的是，使得集群的中小企业的小规模物流活动有了运作市场空间。也就是说，与大企业一样，中小企业通过本地一体化物流运作，也能实现对市场变化和消费者需要进行规模化和敏捷化的诉求。

3. 综合多样性

产业集群供应链组织续衍，使得在临近地域中聚集了同一产业的相关企业。由于各个环节企业所处的供应链/价值链位置、规模、专业化、经营水平等不同，对物流管理和物流服务要求就存在着多样性和差异性。由于在产业集群供应链组织续衍中，其每个单元企业都与周围单元企业有着纵横两个维度的物流联系，所以对每个集群的企业来说，往往物流活动具有综合性。特别是在集群供应链的末端，随着集群企业产品的分布范围扩大和市场对配送及时度的提高，产业集群的物流必然涉及保关、通关、保税、多式联运等国际物流环节，其物流的综合性进一步得到体现。

4. 发展阶段性

产业集群供应链组织续衍，体现出产业集群的发展由某个生产环节向整个价值链的发展过程。相对应地，集群物流发展也是由刚开始的涉及某个或几个环节（如运输、仓储等）离散、零碎的物流活动，向着本地一体化综合物流方向发展；物流的流向由散状辐射、无明显方向朝从供应链上游向下游流动总体趋势演变；物流活动由集群企业自营行为向物流完全外包的模式发展；物流活动由本地一体化向区域一体化、跨国一体化的物流方向发展。总之，集群供应链组织续衍所形成的这些物流特点，为产业集群和物流园区发展耦合提供了基础。

4.2.2　我国企业的跨国物流整合模式

物流园区作为物流系统中的重要部分，是指某一特定区域，以物流企业（包括运输企业、仓储企业、装卸企业、包装企业、配送企业、物流信息企业、邮政企业、综合服务企业等）为主导，以其服务的制造业、流通业等联系密切的企业为重要组成部分，以物流枢纽设施（如港口、机场、铁路货运站、公路枢纽等）和管理部门等为必要支撑平台，它们在空间上集聚，并形成具有特色的物流产业群现象。在一定程度上，物流园区可以看作是服务于集群企业的物流企业集群，两者之间的存在和发展，有着高度的耦合和相关性（图 4-2）。

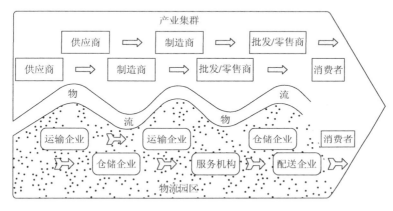

图 4-2　产业集群与物流园区的耦合图

1. 产业集群发展与物流园区的支撑

产业集群是相关上下游企业的聚集，分工发达和地域上的临近性使得集群内的企业摒弃了"大而全""小而全"的发展模式，转向弹性专精的专业化方向发展。在保证企业专注自身的核心业务，同时也顺应了生产社会化，分工专业化、精细化的发展要求，提高企业在质量、成本和交货期上的竞争能力。当然产业集群发展导致集群企业柔性不断降低，承担市场风险不断加大。

针对集群企业分工越来越精细，企业之间的物流联系也越来越复杂，物流外包越来越频繁，企业物流管理越来越重要。而物流园区能较好承担起为集群企业提供物流服务的平台，通过自身物流园区各个不同功能的企业（运输企业、仓储企业、配送企业、服务企业等），有机嵌入集群供应链的上下游每一个环节（供应商和制造商、制造商和批发商、批发商和零售商、零售商和终端客户）中，使得集群分工精细的上下游企业，通过物流园区的第三方物流企业的"无缝"黏合，在产业集群内部形成不同环节企业相互耦合的流线型供应链，能实现柔性地即时销售、即时生产、即时采购，保证企业物流运作低成本、高效率和快交货，防止集群企业分工精细导致企业刚性加大的风险。

2. 物流园区发展与集群产业基础的垒实

物流园区以功能化、规模化、综合化为企业提供物流服务，客观上要求物流园区所在地域的腹地经济较为发达，有足够物流需求，否则物流园区的建设和发展就会面临"无米之炊"。而产业集群作为同一产业相关企业的聚集地，外部经济性吸引了众多企业的加入和中小企业的不断衍生，使得产业集群所在的腹地经济也不断壮大，集群企业的物流联系也日益频繁扩大。对于产业集群中数量较多、占主体的中小企业来说，由于自身资金和技术制约，往往将物流环节外包出去，而不是自我经营。而且，中小企业自身的物流规模很小，流程较短、流向较杂，自营物流使得物流运作成本也很难降低。但产业集群内的中小企业以整体形式外包物流，却能形成规模效应，长短物流流程和多向物流流向，可以相互补充，互济余缺，保证物流园区的物流企业的物流运作在时间上和空间上的均衡性，这些为物流园区的存在和发展提供了需求基础。更重要的是，产业集群的企业经营同一产业或同一产业的某一品类产品，使得物流园区内的物流企业经营更具专业化。因为不同品类物流，所用的物流工具、载体和运作平台有很大的差异。例如，家电物流和快速消费品物流的运作，所用物流平台、配送方式、运输配载方法、物流工具标准（条码、托盘等）是不一样的，像家电物流在配送车辆中，可能有多种家电（如冰箱、彩电、洗衣机等），而且这些冰箱、彩电、洗衣机生产的厂家可能不同，体积不一、形状各异，顾客分布较为分散；但对于饮料这种快速消费品来说，在配送时，品类较为单一，顾客需要不是单件，而是整箱，而且体积尺寸规范，相比较，家电物流运作平台和管理就显得更为复杂和专业，这也说明了很难利用快速消费品的物流平台对家电物流进行运作。所以产业集群发展，也促成物流园区的经营更具规模化和经营物流品类的单一化，在客观上促使物流园区物流服务高效率性，有力促进了产业集群的竞争力的提高。

另外，现代物流服务与传统物流服务最大的不同之处在于，现代物流服务提供的是一体化的物流服务，而传统物流只是提供局部、某个环节的物流服务。产业集群供应链组织续衍，使得在集群地域中形成了本地一体化的上下游企业（供应商、制造商和批发零售商），形成完整或几乎完整的供应链，为物流园区的物流企业提供一体化物流服务提供了天然的平台，也促成一体化的物流服务，减少中间的中转环节。所以，产业集群发展对物流园区在保证企业物流运作速度、提高服务水平和降低成本上有着很重要的作用。

总之，产业集群发展是物流园区运作的平台和基础，而物流园区发展是产业集群提高竞争力的保证。

3. 集群供应链组织续衍与物流园区发展的耦合模式

产业集群演化条件和所处的地域不一样，其供应链组织续衍与物流园区耦合发展的模式就存在差异，根据集群供应链组织续衍和其发展的物流特点，存在着三种耦合模式：本地耦合模式、区域耦合模式和跨国耦合模式。

（1）本地耦合模式

本地耦合模式是指物流园区对产业集群内部各个环节企业的物流进行集成运作。这种物流运作模式是由于产业集群源于其所在地域具有悠久的产业基础，是一种内生型的产业集群。正是由于本地沉积久远的市场，在长期缓慢的发展中，其产业各个环节自成体系，供应链组织续衍已成雏形。但是该产业集群的腹地经济范围相对狭小，影响和知名度有限，其采购、生产和销售大都是在本地进行，与外界（其他区域或是国外市场）联系较少，因此物流运作也是基于本地一体化。其物流运作中三个主要内容为仓储、运输和配送，但这些环节表现出自身独特之处，即具有仓储的公共性、运输的短距离性和配送的小范围同城性。仓储的公共性是产业集群中的中小企业居多，需求都是基于本地下游企业即时订单的拉动，同时由于技术资金的限制，中小企业依赖物流园区提供公共仓储仓库来库存和缓冲物料需求，集群各个环节企业都处于临近地域，相互间的运输方式单一、多式联运少、运输距离短。同时，由于产业集群销售范围局限于本地区域，配送多是基于小范围的同城配送，网络结构简单，范围不大，信息化程度低，因此本地耦合模式是一种线状的物流整合，更强调的是集群供应链各个续衍环节的物流衔接，强调的是低库存和精益物流。

这种本地耦合模式的集群式供应链是一种 need 模式下的集群式供应链，意味着在该集群地域中，它既是产品的消费地，也是信息的集散地，相关信息发达和同一地域的产业链完整，由此实现了集群企业无库存的 JIT 销售、JIT 生产和 JIT 采购。

（2）区域耦合模式

区域耦合模式是指物流园区对产业集群的内部所在供应链环节物流整合，延伸到其他相关产业集群的区域间物流集成整合。确切地说，这种耦合模式适合腹地经济相当发达的卫星式产业集群。因为这时集成的集群不再是唯一，而是存在多个产业集群，并且产业相关或相似，分布地域不远，而且产品销售范围跨出了本地空间的制约，其物流流程更远，流向更广，物流也呈现出少批量、多频次的网络特点，物流的联络广度就体现出来。因此，在整个物流体系中就须考虑物流枢纽、分支线路、多式联运、异地代理货物配载、车辆救援维修网等环节，也使得物流园区对于各个区域的产业集群来说，只是整个物流体系中的一个物流节点，该节点只有和产业集群外的物流节点相配合，才能保证整个物流的高效，否则物流运作无法达到全局最优，只可能实现产业集群区域内局部最优。另外，集群间产业的相似性和相关性，集群间区域物流耦合完全可在同一物流运作平台上进行，因此区域耦合模式的物流运作，不仅是对本地集群供应链组织续衍的各个环节物流一体化整合，也是以此为平台，向集群外围扩展，将外部集群物流或自身延伸的物流环节进行更大范围的区域耦合。

区域耦合模式的集群供应链是 seed 模式下的集群式供应链,在 seed 模式下的集群供应链,上下游环节或相关产业之间相互分离,并且各自分布在有利于自身发展的地域环境中,各个集群之间在地域上相距不远,以及物流运作平台的通用性,使得区域耦合模式更强调的是各个产业集群在区域之间的网状物流整合,体现的是一种和谐物流(synchronized logistic)。

(3)跨国耦合模式

跨国耦合模式是指物流园区在前两种模式的基础上,对集群产业所产生的国际物流进行的耦合。由于"外向型""外生型"产业集群往往存在国际物流衍生环节,就可能存在跨国耦合模式。"外生型"产业集群是由于地域(如苏州)或地缘优势(如东莞),在与全球价值链相互对接时承接了全球价值链的加工环节,进行"三来一补"活动,初始产业集群供应链组织续衍层次较低、环节不完整,产业集群本地物流简单,随着产业集群的发展升级,必然沿价值链形成供应链组织续衍,形成本地一体化物流,这种"外生型"产业集群的国际物流环节是与生俱来的。但对于"外向型"产业集群不是这样,它是产业集群竞争力不断增强,而逐步融入国际市场中,才产生了国际物流环节。故跨国耦合模式就是物流园区将国内物流和国外物流进行衔接和整合,其中涉及报关、通关、保税、融通仓、仓单抵押物流金融、虚拟航空港等综合性服务。其实这些服务是在物流服务的基础上,派生出来的物流衍生服务。这时,产业集群和物流园区功能融合为一体,成为其不可分割的整体,这种产业集群就是强调服务定位 feed 模式下的集群式供应链。

这三种耦合模式并不是截然分开的,而是相互关联,在区域耦合和跨国耦合中,往往是以本地耦合为基础,而本地耦合中也存在着区域耦合和跨国耦合。

4.2.3　我国企业与跨国物流整合的案例分析——以苏州 IT 产业为例

20 世纪 90 年代以来,由于国际产业分工,欧美企业纷纷将电子信息产业的生产、部分设计及计算机软件开发转移到韩国、新加坡、印度等国家。随后又开始大规模向我国(如东莞、苏州等)及东盟等国家和地区转移。苏州距上海约100km,从苏州到上海虹桥国际机场或上海浦东国际机场的车程大约为 2.5h。可以说上海具有的优势,同时也成了苏州的优势。另外,苏州有比上海低得多的土地、劳务等商务成本和当地的政策优势,使苏州成为承接全球 IT 产业理想的投资地。经过二十几年的发展,目前苏州形成了苏州工业园区、苏州高新区、昆山经济技术开发区等 IT 产业集群,吸纳外资总额达到 200 多亿美元,吸引着像三星集团、株式会社日立制作所(HITACHI)、德国西门子股份公司、荷兰皇家飞利浦公司等众多 IT 企业加入。目前,在苏州投资的外资企业已超过 6000 多家,其中世界 500 强中已有 91 家在苏州进行了投资，外商投资企业有 6 家超过 10 亿美元，50 多家超过 1 亿美元，平均项目投资超过 3000 万美元，这些使得苏州在全球 IT 产业界占有一席之地。例如，苏州 IT 产业集群年生产鼠标 6000 万只，占世界市场份额的 61%；手机用液晶显示器 8000 万片，占世界市场份额的 25%；手机用水晶振子 7 亿只，占世界市场份额的 30%；计算机主机板 2000 万片，占世界市场份额的 20%。

1. 苏州 IT 集群供应链组织续衍与物流园区的本地和跨国耦合

苏州的 IT 产业集群是一种"外生型"产业集群，它一开始就存在国际物流环节。由于 IT 产业存在着摩尔定律现象，即每隔 18 个月 IT 产品性能提高一倍，IT 产品价格将下降一半，所以 IT 产品生命周期越来越短。为了缩短生产周期，降低库存，提高物流运作效率，进驻苏州的 IT 企业十分注重自身和外在的供应链的一体化性，注重集群的供应链组织续衍。在苏州 IT 集群形成之初，企业没有可依赖的上下游环节，很多企业只有将其配套的供应链整体迁移到苏州。据说"和舰科技（苏州）有限公司"在十年内投资 100 亿美元，并建立了多座芯片制造基地，而在它的中下游环节中，还有测试、封装、组装三大相关企业群。目前，苏州已经完成了从企业供应链组织续衍过渡到产业集群的供应链组织续衍，所以集群的形成和本地一体化物流的整合大大提高了苏州 IT 产业物流效率。在这个过程中，苏州物流中心，即物流园区在服务于集群企业中起到重要作用，在物流中心拥有众多的各类物流企业，如普洛斯投资管理（中国）有限公司、三井物产株式会社、美国伯灵顿全球货运物流有限公司、美国联合包裹速递服务公司（United Parcel Service，UPS）、中外运敦豪国际航空快件有限公司、大田集团、嘉里大通物流有限公司、宝供物流企业集团有限公司、锦海捷亚国际货运有限公司等 20 多家国内外著名物流企业，还有 59 家货代和 23 家航空公司，为苏州 IT 企业提供高效的、基于本地一体化的运输、仓储、配送等物流服务，大大减少物流中转环节，降低企业物流成本。

由于苏州 IT 产业集群已融入全球产业链中，其物流也包含国际物流环节。IT 产业全球化采购、配送、零库存管理和即时生产，要求物流越快越好，苏州 IT 产品 80%都要走空运，保证 48h 或 72h 内把产品运到世界各地。但苏州毗邻上海，到上海机场 2 个多小时的车程的地理优势却成为苏州无法建机场的劣势，使得苏州的每笔进出口货物必须经过上海、南京两个海关。例如，进口货物抵达上海机场后，办完海关手续、运输到工厂就需要 24~48h，还需要再加上飞机的运输时间及国外工厂到机场的时间。所以，要想在 48h 或 72h 内完成从原材料供应商工厂进口到园区的企业，经过生产加工后，产品在 48h 或 72h 内再运到世界各地的客户手中几乎是不可能的，这大大削弱了苏州 IT 产业集群竞争力。

因此苏州物流中心借鉴欧洲、美洲普遍采用的"空陆联程""卡车航班"的模式，通过"虚拟空港"（SZV），开办空陆联程中转通关业务，在货物抵达机场后，直接装上被视为航空器的"卡车航班"，定时发班，运输至苏州物流中心。而货主可在运输途中办完海关清关手续，直接在苏州物流中心提货。利用该模式后，物流通关时间大大缩短。货物抵达上海机场后，送到园区企业的时间从原来的 24～48h，缩短为平均 7h，最短的仅 3.5h。例如，目前从韩国进口的三星液晶显示器，在当天下午 1∶30 航班到达杭州萧山机场，通过理货、中转、加封放行等，到开往 SZV 总共不到 5h。这种当天放行，直接送货到三星工厂的物流运作方式，大大简化了物流运作方式，缩短了企业物流时间。

另外，在苏州 IT 集群的本地物流与国际物流整合中，存在国内 IT 加工贸易企业的成品要与国外进口货物拼装，并配送到第三国企业的情形，而传统的保税仓库和出口监管仓库却是很少联系。在物流园区建立的相应的保税物流中心（B型），来解决国内物流和国外物流的耦合问题。保税物流中心（B 型）是由多家保税物流企业在园区集中布局，具备保税仓储、分拨配送、简单加工、信息处理、进出口贸易、检测检验、商品展示、集中报关等功能。例如，当国内货物出口到园区保税物流中心（B 型）时，报关单上的"运输方式"为"物流中心"，场地代码为"2346"，这时货物信息预录入、报关、报检、查验、放行等手续全部在园区保税物流中心（B 型）现场一次性办理，保税物流中心的设立，解决加工贸易深层次问题，也为苏州 IT 企业节省了时间、降低了物流费用。

2. 苏州 IT 集群供应链组织续衍与物流园区的区域耦合

苏州市区内有着以苏州工业园区和苏州高新区为基础的 IT 产业集群，其周边地区的苏州县级市昆山、吴江等地的 IT 产业集群发展也十分迅速。目前，苏州以苏州工业园区、高新区、昆山经济技术开发区和吴江经济技术开发区为载体，已形成一个以笔记本式计算机、集成电路、移动电话、数码相机及计算机零部件为主体的 IT 制造产业集群区域。特别是位于苏州和上海两地之间的昆山市，目前聚集了 600 多家 IT 企业，这些企业的落户发展，使昆山 IT 产业链不断拉长并日趋完善，集群供应链组织续衍不断趋向完整，眼下产业关联度已达 90%～95%，笔记本式计算机所需的 500 多个零部件中，除极个别需要进口外，其余全部可在昆山制造。

另外，苏州周边的无锡 IT 产业集群也形成了一定发展规模，以"希捷国际科技（无锡）有限公司"为龙头的硬磁盘驱动器、以"夏普电器公司"为龙头的液晶显示器、以"无锡阿尔卑斯电子有限公司"为龙头的信息记录产品、以"通用电气公司"为龙头的智能化仪器等企业，就是其中的代表。与此同时，一批生产加工配套企业应运而生，形成了相关配套企业群体，年销售收入接近 500 亿元。

无锡微电子产业也十分发达,国内 2007 年规模最大的外商独资项目海力士-意法"8 英寸"及"12 英寸"半导体工厂在无锡开工建设。同时,无锡还集聚着中国华晶电子集团公司、中国电子科技集团等 58 家国内著名信息产业龙头企业,形成了由 60 多家集成电路设计企业、6 家晶圆生产企业、20 多家封装测试和配套企业组成的微电子企业群体,构筑起比较完整的微电子产业链。总之,在苏州为中心的 IT 产业集群区域中,大大小小的产业集群就达 12 个,涉及企业 7000 家,年销售收入超过 4000 亿元,正是这些产业集群的强力支撑,将该区域经济推入快车道。

集群区域化发展,以及这些 IT 产业集群的产业存在着相似性和相关性,使得整合不同区域的集群(苏州、昆山、无锡、吴江、上海张江)物流就显得很重要,以避免物流规划和整合中的重复建设和低水平耦合。而苏州物流中心以前作为整合苏州本地物流一体化的平台,现在就演化为整合整个长三角地区物流的一个节点,以上海、南京机场为国际枢纽和地区枢纽,利用各地干线支线,通过"虚拟空港""卡车航班""空陆联程"的模式,将这些机场有机联结起来,以满足长三角地区不断发展的航空货运需求,并通过"虚拟海港""海陆联运""海铁联运",进行集装箱多式联运,解决集群区域进出口货物的"海空通道"问题。

同时在区域耦合中,苏州园区保税物流中心(B 型)参与运作的企业也慢慢遍及苏州周边的 IT 产业集群,如吴江、无锡、嘉兴等周边"长三角"地区。并且很多企业正在考虑将他们原先设在中国香港、新加坡、日本、韩国,甚至欧洲或美国的原材料及产成品分拨中心移到这里来,以进一步降低物流成本,提高企业的竞争力。例如,日本横河电机株式会社已在保税物流中心设立分拨中心,将原来需要从日本配送到苏州横河电机公司的业务,转移到保税物流中心来操作。2006年,进出口商品结构充分体现了苏州物流中心及周边地区 IT 产业集聚的特点,并且通过保税物流中心进出口商品的种类从十多种增加到数千种,主要为 IT 产品(占总值的 64%),也进一步证明了企业要实现物流零库存管理、JIT 生产模式,必须建立保税物流中心这样的多功能物流平台为其服务。而且,保税物流中心的业务日趋多样化,物流中心的各项功能正被企业逐步开发和使用,它不仅可实现原材料配送、成品分销等主流业务,还可以解决很多保税物流中心外现有政策无法实现的边缘业务,如剩余料件的调拨等。总之,保税物流中心提升本地区的物流服务功能,降低物流成本的作用已得到发挥。

3. 主要结论和建议

产业集群的供应链组织续衍,为集群发展升级提供了一种有效的方式。而更主要的是,集群的供应链组织续衍所产生的物流品类的单一性、规模性和一体化性,为物流园区实现区域物流优化和整体提高提供了一种解决思路。目前苏州 IT

产业集群，正是由物流园区与产业集群从本地耦合和跨国耦合阶段向区域耦合阶段发展，结合上述分析，有如下几个方面的结论和建议。

（1）促进产业集群从纵横两个维度进行组织续衍

产业集群发展可以通过产业集群的纵横两个维度组织续衍表现出来。纵向维度发展其实指的是产业集群供应链组织续衍，而横向维度发展指的是产业集群各环节的企业数量和实力的壮大。当前国内诸多的产业集群实力和规模不大，反映在横向维度上的产业集群各个环节的企业数量很多，但企业生产能力、销售利润很低，特别是对于传统的产业集群（纺织服装、家具、小五金等）来说，多以家庭为生产单位，生产分布在成百上千的个体中，产业集群整体的规模实力较小。因此单个企业规模实力弱小、物流量小，使得物流成本对于企业来说所占比例较少，从而导致产业集群内部难以形成物流园区的有效物流需求。但对于苏州IT高新技术产业集群，由于行业门槛较高，相对于传统产业集群，其各个环节企业，特别是核心企业的实力和产能普遍较强，但某些环节（如研发）的企业数量较少却往往是其发展的瓶颈，所以集群纵向发展的企业规模和数量制约整个产业集群的总有效物流量，难以支撑一个物流园区的需求量。另外，产业集群纵向维度的供应链一体化组织续衍发展，往往是产业集群沿价值链向附加值高、核心环节发展，来形成集群纵向维度的完整供应链，这种演化需要一个较长发展过程。目前苏州IT产业各个环节分布并不十分集中，势必使得产业集群供应链组织续衍的纵向难以形成一体化发展，造就物流本地一体化运作的中转、间断的环节增多，运作效率降低，特别是跨国企业将核心环节留在自己的国内，仅将非核心环节转移出来，集群供应链组织续衍的完整性就显得十分困难。所以，产业集群发展应大力促进从纵横两个维度组织续衍，以形成物流园区建立的需求及高效运行的条件。

（2）培育与引进实力强的第三方物流企业

作为物流园区主体，第三方物流企业的实力直接影响集群中小企业提供物流服务水平的高低。第三方物流企业为集群企业提供从采购、运输、包装、装卸搬运、仓储、配送及相关信息处理整个过程的一体化物流服务。但目前物流园区的第三方物流企业多不是现代意义上的物流企业，或者说是正在向第三方物流企业转化的传统的物流企业。这些园区内的企业，主要从事的是物流过程中的某个环节，如仓储企业、运输企业、船代、货代、配送企业等，虽然这样的传统的物流企业正如产业集群的供应链组织续衍一样，努力从自身的传统物流服务业务向其他物流环节服务延伸，但还没有形成提供从最上游的采购到最下游的终端客户的配送全程一体化物流服务。特别是随着产业集群物流跨度扩大，第三方物流企业的实力和水平就显得很重要，因为在产业集群本地的局部范围内，物流运作是在大批量和"条状"形式下运作，而在涉及集群本地后续物流环节时，物流呈现出网络平面状，而且分布范围是跨区域和跨国，就需要实力较强的物流企业参与其中。但目前苏州 IT 产业集群中的具有较强实力的 3PL（third-party logistics，第三方物流）[如 UPS 快递、美国联邦快递（FedEx）、中外运敦豪国际航空快件有限公司、TNT（Thomas National Transport）快递公司]企业较少，所以难以同时保证在干线和末端的物流运作的高效率，因为物流末端配送环节，被认为是物流的"最后一公里"，苏州物流园区的物流企业，大多提供的并非一站式的"门对门"（door to door）一体化的物流服务，而是"站到站"（terminal to terminal）式的物流服务，这种"站到站"式物流服务还需要将物料从"站"运往终端客户手中（door），途中需要经过几个中转环节，其物流运作效率必然降低。所以在物流流程较长，终端物流配送范围较为广阔的情况下，只有实力强大的第三方物流能为这些分布面较广、需求是千人千面的终端客户，提供这种一站式或一体化的"门对门"物流服务。因此，有实力的第三方物流企业加盟物流园区十分重要。

（3）从区域角度来协调产业集群的发展与物流园区的规划

基于本地耦合产业集群的物流运作，物流园区的功能定位较为单一，只是为本地化的产业集群提供一体化物流服务，很少从较大范围来考虑跨区域和跨国的物流运作行为的存在。由于产业集群在供应链组织续衍过程中，在形成完整的集群式供应链的同时，也实现了由低等级的发展阶段向更高级的阶段发展，即集群发展跨出本地，与全球供应链进行耦合，具有了区域和国际物流特征，因此物流运作势必扩展到其他区域和国家中。所以，物流园区的规划不仅要考虑基于本地产业集群的物流需求和运作，而且应从长远和社会的战略角度出发，对物流园区规划进行统筹决策。但目前苏州及周边的 IT 产业集群在进行物流园区规划时，受地方保护主义和行业条块分割的影响，各自为政，画地为牢，都以各自的产业集群建立一个个规模更大的物流园区，使得物流园区的功效难以得到发挥，更不用说从较大的范围来规划产业集群的各个物流节点。所以，有必要整合苏州周边的 IT 产业集群带的、现有的物流基础设施与物流运作平台，来调整规划整个社会或区域物流体系，只有这样才能保证服务于产业集群的物流园区与产业集群能够得到同步发展，防止低水平重复建设。

（4）构建适合集群中小企业的物流交互信息平台

产业集群以中小企业为主体，其物流运作是通过化零为整的方式外包给物流园区的第三方物流企业进行规模化运作，这就必然存在着中小企业之间、中小企业与物流园区企业之间，以及物流园区的物流企业之间的信息交互和共享。有了这种物流信息共享和沟通，才能保证产业集群供应链上不同企业的物流进行"无缝"衔接，降低集群中各个小企业内部的库存，使得企业按市场的需求信息进行快速反应。如果没有这种物流信息交互平台，物流运作就是无本之木，无水之源，很难为企业真正带来利润增长和成本节约。但产业集群的中小企业不可能像大企业有着较强的资金和技术实力支撑，建立自己的物流信息系统［ERP（enterprise resource planning，企业资源计划）、SCMS（supply chain management system，供应链管理系统）、WMS(warehouse management systems，仓储管理系统）、DMS（database management system，数据库管理系统）]，所以在物流园区的建设时，就需要建立一个既可以保证大企业的物流信息系统直接接入，也能让中小企业能"即插即用"的通用物流信息系统平台，以保证产业集群的物流需求与物流园区的物流供应能真正进行实时匹配和耦合，使得物流运作各个环节能畅通起来，而不致产生信息不对称，导致企业间不均衡非最优性博弈，也不致产生牛鞭放大效应，产生大量库存的问题。

第5章 不同进入模式下跨国供应链的决策策略

5.1 跨国供应链进入模式问题

5.1.1 跨国供应链进入模式问题的现状分析

跨国企业在拓展其海外市场时，往往会借助于自身供应链的核心竞争力，有选择性及目的性地将供应链一个或多个环节的节点企业嵌入东道国目标市场中，通过不同的跨国进入方式，以及各种显性和隐形的供应链行为，实现其对海外市场的扩张和控制（Bjorvatn，2004；杜德斌等，2010；范黎波等，2010）。

在当今快速变化的市场环境下，进入海外市场的模式对于跨国企业而言显得十分重要（潘镇，2005）。跨国进入模式（transnational entry mode）大致可分为四种：出口贸易（exporting or trade）、合资经营、并购（mergers & acquisitions，M&A）、独资（greenfield investment）。在不熟悉东道国目标市场的情况下，跨国企业更多选择以合资方式（合作联盟）进入东道国市场，一旦熟悉了市场及不存在进入市场壁垒的情况下，由于跨国企业资本的逐利性和排他性，将会最终考虑两种进入方式：独资或收购。因此，独资和收购与其他进入模式相比，市场外部条件更趋稳定，更具有可比性。并且，这两种进入模式对跨国企业能否成功嵌入和更好地扎根东道国本土市场，以及取得优势有着十分重要的作用（潘镇和鲁明泓，2006；Perron et al，2010；刘斌等，2010，薛明皋和龚朴，2007）。

目前国内外研究文献对跨国企业进入东道国本地市场的进入模式进行了大量的实证分析和定量研究。较早的研究主要集中在实证分析方面，所研究的内容主要是分析进入方式的影响因素。Kogut 和 Singh（1988）发现，跨国企业与本土企业间文化差异越大时，以独资方式进入东道国市场的可能性越高于收购方式；而 Caves 和 Mehra（1986）则发现，跨国企业的进入模式选择是受公司组织形式和产品市场特点所驱动和影响的。基于此研究结论，Wang 和 Wong（2009）比较了技术型见长与组织型见长的跨国企业在选择进入模式上的不同，得出组织型见长的跨国企业偏向并购方式，而技术型见长的跨国企业则选择独资方式。Moskalev（2010）的研究表明，产品多样性与跨国并购呈正相关，而产业发展与跨国并购呈负相关，并强调企业经验在决策选择进入模式时不是最重要的因素，并且随着外部市场的不确定性增加，对于跨国企业，并购变得越来越普遍。

在定量分析方面，Horn 和 Persson（2001）在国际寡头垄断的市场均衡结构下，比较跨国并购和本地并购的演化规律，但是该研究没有考虑独资问题；Görg（2000）及 Nocke 和 Yeaple（2007）则在研究中增加了独资模式，建立了古诺（Cournot）竞争模型，研究了市场结构对独资和并购两种进入模式的具体影响，得出在一般情况下跨国企业趋向于选择并购模式，但是在较高的适应成本（adaptation cost）下，跨国企业则选择自己在海外市场重新建立独资企业；不同于 Görg 及 Nocke 和 Yeaple 的研究，Müller（2007）虽然也对独资和并购两种进入方式进行了对比，但 Müller 将这两种进入模式的利润及并购价格作为内生变量（endogenous variable）来考虑，通过建立子博弈精炼纳什均衡模型，来分析具体内生变量对进入模式的影响。通过分析发现，在竞争很激烈或很弱的情况下，跨国企业倾向使用自己建立独资企业的方式，而在中等竞争水平时倾向使用并购方式。Qiu 和 Wang（2011）及 Raff 等（2009）除了对独资和并购进行研究外，还加入了合资，通过 Cournot 竞争模型对三种进入模式比较分析，发现即使确定了外部潜在并购目标和合作伙伴，独资进入下的盈利能力对进入模式的选择也有着直接和间接的影响，特别是在并购和合作涉及较低的固定投入时，跨国企业的进入模式选择是合资优先于并购，并购优先于独资。

5.1.2　跨国供应链进入模式问题的假设和描述

经济全球化使得制造企业的跨国经营越来越频繁，越来越多跨国企业在中国市场取得了不断强化和发展，这也迫使本土企业在坚守本国国内市场的同时，也开始将眼光逐渐投向海外，进行跨国经营来增强自身核心竞争力。跨国企业在进行跨国经营中，初期往往是通过许可证贸易（如销售代理等方式）以试探性进入东道国市场，随着在东道国国内市场占有份额的不断增加，这些企业才进一步发展到在东道国投资建厂，或直接将生产环节外包给所在国的相关企业进行生产，来实现自身规模扩张（王锡琴和赵正佳，2012；刘春玲等，2012）。进而跨国企业会选择将部分供应链节点企业转移到海外，以追求高额的供应链总体利润或更低的生产成本，最终形成跨国供应链的整体运营系统。在研究具体股权博弈的跨国供应链决策前，先分析了供应链跨国进入模式，对比分析了不同进入模式的优劣好坏，从整体供应链角度考察了不同进入模式选择对供应链决策的影响，考虑存在市场竞争和垄断的情况下，着重分析独资和并购两种典型进入模式，以及跨国企业基于供应链的决策选择及其影响。

1. 问题假设

对于供应链跨国进入模式的分析，进行了如下假设：

1）假设在东道国市场中，只存在一家本地供应链生产经营某种产品，当跨国供应链并购本地供应链时，跨国供应链对本地市场形成了垄断势态。另外，当跨国企业以收购的方式进入东道国本国市场时，起初不可能使用最新技术，更多是使用与被收购企业技术相差不大的技术进行制造生产。

2）假设在供应链系统中，供应链企业面对一个样本长度为 1 的 Hotelling 线性市场，且供应链的最终消费者都均匀分布在这个密度为 1 的区间[0, 1]内，供应链消费者从消费中获得的消费者剩余为 s，且 s 相对于购买总成本而言足够大。

3）假设在该市场中供应链企业生产无明显差异化产品，因此消费者购买产品取决于与供应链下游销售企业的距离远近。在产品单价不太高的情况下，每个消费者仅有单位需求，则消费者的购买总量等于供应链企业的生产总量，在供应链中上游制造企业所生产的数量等于其下游销售企业所需的数量。此外，供应链中上下游企业除了运作成本外，在生产过程中不存在其他成本支出。

2. 进入模式问题基本描述

某一跨国供应链企业将要进入一个东道国本地市场，而在该本地市场中已经存在着一个经营类似产品的本地供应链。本地供应链和跨国供应链各由一个上游制造企业 P_i 和一个下游销售企业 R_i 组成，其中 $i = d$ 或 f，即 P_d 和 R_d 分别代表本地供应链的制造企业和销售企业；P_f 和 R_f 分别代表跨国供应链的制造企业和销售企业。

一般来说，跨国供应链企业进入本地市场时，往往是渐进式进入，会根据本地市场规模、竞争程度等其他相关因素综合考虑。整个决策过程大致可分为以下几个阶段：在第一阶段，对于跨国供应链企业，如下游销售企业 R_f 在面对进入东道国本地市场时，有三种选择，并购本地供应链的下游销售企业 R_d，或独资建立下游销售企业 R_f，或不进入市场（no entry）；在第二阶段，如果跨国供应链企业发出要收购本地供应链下游销售企业 R_d 的请求，本地供应链将考虑接受，或拒绝这个请求；在第三阶段，如果本地供应链拒绝了跨国供应链要收购本地供应链下游销售企业 R_d 的请求，那么跨国供应链将再次在独资和不进入东道国本地市场这两个方案中进行选择；在第四阶段，如果跨国供应链选择进入本地市场且独资设立企业，则与本地供应链进行博弈竞争，或跨国供应链并购本地供应链，则在市场中形成垄断势态，如图 5-1 所示。

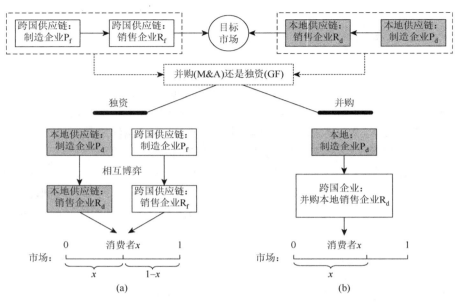

图 5-1 跨国企业基于供应链决策

在上述供应链系统中，由于各链上游制造企业 P_i 所生产的数量 q_P^i 等于其下游销售企业 R_i 所需的产量 q_R^i，即 $q_P^i = q_R^i$，此时令 $q^i = q_P^i = q_R^i$（i = d 或 f，其中 i = d 是指本地供应链，i = f 是指跨国供应链）。另外，供应链中的上下游企业的运作成本分别为 c_P^i 和 c_R^i。令 π_P^i、π_R^i 分别为上游制造企业和下游销售企业的利润，则有

$$\pi_P^i = (p_P^i - c_P^i - p_m^i)q^i$$
$$\pi_R^i = (p_R^i - c_R^i - p_P^i - t)q^i \tag{5-1}$$

其中，p_P^i 为供应链上游制造企业的产品价格；p_R^i 为供应链下游销售企业出售产品的单价；p_m^i 为上游制造企业向供应商购买原材料的单位成本；q^i 为市场对产品的需求量；t 为下游销售企业向上游制造企业所运输产品的单位运输成本，同时 t 也表示供应链消费者从下游销售企业购买产品时需支付的单位购买成本，随着消费者与销售企业间距离的增加而增加。在不考虑供应链企业前期投入和其他合作成本时，各供应链企业相互合作以追求供应链的总利润最大化，而不是单个企业利润的最大化，所以各供应链的总利润为 $\pi^i = \pi_P^i + \pi_R^i$，将式（5-1）代入可得

$$\pi^i = (p_R^i - c_R^i - c_P^i - t - p_m^i)q^i, i = d, f \tag{5-2}$$

在式（5-2）中，令 $c^i = c_P^i + c_R^i$，其中，c^i 为各供应链的总运作成本，在一定程度上也是对供应链运作效率和技术水平的反映，运作成本越高，说明供应链运作效率和技术水平相对就越低，反之亦然。设跨国企业并购后跨国供应链的总运

作成本为 c^d，当跨国供应链以独资方式进入本地市场时，存在进入成本用于组织建设和相关维护，即投资成本为 k，而以收购方式进入本地市场时，这种进入成本就等于收购价格，收购价格定义为 p_A。

5.2　不同进入模式跨国供应链模型

5.2.1　独资进入下的供应链模型

跨国供应链企业决定进入东道国本地市场，并以独资的方式建立其下游销售企业 R_f，这时在东道国本土市场中，就存在跨国供应链和本地供应链之间的竞争。为了更好地研究供应链跨国进入模式，本书引入 Hotelling 模型，该模型是 Hotelling 于 1929 年在 *Economics Journal* 上发表的关于竞争的稳定性论文中提出的，指出可以利用空间竞争来研究产品差异化策略。因此，Hotelling 模型是广泛用于企业选址、产品定价等相关两阶段博弈的有效工具，并衍生出了多种 Hotelling 模型来分析空间位置、交通费用或运输成本等相关问题。本书将利用 Hotelling 模型研究跨国供应链和本地供应链之间的空间和运输距离差异，以及彼此的竞争博弈势态。在本书的 Hotelling 模型中，如图 5-1（a）所示，为了不失一般性，假设本地供应链下游销售企业位于[0, 1]区间的 $x = 0$ 处，跨国供应链下游销售企业位于[0, 1]区间的 $x = 1$ 处。而位于 x 的消费者会根据自身净效用值的最大化，来确定是从 $x = 0$ 处的本地供应链下游销售企业购买产品，还是从位于 $x = 1$ 处的跨国供应链下游销售企业购买。所以，位于 x 处消费者的净效用值为

$$U = \begin{cases} s - xt - p_R^d \\ s - (1-x)t - p_R^f \\ 0 \end{cases} \quad (5\text{-}3)$$

在式（5-3）中，第一个式子表示所有位于 x 左边的消费者都会从本地供应链下游销售企业 R_d 处购买产品；第二个式子表示所有位于 x 右边的消费者都会从跨国供应链下游销售企业 R_f 处购买产品；第三个式子表示消费者不购买任何产品。由于市场对产品的需求由消费者的购买决定，这里已经假设每个消费者均匀分布在区间[0, 1]内且只有单位需求，故从积分的角度来考虑分析，所有产品需求量（即消费者购买量）等于所有消费者人数，即 $q^d = x$，$q^f = 1 - x$。由于位于 x 处的消费者无论从哪一家企业购买产品，所获得的消费者净效用值都应该是相同的，则有 x 应满足：$s - xt - p_R^d = s - (1-x)t - p_R^f$，求解等式，得到本地供应链和跨国供应链各下游销售企业的产品需求量分别为

$$q^{\mathrm{d}} = x = \frac{p_{\mathrm{R}}^{\mathrm{f}} - p_{\mathrm{R}}^{\mathrm{d}} + t}{2t}$$

$$q^{\mathrm{f}} = 1 - x = \frac{p_{\mathrm{R}}^{\mathrm{d}} - p_{\mathrm{R}}^{\mathrm{f}} + t}{2t}$$

（5-4）

由于在东道国本土市场上仅存在这两条生产经营相似的供应链，故它们将进行双寡头竞争和博弈，每条供应链根据自身对于竞争对手的最佳反应来设置价格水平，此时市场中两条供应链的利润函数如下：

$$\pi^{\mathrm{d}} = \frac{1}{2t}(p_{\mathrm{R}}^{\mathrm{d}} - c^{\mathrm{d}} - t - p_{\mathrm{m}}^{\mathrm{d}})(p_{\mathrm{R}}^{\mathrm{f}} - p_{\mathrm{R}}^{\mathrm{d}} + t)$$

$$\pi_{\mathrm{G}}^{\mathrm{f}} = \frac{1}{2t}(p_{\mathrm{R}}^{\mathrm{f}} - c^{\mathrm{f}} - t - p_{\mathrm{m}}^{\mathrm{f}})(p_{\mathrm{R}}^{\mathrm{d}} - p_{\mathrm{R}}^{\mathrm{f}} + t) - k$$

（5-5）

1）考虑在市场需求足够大的情况下，两条供应链的下游销售企业各自选择自身的产品价格 p_{R}^{i}，对式（5-5）中两等式求 p_{R}^{i} 一阶偏导可得

$$\frac{\mathrm{d}\pi^{\mathrm{d}}}{\mathrm{d}p_{\mathrm{R}}^{\mathrm{d}}} = \frac{1}{2t}(p_{\mathrm{R}}^{\mathrm{f}} - 2p_{\mathrm{R}}^{\mathrm{d}} + 2t + c^{\mathrm{d}} + p_{\mathrm{m}}^{\mathrm{d}}) = 0$$

$$\frac{\mathrm{d}\pi_{\mathrm{G}}^{\mathrm{f}}}{\mathrm{d}p_{\mathrm{R}}^{\mathrm{f}}} = \frac{1}{2t}(p_{\mathrm{R}}^{\mathrm{d}} - 2p_{\mathrm{R}}^{\mathrm{f}} + 2t + c^{\mathrm{f}} + p_{\mathrm{m}}^{\mathrm{f}}) = 0$$

（5-6）

对式（5-6）简化可得本地供应链和跨国供应链下游销售企业的销售均衡价格分别为

$$p_{\mathrm{R}}^{\mathrm{d}} = \frac{6t + 2c^{\mathrm{d}} + c^{\mathrm{f}}}{3}$$

$$p_{\mathrm{R}}^{\mathrm{f}} = \frac{6t + 2c^{\mathrm{f}} + c^{\mathrm{d}}}{3}$$

（5-7）

2）考虑在市场需求为中等水平的情况下，此时两条供应链的价格受需求限制，因此价格受消费者剩余 s 的影响，由 Müller（2007）的研究可以得出本地供应链和跨国供应链销售价格分别为

$$p_{\mathrm{R}}^{\mathrm{d}} = s - \frac{c^{\mathrm{f}} - c^{\mathrm{d}} - 3t}{6}$$

$$p_{\mathrm{R}}^{\mathrm{f}} = s - \frac{c^{\mathrm{d}} - c^{\mathrm{f}} - 3t}{6}$$

（5-8）

3）考虑在市场需求较小的情况下，本地供应链采取垄断的定价原则占有市场，此时由 Eicher 和 Kang（2005）得出本地供应链产品的需求量 q^{d} 满足 $q^{\mathrm{d}} \cdot 2t + c^{\mathrm{d}} = s$，有 $q^{\mathrm{d}} = \dfrac{s - c^{\mathrm{d}}}{2t}$，那么跨国供应链设定其价格来覆盖剩余市场，跨国供应链产品需求量 q^{f} 为 $\dfrac{2t + c^{\mathrm{d}} - s}{2t}$。此时，市场中两条供应链利润分别为

$$\pi^{\mathrm{d}} = (p_{\mathrm{R}}^{\mathrm{d}} - c^{\mathrm{d}} - p_{\mathrm{m}}^{\mathrm{d}} - t)\frac{s - c^{\mathrm{d}}}{2t}$$

$$\pi_{\mathrm{G}}^{\mathrm{f}} = (p_{\mathrm{R}}^{\mathrm{f}} - c^{\mathrm{f}} - p_{\mathrm{m}}^{\mathrm{f}} - t)\frac{2t + c^{\mathrm{d}} - s}{2t} - k \qquad (5\text{-}9)$$

在这种情况下，两条供应链的下游企业的销售价格分别为

$$p_{\mathrm{R}}^{\mathrm{d}} = \frac{s + c^{\mathrm{d}} + 2t}{2}$$

$$p_{\mathrm{R}}^{\mathrm{f}} = \frac{3s - c^{\mathrm{d}}}{2} \qquad (5\text{-}10)$$

5.2.2 收购进入下的供应链模型

当跨国供应链决定收购东道国本地供应链的下游销售企业，且本地供应链也同意被收购时，在东道国本地市场中，仅存在一个供应链系统，如图 5-1（b）所示，因此跨国供应链垄断了整个本地市场。在 Hotelling 模型中，为了不失一般性，假设跨国供应链下游销售企业位于[0, 1]区间的 $x = 0$ 处，而位于 x 处消费者会根据自身净效用值的最大化，来选择是从 $x = 0$ 处的跨国供应链下游销售企业购买，或是选择不购买。所以，位于 x 处消费者的净效用值为

$$U = \begin{cases} s - xt - p_{\mathrm{R}}^{\mathrm{f}} \\ 0 \end{cases} \qquad (5\text{-}11)$$

在收购进入模式下，由于跨国供应链垄断了东道国的本地市场，跨国供应链收购进入时的净利润 $\pi_{\mathrm{A}}^{\mathrm{f}}$ 就等于跨国供应链的垄断利润 $\pi_{\mathrm{M}}^{\mathrm{f}}$ 减去收购时当地供应链的收购价格 p_{A}，其中垄断利润主要由市场大小决定，则

$$\pi_{\mathrm{A}}^{\mathrm{f}} = \pi_{\mathrm{M}}^{\mathrm{f}} - p_{\mathrm{A}} \qquad (5\text{-}12)$$

5.3 不同进入模型跨国供应链决策

在跨国企业进入东道国本地市场时，必然要考虑市场规模、市场竞争强度、投资成本、技术差异性及利润情况等相关因素，因此接下来在模型对比分析中，本书将供应链跨国进入模式与以上因素相结合进行分析。在分析之前，由于两条供应链中的上游企业向供应商购买原材料的单位成本 p_{m}^{i} 相等，即 $p_{\mathrm{m}}^{\mathrm{d}} = p_{\mathrm{m}}^{\mathrm{f}} = p_{\mathrm{m}}$，为了简化研究模型，方便分析讨论，本书在后续分析中将忽略变量 p_{m}，这对模型的分析结果不产生任何其他影响。

5.3.1　供应链利润情况分析

1. 独资进入下的利润情况分析

考虑供应链在东道国本地市场中能正常盈利，跨国供应链才会选择进入东道国土地市场，此时存在 $s < c^d$，即本地供应链总运作成本应大于消费者剩余，这样供应链利润才是非负的。在此前提条件下，分为两种情况，结合相应市场竞争强度和市场规模大小来分析独资进入模式下供应链的利润情况。

在第一种情况中，当 t 取值较小时，市场竞争激烈，此时市场中存在两条供应链，且产品价格差异超过 t，即 $p_R^d - p_R^f > t$，可得出 $t < \frac{1}{3}(c^d - c^f)$（在后续论述中将具体分析该不等式的由来），消费者会选择仅从跨国供应链下游销售企业 R_f 处购买产品，跨国供应链承担了所有的市场需求，由 Müller（2007）的研究可得出各条供应链的利润分别为

$$\pi^d = 0$$
$$\pi_G^f = c^d - c^f - 2t - k \tag{5-13}$$

在第二种情况中，当 t 取值较大时，市场竞争强度为中等水平，此时在市场中两条供应链的产品价格差异不超过 t，即 $p_R^d - p_R^f < t$，可以求出 $t \geq \frac{1}{3}(c^d - c^f)$，因此要具体考虑市场规模的影响。

由 Eicher 和 Kang（2005）的研究可以得知，在独资进入模式下，竞争市场规模被划分为三个连续区间：当竞争市场规模足够大时，$s \geq \frac{1}{2}(c^d + c^f + 3t)$；当竞争市场规模为中等时，$\frac{1}{3}(2c^d + c^f + 3t) < s < \frac{1}{2}(c^d + c^f + 3t)$；当竞争市场规模较小时，$s \leq \frac{1}{3}(2c^d + c^f + 3t)$。此外，在收购进入模式下的竞争市场规模被划分为两个连续区间：当竞争市场规模较大时，$s > c^d + 2t$；而当竞争市场规模较小时，$s \leq c^d + 2t$。

1）当 $s \geq \frac{1}{2}(c^d + c^f + 3t)$ 时，此时竞争市场规模足够大，联立式（5-5）和式（5-7）进行求解，可得两条供应链的利润分别为

$$\pi^d = \frac{1}{18t}(c^f - c^d + 3t)^2$$
$$\pi_G^f = \frac{1}{18t}(c^d - c^f + 3t)^2 - k \tag{5-14}$$

2）当 $\frac{1}{3}(2c^d+c^f+3t)<s<\frac{1}{2}(c^d+c^f+3t)$ 时，此时竞争市场规模为中等水平，联立式（5-5）和式（5-8）进行求解，可得两条供应链的利润分别为

$$\pi^d=\left(\frac{6s-5c^d-c^f-3t}{6}\right)\left(\frac{c^f-c^d+3t}{6t}\right)$$

$$\pi_G^f=\left(\frac{6s-c^d-5c^f-3t}{6}\right)\left(\frac{c^d-c^f+3t}{6t}\right)-k \tag{5-15}$$

3）当 $s\leqslant\frac{1}{3}(2c^d+c^f+3t)$ 时，此时竞争市场规模较小，联立式（5-5）和式（5-10）进行求解，可得两条供应链的利润分别为

$$\pi^d=\frac{(s-c^d)^2}{4t}$$

$$\pi_G^f=\left(\frac{3s-c^d-2c^f-2t}{2}\right)\left(\frac{2t+c^d-s}{2t}\right)-k \tag{5-16}$$

2. 收购进入下的利润情况分析

在第一种情况中，当市场竞争激烈时，即 $t<\frac{1}{3}(c^d-c^f)$，跨国供应链在收购进入模式下的利润 π_A^f 应等于市场垄断利润 π_M^f。由于竞争市场规模会影响供应链垄断利润，因此可得

1）当 $s\geqslant c^d+2t$ 时，跨国供应链利润为

$$\pi_A^f=\pi_M^f=s-t-c^d \tag{5-17}$$

2）当 $s<c^d+2t$ 时，跨国供应链利润为

$$\pi_A^f=\pi_M^f=\frac{(s-c^d)^2}{4t} \tag{5-18}$$

在第二种情况中，当市场竞争为中等水平时，即 $t\geqslant\frac{1}{3}(c^d-c^f)$，跨国供应链的垄断利润 π_M^f 维持不变，如式（5-17）、式（5-18）中所示，需要考虑具体市场规模大小对收购价格 p_A 的影响。

1）当 $s\geqslant c^d+2t$ 时，跨国供应链的收购价格 p_A 应等于本地供应链（假设此情况下本地供应链仍存在）此时的利润 π^d，则有 $p_A=\pi^d=\frac{(c^f-c^d+3t)^2}{18t}$，那么跨国供应链的垄断利润为 $\pi_M^f=s-t-c^d$，将 π_M^f、p_A 代入式（5-12）中，可得出跨国供应链利润为

$$\pi_A^f=s-t-c^d-\frac{(c^f-c^d+3t)^2}{18t} \tag{5-19}$$

2）当 $\frac{1}{2}(c^f + c^d + 3t) \leqslant s < c^d + 2t$ 时，跨国供应链的收购价格 p_A 应等于本地供应链（假设此情况下本地供应链仍存在）此时的利润 π^d，则有 $p_A = \pi^d = \frac{(c^f - c^d + 3t)^2}{18t}$，那么跨国供应链的垄断利润为 $\pi_M^f = \frac{(s - c^d)^2}{4t}$，将 π_M^f、p_A 代入式（5-12）中，可得跨国供应链利润为

$$\pi_A^f = \frac{(s - c^d)^2}{4t} - \frac{(c^f - c^d + 3t)^2}{18t} \tag{5-20}$$

3）当 $\frac{1}{3}(2c^d + c^f + 3t) < s < \frac{1}{2}(c^d + c^f + 3t)$ 时，跨国供应链的收购价格 p_A 应等于本地供应链（假设此情况下本地供应链仍存在）此时的利润 π^d，则有 $p_A = \pi^d = \left(\frac{6s - 5c^d - c^f - 3t}{6}\right)\left(\frac{c^f - c^d + 3t}{6t}\right)$，那么跨国供应链的垄断利润为 $\pi_M^f = \frac{(s - c^d)^2}{4t}$，将 π_M^f、p_A 代入式（5-12）中，可得跨国供应链利润为

$$\pi_A^f = \frac{(3s - 2c^d - c^f - 3t)^2}{36t} \tag{5-21}$$

4）当 $s \leqslant \frac{1}{3}(2c^d + c^f + 3t)$ 时，跨国供应链的收购价格 p_A 应等于本地供应链（假设此情况下本地供应链仍存在）此时的利润 π^d，则有 $p_A = \pi^d = \frac{(s - c^d)^2}{4t}$，那么跨国供应链的垄断利润为 $\pi_M^f = \frac{(s - c^d)^2}{4t}$，将 π_M^f、p_A 代入式（5-12）中，可得跨国供应链利润为

$$\pi_A^f = 0 \tag{5-22}$$

5.3.2 投资成本决策影响

接下来，重点考察投资成本 k，也可以说是供应链跨国进入成本。投资成本可以直接影响当地供应链的收购价格 p_A，同时也决定了任何一种进入模式决策下供应链可获最大利润。由利润公式可得，随着投资成本 k 的增大，独资进入下的利润 π_G^f 逐渐减小，从而使得收购的进入模式更加适合供应链。但当投资成本 k 值太大时，供应链需要更多成本用于进入投资，意味着将进入市场存在较高的进入壁垒，此时独资进入下的利润为负值，同时收购的进入模式也不可取，在此情况下供应链会考虑不进入目标市场。因此，存在一个确定的投资成本 $\bar{k}$，当 $k = \bar{k}$ 时，独资进入下的利润为 0；而当 $k \geqslant \bar{k}$ 时，独资进入模式不再适用于跨国供应链。

命题 1 存在一个 $\bar{k}$ 值，对于所有的 $k < \bar{k}$，随着 k 值的增大，相比独资，收

购的进入模式更适合跨国供应链；而对于所有的 $k \geq \bar{k}$ ，跨国供应链选择不进入目标市场。

由命题 1 可以得出，收购的进入模式仅在跨国供应链独资进入盈利的情况下是可行的，因此，仅在独资进入存在非负利润时，跨国供应链才会考虑进入目标市场，此时跨国供应链的利润 π_G^f 应非负。接下来分析 $\bar{k}$ 的具体值。

由利润分析可以得出：

当 $c^d \geq s$ 时，令 $\pi_G^f = s - 2t - c^f - k > 0$ ，可得在 $k < \bar{k} = s - 2t - c^f$ 的情况下，跨国供应链会选择独资的方式进入目标市场。

当 $c^d < s$ 时，分为以下两种情况：

在第一种情况中，令式（5-13）中 $\pi_G^f > 0$ ，可得在 $k < \bar{k} = c^d - c^f - 2t$ 的情况下，跨国供应链会选择独资的方式进入目标市场。

在第二种情况中，又分为以下三种：

当 $s \geq \dfrac{1}{2}(c^d + c^f + 3t)$ 时，令式（5-14）中的 $\pi_G^f > 0$ ，可得在 $k < \bar{k} = \dfrac{1}{18t}(c^d - c^f + 3t)^2$ 的情况下，跨国供应链会选择独资的方式进入目标市场；

当 $\dfrac{1}{3}(2c^d + c^f + 3t) < s < \dfrac{1}{2}(c^d + c^f + 3t)$ 时，令式（5-15）中的 $\pi_G^f > 0$ ，可得在 $k < \bar{k} = \left(\dfrac{6s - c^d - 5c^f - 3t}{6}\right)\left(\dfrac{c^d - c^f + 3t}{6t}\right)$ 的情况下，跨国供应链会选择独资的方式进入目标市场；

当 $s \leq \dfrac{1}{3}(2c^d + c^f + 3t)$ 时，令式（5-16）中的 $\pi_G^f > 0$ ，可得在 $k < \bar{k} = \left(\dfrac{3s - c^d - 2c^f - 2t}{2}\right)\left(\dfrac{2t + c^d - s}{2t}\right)$ 的情况下，跨国供应链会选择独资的方式进入目标市场。

联立利润公式求解可得，命题中 $\bar{k}$ 的具体值如表 5-1 所示。

表 5-1　投资成本 $\bar{k}$ 的具体值

目标市场的具体情况	投资成本 $\bar{k}$ 的具体值
$c^d \geq s$	$s - 2t - c^f$
$s > c^d,\ t < \dfrac{1}{3}(c^d - c^f)$	$c^d - c^f - 2t$
$s \geq \dfrac{1}{2}(c^d + c^f + 3t), t \geq \dfrac{1}{3}(c^d - c^f)$	$\dfrac{1}{18t}(c^d - c^f + 3t)^2$
$\dfrac{1}{3}(2c^d + c^f + 3t) < s < \dfrac{1}{2}(c^d + c^f + 3t), t \geq \dfrac{1}{3}(c^d - c^f)$	$\left(\dfrac{6s - c^d - 5c^f - 3t}{6}\right)\left(\dfrac{c^d - c^f + 3t}{6t}\right)$
$s \leq \dfrac{1}{3}(2c^d + c^f + 3t), t \geq \dfrac{1}{3}(c^d - c^f)$	$\left(\dfrac{3s - c^d - 2c^f - 2t}{2}\right)\left(\dfrac{2t + c^d - s}{2t}\right)$

5.3.3　技术差异性决策影响

在跨国供应链进入东道国目标市场可行的情况下，着重分析技术差异性对供应链进入模式的决策影响。技术差异性，是指跨国供应链的总运作成本相比国内供应链的总运作成本具有一定的技术优势，跨国供应链所使用的生产研发等核心技术普遍较高，使其供应链的运作效率及成本均优于国内，即 $c^d > c^f$。在技术差异性较大时，即 $c^d \gg c^f$，供应链间运作成本的差距将会很大，此时对于 c^f 而言，c^d 值的增大会直接导致技术差距增大，因此 c^d 可用来表示供应链间的技术差异性。

在独资的进入模式下，有

当 $c^d \geq s$ 时，本地供应链不存在市场中，因此不予分析；

当 $c^d < s$ 时，分为以下两种情况：

在第一种情况中，由式（5-13）可得，$\dfrac{d\pi_G^f}{dc^d} = 1 > 0$，$\dfrac{dp_A}{dc^d} = 0$；

在第二种情况中，又分为以下三种：

当 $s \geq \dfrac{1}{2}(c^d + c^f + 3t)$ 时，由式（5-14）可得，$\dfrac{d\pi_G^f}{dc^d} = \dfrac{1}{9t}(c^d - c^f + 3t) > 0$，$\dfrac{dp_A}{dc^d} = \dfrac{1}{9t}(c^d - c^f - 3t) \leqslant 0$；

当 $\dfrac{1}{3}(2c^d + c^f + 3t) < s < \dfrac{1}{2}(c^d + c^f + 3t)$ 时，由式（5-15）可得，$\dfrac{d\pi_G^f}{dc^d} = \dfrac{3s - c^d - 2c^f - 3t}{18t} > 0$，$\dfrac{dp_A}{dc^d} = \dfrac{5c^d - 2c^f - 6t - 3s}{18t} < 0$；

当 $s \leqslant \dfrac{1}{3}(2c^d + c^f + 3t)$ 时，由式（5-16）可得，$\dfrac{d\pi_G^f}{dc^d} = \dfrac{2s - 2t - c^d - c^f}{2t} > 0$，$\dfrac{dp_A}{dc^d} = \dfrac{c^d - s}{2t} < 0$。

而对于跨国供应链的垄断利润 π_M^f，有

当 $s \geq c^d + 2t$ 时，由式（5-17）可得，$\dfrac{d\pi_M^f}{dc^d} = -1 < 0$；

当 $s < c^d + 2t$ 时，由式（5-18）可得，$\dfrac{d\pi_M^f}{dc^d} = \dfrac{c^d - s}{2t} < 0$。

因此，独资进入时的利润 π_G^f 随着 c^d 值的增大而增大，当地供应链的收购价格 p_A 及收购进入时的垄断利润 π_M^f 随着 c^d 值的增大而减小。由此可知，随着技术差异性的增大，独资的进入模式更适用于跨国供应链，且当地供应链的收购价格不

断降低，收购进入下的垄断利润也在不断下降。因此，分析 c^d 对收购进入时利润 π_A^f 的影响。

由式（5-12）可得，$\dfrac{\mathrm{d}\pi_A^f}{\mathrm{d}c^d} = \dfrac{\mathrm{d}\pi_M^f}{\mathrm{d}c^d} - \dfrac{\mathrm{d}p_A}{\mathrm{d}c^d}$，因此在收购的进入模式下分为以下两种情况：

在第一种情况中，又分为以下两种：

当 $s \geqslant c^d + 2t$ 时，由式（5-17）可得，$\dfrac{\mathrm{d}\pi_A^f}{\mathrm{d}c^d} = -1 < 0$；

当 $s < c^d + 2t$ 时，由式（5-18）可得，$\dfrac{\mathrm{d}\pi_A^f}{\mathrm{d}c^d} = \dfrac{c^d - s}{2t} < 0$。

在第二种情况中，又分为以下四种：

当 $s \geqslant c^d + 2t$ 时，由式（5-19）可得，$\dfrac{\mathrm{d}\pi_A^f}{\mathrm{d}c^d} = \dfrac{c^f - c^d - 6t}{9t} < 0$；

当 $\dfrac{1}{2}(c^d + c^f + 3t) \leqslant s < c^d + 2t$ 时，由式（5-20）可得，$\dfrac{\mathrm{d}\pi_A^f}{\mathrm{d}c^d} = \dfrac{7c^d + 2c^f + 6t - 9s}{18t} < 0$；

当 $\dfrac{1}{3}(2c^d + c^f + 3t) < s < \dfrac{1}{2}(c^d + c^f + 3t)$ 时，由式（5-21）可得，$\dfrac{\mathrm{d}\pi_A^f}{\mathrm{d}c^d} = \dfrac{2c^d + c^f + 3t - 3s}{18t} < 0$；

当 $s \leqslant \dfrac{1}{3}(2c^d + c^f + 3t)$ 时，由式（5-22）可得，$\dfrac{\mathrm{d}\pi_A^f}{\mathrm{d}c^d} = 0$。

因此，收购进入时的利润 π_A^f 随着 c^d 值的增大而减小，即两条供应链的技术差异性越大，收购的进入模式越不适合跨国供应链。

命题 2　在 $k < \bar{k}$ 的情况下，存在一个 $\bar{c}^d$ 值，当 $c^d \leqslant \bar{c}^d$ 时，收购是最优的进入模式；反之当 $c^d > \bar{c}^d$ 时，独资是最优的进入模式。

联立利润公式求解可得，命题中 $\bar{c}^d$ 的具体值如表 5-2 所示。

表 5-2　供应链生产运作成本 $\bar{c}^d$ 的具体值

目标市场的具体情况	供应链生产运作成本 $\bar{c}^d$ 的具体值
$s \geqslant c^d + 2t,\ t < \dfrac{1}{3}(c^d - c^f)$	$\dfrac{1}{2}(s + c^f + k)$
$s < c^d + 2t,\ t < \dfrac{1}{3}(c^d - c^f)$	$s + 2t - 2\sqrt{t(s - c^f - k - t)}$
$s \geqslant c^d + 2t,\ t \geqslant \dfrac{1}{3}(c^d - c^f)$	$\dfrac{1}{2}(2c^f - 9t) + 3\sqrt{t(s - 2t + k - c^f)}$
$\dfrac{1}{2}(c^d + c^f + 3t) < s < c^d + 2t,$ $t \geqslant \dfrac{1}{3}(c^d - c^f)$	$\dfrac{1}{5}[9s - 4c^f - 6\sqrt{(s - c^f)^2 + 5t(t - k)}]$

续表

目标市场的具体情况	供应链生产运作成本 $\bar{c}^d$ 的具体值
$\dfrac{1}{3}(2c^d+c^f+3t)<s\leqslant\dfrac{1}{2}(c^d+c^f+3t)$, $t\geqslant\dfrac{1}{3}(c^d-c^f)$	$\dfrac{1}{5}[9s-9t-4c^f-3\sqrt{4(s-c^f)^2+t(2s-t-2c^f-20k)}]$
$s\leqslant\dfrac{1}{3}(2c^d+c^f+3t)$, $t\geqslant\dfrac{1}{3}(c^d-c^f)$	$2s-2t-c^2-\sqrt{(s-c^2)^2-4tk}$

因此，由命题 1 和命题 2 中的结论可知，投资成本 k 和供应链间技术差异性对跨国供应链进入模式的决策影响如图 5-2 所示。

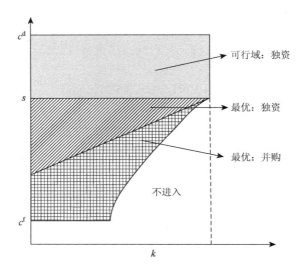

图 5-2　投资成本 k 和供应链间技术差异性对跨国供应链进入模式的决策影响

由图 5-2 可知，当两条供应链间技术差异性过大时，跨国供应链仅考虑以独资方式进入目标市场，且随着链间技术差异性的增大，供应链更倾向独资进入模式；对于投资成本而言，在某一合适的投资成本下，供应链会选择进入目标市场，且随着投资成本的增大，相比收购，独资的进入模式更适合跨国供应链。

5.3.4　市场规模决策影响

跨国企业在进入东道国本地市场时，需要考虑和分析诸多因素，其中核心因素是东道国本地市场的规模大小，而在模型中消费者剩余 s 是一种有效衡量市场规模的测度工具（Qiu and Wang，2011）。一般而言，当消费者剩余 s 较大时，其所在的目标市场规模较大；当消费者剩余 s 较小时，则目标市场规模较小。

对于跨国供应链的垄断利润 π_M^f，存在：

当 $s \geqslant c^d + 2t$ 时，由式（5-17）可得，$\dfrac{\mathrm{d}\pi_M^f}{\mathrm{d}s} = 1 > 0$；

当 $s < c^d + 2t$ 时，由式（5-18）可得，$\dfrac{\mathrm{d}\pi_M^f}{\mathrm{d}s} = \dfrac{s - c^d}{2t} > 0$。

由此可得，跨国供应链的垄断利润 π_M^f 随消费者剩余 s 值的增大而增大。

对式（5-12）求导，可得 $\dfrac{\mathrm{d}\pi_A^f}{\mathrm{d}s} = \dfrac{\mathrm{d}\pi_M^f}{\mathrm{d}s} - \dfrac{\mathrm{d}p_A}{\mathrm{d}s}$，因此有以下两种情况：

在第一种情况中，由式（5-13）可得，$\dfrac{\mathrm{d}\pi_G^f}{\mathrm{d}s} = \dfrac{\mathrm{d}p_A}{\mathrm{d}s} = 0$；由式（5-17）和式（5-18）可得，$\dfrac{\mathrm{d}\pi_A^f}{\mathrm{d}s} = 1 > 0$ 及 $\dfrac{\mathrm{d}\pi_A^f}{\mathrm{d}s} = \dfrac{s - c^d}{2t} > 0$。

在第二种情况中，又分为以下三种：

当 $s \geqslant \dfrac{1}{2}(c^d + c^f + 3t)$ 时，由式（5-14）可得，$\dfrac{\mathrm{d}\pi_G^f}{\mathrm{d}s} = \dfrac{\mathrm{d}p_A}{\mathrm{d}s} = 0$，有 $\dfrac{\mathrm{d}\pi_A^f}{\mathrm{d}s} = 1 > 0$ 及 $\dfrac{\mathrm{d}\pi_A^f}{\mathrm{d}s} = \dfrac{s - c^d}{2t} > 0$；

当 $\dfrac{1}{3}(2c^d + c^f + 3t) < s < \dfrac{1}{2}(c^d + c^f + 3t)$ 时，由式（5-15）可得，$\dfrac{\mathrm{d}\pi_G^f}{\mathrm{d}s} = \dfrac{c^d - c^f + 3t}{6t}$；$\dfrac{\mathrm{d}p_A}{\mathrm{d}s} = \dfrac{c^f - c^d + 3t}{6t} > 0$，有 $\dfrac{\mathrm{d}\pi_A^f}{\mathrm{d}s} = \dfrac{3s - 2c^f - c^d - 3t}{6t} > 0$；

当 $s \leqslant \dfrac{1}{3}(2c^d + c^f + 3t)$ 时，由式（5-16）可得，$\dfrac{\mathrm{d}\pi_G^f}{\mathrm{d}s} = \dfrac{4t - 3s + 2c^d + c^f}{2t} > 0$；$\dfrac{\mathrm{d}p_A}{\mathrm{d}s} = \dfrac{s - c^d}{2t} > 0$，有 $\dfrac{\mathrm{d}\pi_A^f}{\mathrm{d}s} = 0$。

由以上分析可知，随着消费者剩余 s 值增大，收购进入描述下的利润 π_A^f 逐渐增大。当 $s \geqslant \dfrac{1}{2}(c^d + c^f + 3t)$ 时，消费者剩余 s 值对独资进入模式下的利润 π_G^f 及收购价格 p_A 没有任何影响；当 $s < \dfrac{1}{2}(c^d + c^f + 3t)$，独资进入模式下的利润 π_G^f 及收购价格 p_A 随消费者剩余 s 值的增大而增大。

命题 3 在 $k < \bar{k}$ 的情况下，存在一个 $\bar{s}$ 值，当 $s < \bar{s}$ 时，独资是最优的进入模式；当 $s \geqslant \bar{s}$ 时，收购是最优的进入模式。

联立利润公式求解可得，命题中 $\bar{s}$ 的具体值如表 5-3 所示。

表 5-3　消费者剩余 $\bar{s}$ 的具体值

目标市场的具体情况	消费者剩余 $\bar{s}$ 的具体值
$t < \dfrac{1}{3}(c^d - c^f),\ s \geqslant c^d + 2t$	$2c^d - c^f - k$
$t < \dfrac{1}{3}(c^d - c^f),\ s < c^d + 2t$	$c^d + 2\sqrt{t(c^d - c^f - 2t - k)}$
$t \geqslant \dfrac{1}{3}(c^d - c^f),\ s \geqslant c^d + 2t$	$3t + c^d - k + \dfrac{1}{9t}(c^d - c^f)^2$
$t \geqslant \dfrac{1}{3}(c^d - c^f),\ \dfrac{1}{2}(c^d + c^f + 3t) \leqslant s < c^d + 2t$	$c^d + 2\sqrt{\dfrac{1}{9}(c^d - c^f)^2 + t^2 - tk}$

5.3.5　市场竞争强度决策影响

在以上分析之后，本书考察了市场竞争强度对供应链进入模式的决策影响。市场竞争强度可以由产品单位运输成本 t 来间接反映决定（Qiu and Wang，2011；Nocke and Yeaple，2007）。产品单位运输成本 t 在 Hotelling 线性市场模型中是用来反映和测度市场竞争强弱的工具，t 值越大，则单位运输成本越高，意味着企业间地理分布越远，市场中产品越分化，相互间市场竞争越弱；反之 t 值越小，则单位运输成本越低，企业间距离越近，彼此市场信息越充分对称，面临市场竞争就越强。当 $t = 0$ 时，则理论上出现完全竞争下的 Bertrand（贝川德）竞争。

在独资的进入模式下，分为以下两种情况：

在第一种情况中，由式（5-13）可得，$\dfrac{d\pi_G^f}{dt} = -2 < 0$。

在第二种情况中，又分为以下三种：

当 $s \geqslant \dfrac{1}{2}(c^d + c^f + 3t)$ 时，由式（5-14）可得，$\dfrac{d\pi_G^f}{dt} = \dfrac{dp_A}{dt} = \dfrac{(c^d - c^f + 3t)(3t - c^d + c^f)}{18t^2}$，此时应考虑市场竞争强度 t 的取值，当 $t > \dfrac{1}{3}(c^d - c^f)$ 时，有 $\dfrac{d\pi_G^f}{dt} = \dfrac{dp_A}{dt} = \dfrac{(c^d - c^f + 3t)(3t - c^d + c^f)}{18t^2} > 0$，则说明独资进入模式下的利润 π_G^f 和收购价格 p_A 随竞争强度 t 值的增加而增加，因此可得市场竞争强度 t 的中值点为 $t = \dfrac{1}{3}(c^d - c^f)$；

当 $\dfrac{1}{3}(2c^d + c^f + 3t) < s < \dfrac{1}{2}(c^d + c^f + 3t)$ 时，由式（5-15）可得，$\dfrac{d\pi_G^f}{dt} =$

$\dfrac{-9t^2-(6s-c^{\mathrm{d}}-5c^{\mathrm{f}})(c^{\mathrm{d}}-c^{\mathrm{f}})}{36t^2}<0$，则说明独资进入模式下的利润随市场竞争强度 t 值的增加而减小；

当 $s\leqslant\dfrac{1}{3}(2c^{\mathrm{d}}+c^{\mathrm{f}}+3t)$ 时，由式（5-16）可得，$\dfrac{\mathrm{d}\pi_{\mathrm{G}}^{\mathrm{f}}}{\mathrm{d}t}=\dfrac{-4t^2-(3s-c^{\mathrm{d}}-2c^{\mathrm{f}})(c^{\mathrm{d}}-s)}{4t^2}<0$，同理可得独资进入模式下的利润随市场竞争强度 t 值的增加而减小。

对于跨国供应链的垄断利润 $\pi_{\mathrm{M}}^{\mathrm{f}}$，在收购的进入模式下分为以下两种情况：

在第一种情况中，又分为以下两种：

当 $s\geqslant c^{\mathrm{d}}+2t$ 时，由式（5-17）可得，$\dfrac{\mathrm{d}\pi_{\mathrm{A}}^{\mathrm{f}}}{\mathrm{d}t}=\dfrac{\mathrm{d}\pi_{\mathrm{M}}^{\mathrm{f}}}{\mathrm{d}t}=-1<0$；

当 $s<c^{\mathrm{d}}+2t$ 时，由式（5-18）可得，$\dfrac{\mathrm{d}\pi_{\mathrm{A}}^{\mathrm{f}}}{\mathrm{d}s}=\dfrac{\mathrm{d}\pi_{\mathrm{M}}^{\mathrm{f}}}{\mathrm{d}s}=-\dfrac{(s-c^{\mathrm{d}})^2}{4t^2}<0$，说明收购进入模式下的利润 $\pi_{\mathrm{A}}^{\mathrm{f}}$ 及垄断利润 $\pi_{\mathrm{M}}^{\mathrm{f}}$ 随市场竞争强度 t 值的增加而减小。

又由式（5-12）可得，$\dfrac{\mathrm{d}\pi_{\mathrm{A}}^{\mathrm{f}}}{\mathrm{d}t}=\dfrac{\mathrm{d}\pi_{\mathrm{M}}^{\mathrm{f}}}{\mathrm{d}t}-\dfrac{\mathrm{d}p_{\mathrm{A}}}{\mathrm{d}t}$，因此在第二种情况中，又分为以下三种：

当 $s\geqslant c^{\mathrm{d}}+2t$ 和 $\dfrac{1}{2}(c^{\mathrm{d}}+c^{\mathrm{f}}+3t)\leqslant s<c^{\mathrm{d}}+2t$ 时，由式（5-19）和式（5-20）可得，$\dfrac{\mathrm{d}\pi_{\mathrm{A}}^{\mathrm{f}}}{\mathrm{d}t}=\dfrac{\mathrm{d}\pi_{\mathrm{M}}^{\mathrm{f}}}{\mathrm{d}t}-\dfrac{\mathrm{d}p_{\mathrm{A}}}{\mathrm{d}t}<0$；

当 $\dfrac{1}{3}(2c^{\mathrm{d}}+c^{\mathrm{f}}+3t)<s<\dfrac{1}{2}(c^{\mathrm{d}}+c^{\mathrm{f}}+3t)$ 时，由式（5-21）可得，$\dfrac{\mathrm{d}\pi_{\mathrm{A}}^{\mathrm{f}}}{\mathrm{d}t}=$ $-\dfrac{(3s-2c^{\mathrm{d}}-c^{\mathrm{f}}-3t)(3s-2c^{\mathrm{d}}-c^{\mathrm{f}}+3t)}{36t^2}>0$，同理可得收购进入模式下的利润 $\pi_{\mathrm{A}}^{\mathrm{f}}$ 随市场竞争强度 t 值的增大而增大；

当 $s\leqslant\dfrac{1}{3}(2c^{\mathrm{d}}+c^{\mathrm{f}}+3t)$ 时，由式（5-22）可得，$\dfrac{\mathrm{d}\pi_{\mathrm{A}}^{\mathrm{f}}}{\mathrm{d}t}=0$，说明利润 $\pi_{\mathrm{A}}^{\mathrm{f}}$ 不受市场竞争强度 t 值变化的影响。

因此可得，在不考虑市场规模的影响时，独资进入模式下的利润 $\pi_{\mathrm{G}}^{\mathrm{f}}$ 和收购进入模式下的利润 $\pi_{\mathrm{A}}^{\mathrm{f}}$ 随市场竞争强度 t 值的增大而减小；但当 $s\geqslant\dfrac{1}{2}(c^{\mathrm{d}}+c^{\mathrm{f}}+3t)$ 时，独资进入模式下的利润 $\pi_{\mathrm{G}}^{\mathrm{f}}$ 随市场竞争强度 t 值的增大而增大；当 $\dfrac{1}{3}(2c^{\mathrm{d}}+c^{\mathrm{f}}+3t)<s<\dfrac{1}{2}(c^{\mathrm{d}}+c^{\mathrm{f}}+3t)$ 时，收购进入描述下的利润 $\pi_{\mathrm{A}}^{\mathrm{f}}$ 同样随市场竞争强度 t 值的增大而增大，当 $s\leqslant\dfrac{1}{3}(2c^{\mathrm{d}}+c^{\mathrm{f}}+3t)$ 时，市场竞争强度 t 对收购进入模式下的利润 $\pi_{\mathrm{A}}^{\mathrm{f}}$ 没有任何影响。

命题 4 在 $k < \bar{k}$ 的情况下，存在一个 $\bar{t}$ 值，当 $t > \bar{t}$ 时，独资是最优的进入模式；当 $t \leqslant \bar{t}$ 时，收购是最优的进入模式。

联立利润公式求解可得，命题中 $\bar{t}$ 的具体值如表 5-4 所示。

表 5-4　竞争强度 $\bar{t}$ 的具体值

目标市场的具体情况	竞争强度 $\bar{t}$ 的具体值
$t < \frac{1}{3}(c^d - c^f),\ s \geqslant c^d + 2t$	$2c^d - c^f - s - k$
$t \geqslant \frac{1}{3}(c^d - c^f),\ s \geqslant c^d + 2t$	$\frac{1}{6}\sqrt{9(c^d - s - k)^2 - 2(c^d - c^f)^2} - \frac{1}{4}(c^d - s - k)$

当 $s < c^d + 2t,\ t < \frac{1}{3}(c^d - c^f)$ 时，独资进入模式下的利润 $\pi_G^f = c^d - c^f - 2t - k$，收购进入模式下的利润 $\pi_A^f = \frac{(s - c^d)^2}{4t} - \frac{(c^f - c^d + 3t)^2}{18t}$，此时独资进入模式下的利润 π_G^f 呈直线递减，而收购进入模式下的利润 π_A^f 呈双曲线递减，因此联立两式可得

$$\underline{t} = \frac{1}{4}(c^d - c^f - k) + \frac{1}{2}\sqrt{\frac{1}{4}(k - c^d + c^f)^2 - \frac{1}{2}(s - c^d)^2}$$

当 $t \leqslant \underline{t}$ 时，独资进入模式下的利润 π_G^f 高于收购进入模式下的利润 π_A^f，表明独资是最优的进入模式；反之，当 $t > \underline{t}$ 时，收购进入模式下的利润 π_A^f 高于独资进入模式下的利润 π_G^f，表明收购是最优的进入模式。

当 $s < c^d + 2t,\ t \geqslant \frac{1}{3}(c^d - c^f)$ 时，独资进入模式下的利润 π_G^f 随市场竞争强度 t 值的增大而增大，收购进入模式下的利润 π_A^f 随市场竞争强度 t 值的增大而减小，因此联立式（5-14）和式（5-20），可得

$$\tilde{t} = \frac{1}{2}k + \frac{1}{6}\sqrt{9k^2 + 9(s - c^d)^2 - 4(c^d - c^f)^2}$$

当 $t < \tilde{t}$ 时，收购进入模式下的利润 π_A^f 高于独资进入模式下的利润 π_G^f，表明收购是最优的进入模式；反之当 $t \geqslant \tilde{t}$ 时，独资进入模式下的利润 π_G^f 高于收购进入模式下的利润 π_A^f，表明独资是最优的进入模式，因此可得如下命题 5。

命题 5 在 $c^d < s < c^d + 2t$ 的情况下，存在 $\underline{t}$ 和 $\tilde{t}$，当 $t \leqslant \underline{t}$ 时，独资是最优的进入模式；当 $\underline{t} < t < \tilde{t}$ 时，收购是最优的进入模式；当 $t \geqslant \tilde{t}$ 时，独资仍是最优的进入模式。

因此，综合命题 3 至命题 5 中的结论可得，**市场规模和市场竞争强度 t 对跨国供应链进入模式的决策影响如图 5-3 所示**。

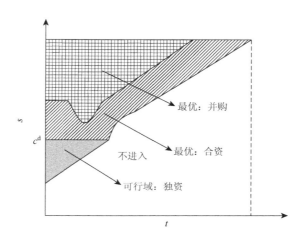

图 5-3　市场规模和市场竞争强度 t 对跨国供应链进入模式的决策影响

由图 5-3 可知，在较强及较弱的市场竞争强度下，跨国供应链会以独资方式进入目标市场，当市场竞争为中等水平时，跨国供应链会选择收购的进入模式。因此，在市场规模较小的情况下，当市场竞争强度较小或较大时，跨国供应链优先使用较高级的技术；反之，当市场竞争强度处于中等水平时，跨国供应链更倾向成为目标市场垄断者。

5.3.6　相关参数敏感性分析

由以上分析可知供应链在不同进入模式下的具体利润情况，在讨论了投资成本、供应链间技术差异性、目标市场规模和市场竞争强度对跨国供应链进入模式的决策影响后，基于本书的模型假设，供应链中市场对产品的需求量 q^i 和产品价格 p_R^i 等其他因素的较小变化都会影响最终进入模式的决策选择，因此，对于这些因素做相应敏感性分析。

（1）具体参数赋值

在不考虑供应链将使用哪种进入模式决策的情形下，跨国供应链的下游销售企业 R_f 和本地供应链的下游销售企业 R_d 同时为目标市场消费者提供相关的产品服务。由模型分析可知，不同市场规模会最终影响供应链具体利润函数的选择，因此在参数赋值时要充分考虑不同的市场规模 s 值，具体参数赋值的情况如表 5-5 所示。

表 5-5　供应链的参数赋值

参数值	s	k	t	c^i
跨国供应链（$i = f$）	5.0	0.15	1	1.5
	4.0			
	3.6	0.1		
	3.0	0.05		
本地供应链（$i = d$）	5.0	0	1	3.0
	4.0			
	3.6			
	3.0			

（2）参数敏感性分析

对于目标市场的产品需求量 q^i，当 $t < \dfrac{1}{3}(c^d - c^f)$ 时，跨国供应链垄断了市场所有产品需求，这种情况暂时不予以考虑。本书分析在 $t \geqslant \dfrac{1}{3}(c^d - c^f)$ 的情况下，产品需求量 q^i 对跨国供应链利润的影响及不同进入模式下利润对其敏感度。随产品需求量 q^i 的变化，跨国供应链在独资进入模式下的利润 π_G^f 和收购进入模式下的利润 π_A^f 的计算结果如表 5-6 所示。

表 5-6　不同进入模式下跨国供应链的利润

产品需求量	独资进入模式下的利润 π_G^f			收购进入模式下的利润 π_A^f			
	4.0	3.6	3.0	5.0	4.0	3.6	3.0
0.0	−0.150	−0.100	−0.050	1.000*	0.250*	0.090*	0
0.2	0	0.035	0	0.950	0.200	0.055	0
0.4	0.150	0.170	0.050	0.900	0.150	0.020	0
0.6	0.300	0.305	0.100	0.850	0.100	−0.015	0
0.8	0.450	0.440	0.150	0.800	0.050	−0.050	0
1.0	0.600*	0.575*	0.200*	0.750	0	−0.085	0

*为最大值

由表 5-6 中不同进入模式下跨国供应链的利润结果可得，产品需求量 q^i 对供应链利润的影响如图 5-4 所示。

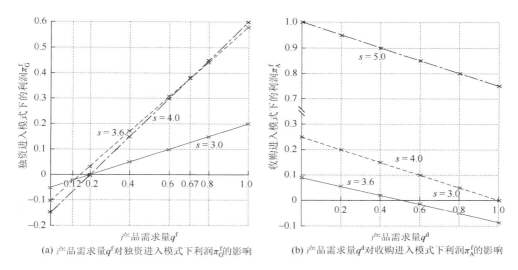

(a) 产品需求量 q^f 对独资进入模式下利润 π_G^f 的影响　　(b) 产品需求量 q^d 对收购进入模式下利润 π_A^f 的影响

图 5-4　产品需求量 q^i 对供应链的利润影响

由图 5-4 可知，当目标市场对产品需求量较小时，跨国供应链仅考虑以收购方式进入市场，且供应链在独资进入模式下的利润随市场对产品需求量 q^i 的增加而增加，而在收购进入模式下，其利润随产品需求量 q^i 的增加而减少，因此随产品需求量的增加，跨国供应链更倾向选择独资进入模式。

此外，对比图 5-4（a）和（b）中的整体直线斜率，从总体上看，独资进入模式下利润对产品需求量 q^i 的影响敏感度明显高于收购进入模式下的。具体分析在图 5-4（a）中，当市场规模 $s=3.0$ 时，其所在直线最平缓，供应链利润对产品需求量 q^i 的敏感性最差；反而当市场规模 $s=4.0$ 时，其所在直线最陡峭，因此供应链利润对产品需求量 q^i 的敏感性最强。而在图 5-4（b）中，当 $s=3.0$ 时，其所在直线与坐标轴重合，故供应链利润对产品需求量 q^i 没有任何反应；当 $s=4.0$ 时，其所在直线最陡峭，供应链利润对产品需求量 q^i 的敏感性最强，当 $s=5.0$ 时，其所在直线斜率与 $s=4.0$ 时相同，因此敏感度也相同。

对于产品价格 p_R^i，在市场需求足够大的情况下，两条供应链下游销售企业均可以选择自身产品价格 p_R^i，而在其他情况下，产品价格会受市场规模、产品需求量等其他诸多因素的限制，因此仅考虑在 $s \geqslant \frac{1}{2}(c^d+c^f+3t)$（即 $s \geqslant 3.75$）的情况下，产品价格 p_R^i 对跨国供应链利润的影响。这里不一一列出具体供应链利润的计算结果，产品价格对供应链利润的具体影响如图 5-5 所示。

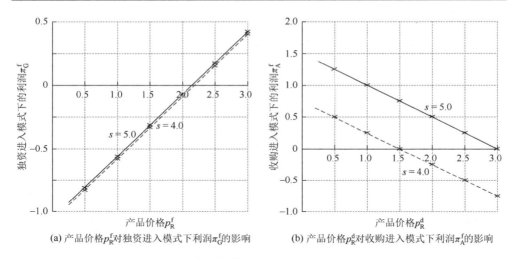

(a) 产品价格 p_R^f 对独资进入模式下利润 π_G^f 的影响 (b) 产品价格 p_R^d 对收购进入模式下利润 π_A^f 的影响

图 5-5　产品价格 p_R^i 对供应链的利润影响

（a）中为了区分，实际两条线是重合的

由图 5-5 可知，在独资进入模式下供应链利润随着产品价格 p_R^i 的增加而上升，而在收购进入模式下供应链利润随产品价格 p_R^i 的增加而下降，因此随着产品价格 p_R^i 的升高，跨国供应链更倾向选择独资方式进入目标市场，仅当产品价格 p_R^i 较低时，供应链会考虑收购进入模式。

此外，对比图 5-5（a）和（b）中整体直线斜率，从总体上看，在独资进入模式下利润对产品价格 p_R^i 的敏感性较强。具体分析在图 5-5（a）中，无论 s 为何值，图中直线均重合，即无论目标市场规模如何，在独资进入模式下供应链利润对产品价格 p_R^i 的敏感性相同；而在图 5-5（b）中，无论 s 为何值，图中直线为平行线，但随着 s 值的增加，其利润直线表现为向上平移，因此无论目标市场规模如何，在收购进入模式下供应链利润对产品价格 p_R^i 的敏感性没有变化，但总体利润随 s 值的增加而增加。

5.4　本 章 小 结

在全球一体化的研究背景下，供应链企业的跨国运作变得越来越普遍。本章首先在跨国企业进行跨国投资时的进入模式研究背景下，分析了跨国企业进入东道国目标市场的决策流程，建立了跨国企业以供应链为决策基础的模型框架。在此基础上，通过引入 Hotelling 线性市场模型将投资成本、技术差异性、市场规模及市场竞争强度等因素融合嵌入跨国供应链决策中，利用博弈分析求解出在不同进入模式下跨国供应链的均衡利润和均衡价格；并进一步着重分析讨论了独资和并购两种不同进入模式下跨国供应链的利润水平，在供应链不同利润水平的基础上，分析了投资成本、技术差异性、市场规模及市场竞争强度等相关因素对跨国供应链进入模式的决策影响，分析得出了跨国供应链企业在不同组合阈值下的最优进入模式策略及进入模式选择倾向。最后，考虑了市场产品需求量及市场价格的微小变化对跨国供应链最终进入模式的影响，以及不同进入模式下供应链利润对这些因素的敏感性。这些都为跨国企业基于供应链的决策分析提供了可行方案，也为实际情况中跨国供应链企业的对外投资提供了智力支持和相关理论依据。

第6章 基于学习曲线下跨国供应链生产转移模式决策策略

6.1 跨国供应链生产转移模式问题

6.1.1 跨国供应链生产转移的背景

向海外生产转移，也称为跨国生产转移（international manufacturing transfer，IMT），是技术含量比较高或是资本规模比较大的企业，从自身战略考虑，在全球范围内进行生产选址。在已有的研究中，仅是单纯考虑跨国生产地址选定，没有从供应链的全局角度来研究和探讨，即没有考虑上游企业决策（如技术梯度转移）、下游企业需求和销售的情况下，来确定如何选择供应链企业的跨国供应链生产转移问题。因此，在全球背景下，从供应链角度，考虑技术梯度布局所带来的供应链企业跨国生产如何转移？何时转移？转移到哪个国家？在生产跨国转移中，劳动熟练程度的变化带来的学习率（learning rate）变动对整个供应链有何影响？不同国家的汇率、通货膨胀率的变化是否影响跨国生产转移？本章将针对这些问题进行研究。

6.1.2 跨国供应链生产转移的现状分析

1. 供应链节点选择的研究

对供应链的管理是从对供应链结构设计开始的。供应链组成中，选择供应链上下游各个环节企业通常有两大类方法：定性（qualitative）分析法和定量（quantitative）分析法。其中，定性分析法是依据多种相关标准综合评定决策企业财务状况、产品质量、历史经营状况等。定量分析法是从供应链的总利润考虑来确定各节点企业，包括企业的计划、生产、采购、运输线路网络和分销商等各个环节。定量分析法是真正意义上从供应链整体的角度出发，来对各个环节企业进行设计和构建，所以本书是在定量分析法基础上进行的。而基于定量分析的供应链系统中，Chopra和Meindl（2001）认为供应链网络是：对生产各个环节企业数量和位置，每个生产型企业的产能，每个市场对应的生产企业的产能分配，对原材料、外协配件和零部件供应商选择等一系列过程的决策。供应链系统的构建就是供应链各环节成员企业的位置确定问题（facility location problem，FLP）。

2. 全球化视角下的供应链的研究

在经济全球化的背景下，越来越多的跨国企业从供应链的角度来考虑 ODI 的策略，在充分利用投资东道国政策的同时，使得自身的利润最大化。这种趋势使得供应链网络的地理范围扩展到全球，这必然涉及东道国市场规模、技术水平、双边贸易联系、双边汇率、东道国税率水平等因素对整个供应链的影响（Meixell and Gargeya，2005）。对于全球范围内的供应链（global supply chain）构建和设计，在地理条件的约束下，运输成本必然升高，并且使得各个节点提前期延长，因而供应链各个环节的管理更趋复杂化；与此同时，供应链各个节点企业运作方式、语言和文化都不一样，这必然给整个环节运作带来风险，跨国供应链的构建与策略选择比基于本地的供应链难度更大（MacCarthy and Atthirawong，2003）。

6.1.3　跨国供应链生产转移的模式与策略

随着研发全球化和本地化，以及贸易一体化、投资一体化发展至生产一体化，跨国生产转移逐步深入至供应链每个环节和层面，这些主要表现在跨国公司全球一体化生产体系内部展开。一种以产品供应链为纽带而形成的跨国生产转移模式逐步形成，即表现为跨国公司将产品的研发、销售、核心部件生产等环节安排在"发达国家"，而将产品的主要零部件制造环节转移至应用技术方面存在竞争优势的"新兴工业化国家"，辅助零部件制造、组装等环节则转移至在非熟练劳动力上具有竞争优势的"发展中国家"。

跨国生产转移模式是供应链整合模式在国际范围内展开运作范式，其包含三种更为细分的跨国生产转移模式，即正向垂直转移模式、水平转移模式、逆向垂直转移模式（图 6-1）。它们之间的特点如下。

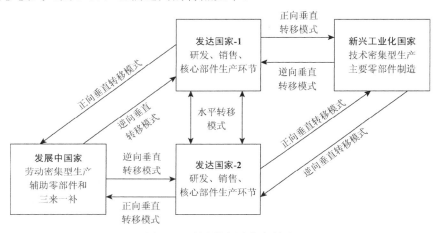

图 6-1　跨国供应链生产转移

（1）正向垂直转移模式

正向垂直转移模式发生于要素禀赋差异较大的国家间，主要在发达国家和新兴工业化国家及发展中国家间展开。跨国企业根据发达国家、新兴工业化国家和发展中国家的差异，将供应链各个环节依次垂直分布在不同地区和国家进行生产，上述三类国家中均可能存在自己的跨国企业，也就是说跨国企业不仅存在于发达国家，也存在于发展中国家和新兴工业化国家。这些跨国企业对于发达国家，主要进行产品的创新、开发及产品核心部件的生产；对于新兴工业化国家，依据这些国家在应用技术上的优势，从事产品主要零部件的生产；对于发展中国家，跨国企业凭借这些国家在非熟练劳动力上的优势，主要进行零部件的生产、产品的组装。正是在不同国家进行不同层次供应链间的合作，形成了全球竞争优势。

（2）水平转移模式

水平转移模式主要发生于要素禀赋相近的发达国家间，表现为跨国企业在发达国家之间进行相互嵌入和相互竞争。就转移的方式而言，水平转移模式突破了原先单向的、分化式及集聚式转移，转向双向的、融合式及相互渗透式转移。水平转移模式中，各跨国企业往往是一种优势的互补及联动式发展，通过转移实现在高级工序间的合作，从而形成合力，共同开拓国际市场及建立全球竞争优势。通常，水平转移模式是在供应链上游环节，即在研发环节和核心生产环节。这些环节需要在发达国家研发环境下才能紧跟研发潮流，相互进入和转移，能产生"1＋1＞2"的效应。而对于供应链低端的环节，相互水平转移的可能性小，这是基于生产成本和生产替代性决定的。

（3）逆向垂直转移模式

逆向垂直转移模式是指后起国在国内市场开放的同时，一些幼稚产业受国际市场的冲击，逐渐衰败和消亡，表现为这些产业逐步向先行国的"逆"梯度型转移和集中。根据后起国所属跨国公司在转移中所处地位的不同，逆向垂直转移模式可分为两种类型，即被动式逆向垂直转移模式和主动式逆向垂直转移模式。

1）被动式逆向垂直转移模式。它主要指跨国供应链中劣势生产环节的转移和回归，在产业转移中起主导作用的是发达国家的跨国公司，转移主要发生于这些跨国公司在后起国关税和非关税壁垒等措施限制下，一些已经转移至后起国但在后起国仍缺乏竞争优势的生产环节。表现为伴随着经济全球化过程中各国关税和非关税壁垒的降低及国际分工的发展，为应对全球一体化生产的挑战，跨国公司将供应链这些环节进行新一轮的转移和重新布局。发达国家跨国公司从全球一体化生产的角度出发，根据各国生产相对优势，将部分生产环节由后起国回归转移至先行国，先行国则以中间产品的贸易代替原先的直接投资。这是一种对国家干预型转移的修正。

2）主动式逆向垂直转移模式。它与被动式逆向垂直转移模式相对应，这种供应链生产转移主要由后起国跨国公司主导，逆向垂直转移模式成为后起国及其跨国公司主动进行国际接轨及借用他国生产要素进行资源优化配置的途径，是后起国伴随着经济发展到一定阶段时该国企业发展国际化的要求及体现，是后起国"借脑"运动的开端。后起国主动式逆向垂直转移模式，根据所转移生产环节的性质，又可分为二类：①劣势环节主动寻求优势型转移。后起国已经具备国际竞争优势的产业，在国际生产一体化的今天，顺应经济全球化的发展，为获取全球竞争优势，对供应链分散和分拆的同时，将部分环节，主要是研发环节转移至先行国。表现为后起国跨国公司突破国别限制，转变在一国范围内进行齐全型发展的传统模式；通过全球一体化供应链生产体系的构建，充分利用全球不同区域体现在不同生产环节上的优势，特别是利用发达国家在研发上的优势，以获取全球竞争优势。②主动式生产环节拓展及升级。后起国利用自身体现在局部生产环节上要素禀赋的优势，通过生产转移实现对跨国供应链的局部切入；在实现局部生产环节突破的基础上进行拓展及升级。表现为后起国所属供应链企业通过对全球一体化生产体系局部的切入，并利用自身在局部的优势，通过对发达国家更高生产环节的直接投资，或通过对发达国家一些企业采取的整体收购、兼并及战略联盟等手段，在达到拓展及升级的同时，进一步巩固自身原有的在局部生产环节上的优势，从而走上国际化经营之路。

在企业生产转移的情形下考虑供应链的策略，以前对于企业生产迁移的研究多是单纯考虑跨国生产地址选定，没有从供应链的全局角度来研究和探讨，即在没有考虑上游企业决策（如技术梯度转移）、下游企业需求和销售的情况下，来确定如何选择供应链企业的跨国供应链生产转移问题，下面将围绕这方面问题展开分析。

6.2　基于学习曲线下跨国供应链生产转移决策模型

6.2.1　跨国供应链转移生产问题的假设和描述

考虑供应链企业在全球生产中，生产的产品技术等次不同，用 $a = 1, 2, 3, \cdots, A$ 表示，其中技术等次与数字成反比。在生产周期 t（$t = 1, 2, 3, \cdots, T$）中，假设每一等次技术产品的生产至少在一个区域或国家生产一年。在每年年末或下一年年初，确定是否发生跨国转移生产，在产品类型不变的前提下生产无差异。对于不同的国家可以表示为 $c = 1, 2, 3, \cdots, C$。在下面的分析中，以一个东道国在一年内只选择一种产品类型生产，为了简化表达，用 $f = 1, 2, 3, \cdots, (A \times C)$ 来表示东道国和生产技术等次不同产品的组合。

在一个固定时间段（一年）内，发生在一个国家生产某一层次技术产品的工厂中，原材料成本、产品装配劳动时间取决于改善的经验学习曲线（learning curve，LC）（学习率），随着产量的累积，工人劳动熟练程度的提高，单位所需原材料成本和劳动时间由于经验学习曲线的作用而减少；另外，由于生产转移发生在下一生产地的年初，转移不会使生产停止，即不影响企业的生产周期和产量，把生产活动看作是连续的，年末刚好完成生产。因此，新生产地（国家）年初生产第一单位的原材料成本和劳动工时，可由上一产地（国家）年末最后一单位产品的原材料成本和劳动工时以一定的技术指数转换得到；同时，销售市场通常只是在生产国，生产的产品刚好满足当地市场的需求；在相同的时间段内产品的价值是相同的，只是因为在不同的国家生产，通货膨胀率不同。

模型以在一定时期内利润函数最大化为目标，为了方便对比，考虑了货币时间价值、汇率和通货膨胀率因素，故基本模型为

$$\text{Max} \sum_{t \in T} \sum_{f \in (A \times C)} \frac{(R_{f,t} - C_{f,t})[(1+r)^t - 1]}{r(1+r)^t} \tag{6-1}$$

其中，r 为利率；$R_{f,t}$ 为销售收入；$C_{f,t}$ 为成本，包括原材料、劳动力、运输费用和其他各种可变成本。

6.2.2　学习曲线与跨国供应链生产转移决策模型

1. 相关成本描述和表达

根据美国康乃尔大学的 Wright 博士总结飞机制造经验而得出的学习曲线规律可知，每当飞机的产量积累增加 1 倍时，平均单位工时就下降约 20%。他将累积平均工时与产量的函数称为"学习曲线"。在生产过程中，由于经验累积和熟练程度提高，产品成本不断下降。同样，对于本书原材料相关成本和单位产品劳动工时的计算中，基于学习曲线效应同样存在，故可以推导出原材料相关成本等式，其过程如下。

根据学习曲线理论

$$n_t = C_f^m n_t^{b_f} \tag{6-2}$$

其中，n_t 为 f 地企业在第 t 年内的累计产量；C_f^m 为 f 地企业在 t 年生产第一单位产品的原材料成本（时间段开始的点）；$b_f = \lg B_f / \lg 2$ 为学习率，B_f 为原材料成

本学习曲线指数，且 $0 \leqslant B_f \leqslant 1$。

则一批产品（n_t 单位）在生产周期内总原材料成本为

$$C_{ft}^{\mathrm{m}} = C_f^{\mathrm{m}}(1 + 2^{b_f} + 3^{b_f} + \cdots + n_t^{b_f}) \tag{6-3}$$

其中，C_{ft}^{m} 为 f 地企业在 t 年生产 n_t 单位产品总的原材料成本（以当地货币计算）。

当 $n_t \to \infty$ 时，且假设 C_{ft}^{m} 为连续函数，根据定积分的定义有

$$C_{ft}^{\mathrm{m}} = \int_0^{n_t} C_f^{\mathrm{m}} n^{b_f} \mathrm{d}n = C_f^{\mathrm{m}} \int_0^{n_t} n^{b_f} \mathrm{d}n \tag{6-4}$$

其中，n 为累计的单位产量，$n = 1, 2, 3, \cdots, n_t$。可以将式（6-4）定义为生产 n_t 单位产品的总原材料成本。

考虑通货膨胀的因素，当 $n \geqslant 100$ 时可以简化为

$$C_{ft}^{\mathrm{m}} = C_f^{\mathrm{m}} I_{\mathrm{m}ft}[n_t^{(1+b_f)}/(1+b_f)] \tag{6-5}$$

其中，$I_{\mathrm{m}ft}$ 为 f 地企业 t 年的通货膨胀率。

当在时间 t 年末，生产从 f 地转移，第 $t+1$ 年年初在 j 地生产，则新地点开始时的原材料成本由技术转移指数和 f 地生产最后一单位原材料决定，即 $\hat{c}_{ft}^{\mathrm{m}} = C_f^{\mathrm{m}} I_{\mathrm{m}ft} n_t^{b_f}$，其中，$\hat{c}_{ft}^{\mathrm{m}}$ 为 f 地 t 年最后一单位的原材料成本，即

$$\hat{c}_{ft}^{\mathrm{m}} = \mathrm{anti}\,\lg[\lg(C_f^{\mathrm{m}} I_{\mathrm{m}ft}) + b_f \lg n_t] \tag{6-6}$$

新地点 j 在 $t+1$ 年的原材料成本由 f 地的最后一单位的成本以一定的技术转移指数折算。技术转移指数表示为 $T_{\mathrm{m}j}$。由于 f 地的最后一单位的成本是以当地的流通货币表示的，需要转换成 j 地的流通货币，e_{fjt} 表示在 t 年 f 地与 j 地的汇率比。$C_{j,t+1}^{\mathrm{m}}$ 表示 j 地 $t+1$ 年的总的原材料成本，具体计算公式同前面的公式，即

$$C_{j,t+1}^{\mathrm{m}} = (\hat{c}_{ft}^{\mathrm{m}} e_{fjt})/T_{\mathrm{m}j} = \frac{e_{fjt} \cdot \mathrm{anti}\,\lg[\lg(C_f^{\mathrm{m}} I_{\mathrm{m}ft}) + b_f \lg n_t]}{T_{\mathrm{m}j}} \tag{6-7}$$

（1）劳动力成本

不同于原材料成本，由于企业可以分布在一个区域的不同地方，也可以分布在世界各地，但各地的劳动力价值、成本无法统一衡量，劳动力成本基于直接劳动时间来计算。学习经验曲线对劳动力成本也会有影响，可以得出总劳动力成本为

$$C_{ft}^{\mathrm{L}} = C_f^{\mathrm{L}} I_{lft} U_f^{\mathrm{L}} \int_0^{n_t} n^{g_f} \mathrm{d}n \tag{6-8}$$

其中，C_{ft}^{L} 为 f 地企业在第 n_t 年（时间转化为当地时间）生产 w 单位产品的总劳

动力成本；C_f^L 为 f 地企业单位劳动力成本；I_{lft} 为 f 地企业 t 年的单位工时的通货膨胀率；U_f^L 为 f 地企业在 t 年生产第一单位产品的劳动工时；n_t 为第 t 年内累计的产量；$g_f = \lg G_f / \lg 2$，G_f 为劳动力学习经验指数，$0 \leqslant G_f \leqslant 1$；$n$ 为累计的单位产量，$n = 1, 2, 3, \cdots, n_t$。

同样地，在产量足够大，当 $n \geqslant 100$ 时对式（6-8）继续简化为

$$C_{ft}^L = C_f^L I_{lft} U_f^L [n_t^{(1+g_f)} / (1+g_f)] \qquad (6-9)$$

当生产从 f 地 t 年末转移至 j 地 $t+1$ 年初，f 地最后一单位产品的劳动时间为 $\hat{U}_f^L$，其推导过程与转移前最后一单位的原材料成本一样，计算结果如下：

$$\hat{U}_f^L = \text{anti} \lg[\lg C_f^L + g_f \lg(n_t)] \qquad (6-10)$$

转移发生后新地点 j 最初的单位劳动时间由相互作用的技术转移指数来调整，用参数 T_j^L 表示 j 地的技术转移指数，因此，有

$$U_{j,t+1}^L = \hat{U}_j^L / T_j^L = \frac{\text{anti} \lg[\lg(C_f^L + g_f \lg n_t)]}{T_j^L} \qquad (6-11)$$

（2）运输成本

依据本书的假设条件，在某一地区生产的产品只在本地区销售，而且顾客需求量刚好是当年总的生产量。输运是指从产品生产工厂到销售市场的过程，假定单位运费在一年内是确定的，因此运输成本计算公式为

$$C_{ft}^T = S_{ft} I_{sft} n_t \qquad (6-12)$$

其中，C_{ft}^T 为 f 地企业在 t 年销售 n_t 单位产品产生的总运费（以当地流通货币计算）；S_{ft} 为 f 地企业在 t 年的单位产品运费；I_{sft} 为 f 地第 s 个运输企业在 t 年的通货膨胀率；n_t 为第 t 年内累计的产量。

（3）其他成本

在企业生产的供应链流程中，发生的费用是很多的，为了简化模型，将除了原材料、劳动力、运输成本以外的成本称为其他成本，f 地企业在 t 年生产 n_t 单位产品的其他成本表示为 C_{ft}^O，f 地企业在 t 年的通货膨胀率表示为 I_{oft}，即

$$C_{ft}^O = C_f^O I_{oft} n_t \qquad (6-13)$$

其中，C_f^O 为 f 地企业单位其他成本。

2. 生产转移决策模型

以上的成本函数都是针对一定的周期内发生的，在周期 T 内一系列相关的 f 组成一个选址的顺序，所有可能的选址组合序列用 F 来表示，$F=(A\times C)^T$，对于每一个企业组合序列 f，下面是总利润的推导过程。

总销售收入：

$$R = \mathrm{SP}_{ft}N_T \tag{6-14}$$

其中，SP_{ft} 为销售价格；N_T 为在周期 T 内的销售量或生产量。

生产总成本：

$$C_{ft} = C_{ft}^{\mathrm{m}} + C_{ft}^{\mathrm{L}} + C_{ft}^{\mathrm{S}} + C_{ft}^{\mathrm{O}} \tag{6-15}$$

因为总利润 = 总销售收入 − 生产总成本，则生产周期内总利润为

$$\pi(f) = \sum_{t=1}^{T}\left[\sum_{f\in F}(\mathrm{SP}_{ft}N_T - C_{ft}^{\mathrm{m}} - C_{ft}^{\mathrm{L}} - C_{ft}^{\mathrm{S}} - C_{ft}^{\mathrm{O}})e_{ft}\mathrm{NPV}_{ft}\right] \tag{6-16}$$

其中，$\pi(f)$ 为在一个生产周期内总的利润；e_{ft} 为所选择的转移地对本国货币的汇率；NPV_{ft} 为 f 地企业在 t 年的现值折扣率。

以上的公式可以计算出在周期内，选择不同产地所获得的整个供应链利润，但不能反映出产量和利润的关系，因此定义累计单位产品利润（$\bar{\pi}$），N_T 表示在周期 T 内的销售量或生产量，即

$$\bar{\pi} = \pi(f)/N_T \tag{6-17}$$

6.2.3　跨国供应链生产转移决策算法

由于一个企业在一个固定的时间段内（除了开始 1 年），只能选择一个生产地和一种技术层次的产品，所以综合考虑生产的国家、不同技术层次的产品和时间，在进行排列组合后，有一系列的选择顺序。例如，描叙问题的背景是两种技术层次的产品的生产企业（$A=2$），4 个潜在目标生产国家，生产周期为 7 年，可以得到理论上的选址方案为 $(2\times4)^7 = 2\,097\,152$ 个。通过计算所有的可能选址顺序，就能够决定全球生产转移和最优的生产方案。

累积总利润

$$
\begin{aligned}
\pi_{f,t} &= (R - C_{ft}) + \pi_{f,t-1}\\
&= \{\mathrm{SP}_{ft}N_T - C_f^{\mathrm{m}}I_{\mathrm{m}ft}[n_t^{(1+b_f)}/(1+b_f)] - C_f^{\mathrm{L}}I_{lft}U_f^{\mathrm{L}}[n_t^{(1+g_f)}/(1+g_f)]\\
&\quad - S_{ft}I_{sft}n_t - C_f^{\mathrm{O}}I_{oft}n_t\}e_{ft}\mathrm{NPV}_{ft} + \pi_{f,t-1}\\
&(f = 1,2,3,\cdots,T)
\end{aligned}
\tag{6-18}
$$

这个公式表示了从第 1 年到第 t 年（包括第 t 年）f 地企业的累积总利润。

对于模型的算法，可以采用 METLAB 编程语言，编写程序计算，但对编程语言的要求比较高。也可以采用遗传算法，但本书涉及多时段多地点的选择问题，对变量的变化范围不好控制。具体的算法是将多时段问题转化为网络设计，网络设计的层次定义为 $t = 1,2,3,\cdots,T$，在第 ξ 层次，可能的组合序列是 $f \in A \times C$，在每个层次 ξ，每个可能的组合的累积总利润用 $\pi_{f,t}$ 来表示。相应的算法设计步骤如下：

步骤 1　确定问题的各参数，设 $\xi = 0$，根据设定的最初数据和给定的公式，计算出生产第一单位产品的利润。

步骤 2　选定一个 f，且 $f \in A \times C$，计算 $t = 1$ 即第一年末 f 地的总利润，一直计算至 $t = t$，得到累积总利润。

步骤 3　当计算的累积总利润的企业类型总数不超过 $(A \times C)^t$ 时，判断是否达到生产周期的末年，确定企业的生产情况。达到生产周期末年则进入步骤 5，没有达到生产周期末年则继续下一步的计算。

步骤 4　在 $t < T$，企业生产发生转移时，j 地 $t+1$ 年的第一单位原材料成本和劳动工时由 i 地生产最后一单位生产学习曲线转换和技术转移指数决定。如果 $t = T$，则只需要计算最后一个选址的利润。

步骤 5　当 i 地完成一个周期后，需要重新设定 i 和计算 $t+1$ 年的总利润。返回步骤 2。

步骤 6　当 $t = T$，计算完所有可能的选址顺序后，对得到的所有计算结果从大到小的顺序排列，排在第一位的就是利润最大、最优的选址及生产选择。

6.3　基于学习曲线下跨国供应链生产转移决策

6.3.1　计算结果分析

重庆力帆集团下属控股的重庆力帆摩托车集团公司（以下简称力帆摩托）是专业摩托车生产企业，2003 年，力帆集团开发的摩托车、发动机等产品在通过欧盟 E-Mark（电子标识）认证后自由进入欧盟 15 个成员国。力帆摩托在海外的越南、泰国、土耳其建有工厂。本书运用前面建立的模型，考虑在中国、越南、土耳其、泰国四个国家，以两种技术层次产品，在一个七年的生产周期内，运用模型决策如何在四个国家生产，且使获得的利润最大化。

表 6-1 是企业在中国生产的制造费用、学习率和技术转移率，包括生产两个技术层次产品。表 6-2 是各备选东道国相关成本的转换系数，为了便于比较，都

将计算的结果折算为人民币计价。最后以 5%的现值折扣率将结果折算成 $t = 0$ 时的值。

表 6-1　w_{sc}^* 时期的成本

参数指标		第一技术层次产品	第二技术层次产品
制造费用	原材料成本/元(第一单位)	5 000	4 700
	劳动力成本/h	20	20
	生产劳动耗时/h(第一单位)	800	750
	其他成本/元(单位)	6 000	5 800
	价格/元(单位)	30 000	28 500
技术转移率	技术转移指数（原材料）	0.85	0.9
	技术转移指数（劳动时间）	0.85	0.9
学习率	经验曲线率（原材料）	0.95	0.9
	经验曲线率（劳动时间）	0.95	0.9

表 6-2　转换系数（基准值：中国市场）

东道国转换	中国	土耳其	越南	泰国
转换系数调整	——	1.25	1.10	1.35
原材料成本/元(第一单位)	1.00	0.75	0.13	0.25
劳动力成本/h	1.00	——	——	——
生产劳动耗时/元(第一单位)	1.00	2.00	3.00	3.00
其他成本/元(单位)	1.00	1.00	1.00	1.00
学习率（原材料和劳动时间）	1.00	1.00	1.00	1.00
通货膨胀率/%	5.00	5.00	5.00	5.00
运费平均增长率/%	10.0	10.0	10.0	10.0
汇率	1.00	4.3837	0.0004	0.21

在上面数据基础上，给定原材料成本技术转移指数为 0.85 和劳动时间技术转移指数为 0.85，从而可以决定新生产地第一单位原材料成本和产品单位劳动耗时，即新生产地的原材料成本和单位产品劳动耗时是转移前最后一单位产品的 1.176

倍和 1.111 倍。根据给定算法，可以计算出在任一时期任一地点生产的整个供应链利润。已知，两种类型产品的初始利润为 3000 元/单位。根据本章的假设，在生产开始时，先在本国生产，以获得技术优势的同时，降低生产成本（一定学习率影响）。第一年考虑开始生产时利润相同，因此假设第一技术层次产品和第二技术层次产品同时生产且产量相等。

在计算结果（图 6-2）中，随着产品产量的递增，利润逐渐增大，增长到一定程度时，利润增长幅度逐步降低。可以看出，利润的增长主要是在生产周期第二年至第五年获得。因而本书算例的最优生产转移策略为：第一年在中国国内同时生产两个技术层次产品，第二年在中国生产第一技术层次产品，第三年转移至泰国生产，直至生产到第四年年末；第五年转移至越南生产第二技术层次产品，直到周期第七年。

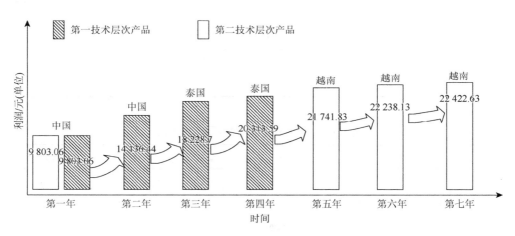

图 6-2　跨国生产转移趋势

经计算，生产第一单位产品利润为 3000 元，至第一年末生产 600 单位后，每单位利润为 9 803.06 元。在第二年末生产 800 单位后，单位利润上升为 14 136.44 元。第二年末，中国产地停止生产转移至泰国。在泰国开始生产第一单位产品利润为 14 733.07 元，由于技术转移的成本，总利润比中国生产的最后一单位产品还要多，年末累计生产 1000 单位后，单位产品的累计利润为 18 228.7 元，第四年末的累计利润为 20 313.59 元。而在第五年到越南选择第二技术层次的产品生产，通过计算，转移后第一单位的利润为 20 379.52 元，第五年生产 700 单位后单位利润为 21 741.83 元。第六年末和第七年末的单位利润分别为 22 238.13 元和 22 422.63 元。在这七年的生产周期内，按照中国、泰国选择第一技术层次产品，越南选择第二技术层次产品，总的供应链累计平均利润为 16 477.54 元。从图 6-2 中可以看到，在生产周期内的生产安排和利润的变化情况，在生产开始时利润增长快，周期末学习曲线作用效应变弱，增长几乎停滞。

6.3.2　生产技术水平决策影响

生产转移是以技术转移为基础的，利用技术上竞争力的不足，通过转移生产获得成本优势。根据本书的模型，把技术转移进行量化，直接体现在转移后的生产成本中。在式（6-7）和式（6-11）中，生产转移后生产第一单位产品的相关物料和人力成本，与生产转移前的最后一单位成本有关，是以一定的指数来折算的。学习率是使物料成本和劳动力成本下降的主要因素，在分析生产转移的技术因素时，必然要联系学习率。图 6-3 表示的是当第一单位耗费为 5000 元，生产 600 单位后，工人以不同的学习率生产时，对于第 600 单位的耗费，可以看出在以 0～0.6 的学习率进行生产的情形下，第 600 单位的耗费几乎为 0，所以本书只考虑大于 0.6 的学习率。图 6-4 表示的是当第一单位耗费为 5000 元，生产 600 单位后，在 0.70、0.75、0.80、0.85、0.90、0.95 的学习率下（图中依次从下到上的学习曲线），转移后折算的第一单位产品的相关成本。从式（6-11）可知，折算的成本与技术转移指数的图像是双曲线函数，技术转移指数为 0～1.0，根据双曲线的性质，技术转移指数越小，转移后的成本就越高。

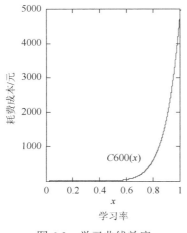

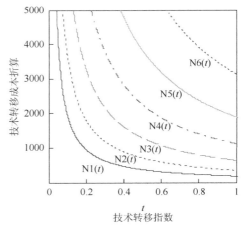

图 6-3　学习曲线效应

$C600$ 代表累代产量为 600 个单位

图 6-4　不同学习率下学习曲线成本折算

在实际中，转移是为了获得总的成本优势，如果物料和人力成本很高，而其他的成本降低很少，企业是不会选择转移生产的。因此，较高的转移指数对成本的降低是有利的，企业都愿意以高的技术转移率来降低生产成本，本书仅考虑大于 0.6 的技术转移指数。图 6-3 反映出学习率越高，学习曲线作用越弱，即减少的成本越少。图 6-4 反映出学习率与技术转移指数的关系，可以看出学习率和技术转移指数成本的作用是相反的，综合考虑 0.80～0.95 的学习率是最理想的。由于学习曲线效应主要发生在自动化程度不高的劳动密集型企业中，本书的算例是摩托车产业。对于这种介于资金和劳动密集型企业来说，在生产转移决策的过程中，依据企业的实际情况来量化学习率和技术转移率，使其技术转移率在(0.6, 1)和学习率在(0.8, 0.95)最为合适。

（1）学习率对纺织服装供应链总利润敏感性分析

根据前面的介绍，学习率是一个指数，取值在 0～1，随着生产的累积，工人的熟练程度不断提高，学习率不断下降，使生产的各种耗费不断下降。图 6-5 中，学习率在 0～0.5 的范围为水平的直线，这是因为低于 0.5 的学习率时，物料和劳动力成本对利润的影响非常小；在 0.5～1.0 的范围为类似于向下的抛弧线，是逐渐减小的，能够反映出工人生产经验的积累对减少成本的效应，与图 6-3 中学习曲线效应规律是一致的。图 6-5 反映出随着学习率的降低，生产经验的累积，累计的单位平均利润在逐渐减小，整个供应链利润的增长是在不断减缓的。

（2）汇率对纺织服装供应链总利润敏感性分析

经济全球化使企业的经营范围扩展到全世界的维度，对不同地区的经营结算是采用当地计价货币的，企业为了比较各地的经营状况，以汇率折算成一种货币单位来比较。图 6-6 表示将生产转移后，汇率变化对利润的影响，其中 $g(a)$、$g1(a)$、$g2(a)$ 分别表示学习率为 0.7、0.8 和 0.9 时的利润。根据本书的模型，利润是汇率的一次函数，它们之间是一种递增的线性关系。由图 6-6 可知，汇率比越大利润越大，也就是供应链生产转移更趋向于向货币价值低的国家转移。在跨国生产转移问题的相关研究中，东道国的汇率差异是很重要的研究内容，直接关系物料、劳动力等的成本。东道国的汇率是波动的，且这种波动是企业不可控制的，因而对利润产生的影响也很明显。因此，预防汇率风险成为跨国供应链生产转移所考虑的一个重要因素。

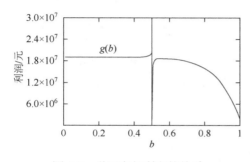

图 6-5　学习率与利润的关系

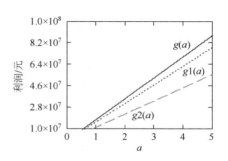

图 6-6　不同学习率的利润曲线

（3）通货膨胀率对纺织服装供应链总利润敏感性分析

图 6-7 分析了通货膨胀率 I 变化与整条供应链利润之间的关系。类似于汇率的敏感性分析，在 $g(I)$、$g1(I)$、$g2(I)$ 三种情形下，可以看到利润是通货膨胀率的一次函数，它们之间是一种递减的线性关系。基于本书提出的假设和模型，对于通货膨胀率的分析，是先确定一个基期，考虑它对确定利润各因素的影响，然后在期末以一个百分比来调整。由图 6-7 可知，随着通货膨胀率上升，企业利润下降，通货膨胀率越高，下降的程度也越快。这个规律与汇率是刚好相反的。因而通货膨胀率与一个国家的经济的稳定性及其经济政策密切相关，所以区域和一个国家经济的良性发展对吸引跨国生产转移起到较为重要的作用。

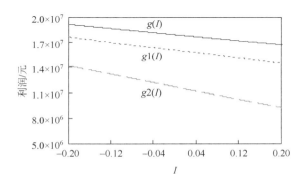

图 6-7　通货膨胀率与利润的关系

6.3.3　汇率和通货膨胀率决策影响

上面的分析是基于一个因素的变化与整条供应链利润的关系。现在考虑两个影响因素变化与整条供应链利润的关系。图 6-8～图 6-10 分别考虑了两个因素同时变化，得到它们与利润关系的三维图形。汇率和通货膨胀率同时变化与利润的关系如图 6-8 所示。由图 6-8 可知，利润和汇率所在平面随着汇率的增加上升较快，而利润与通货膨胀率所在平面随着通货膨胀率的上升变化相对平缓些，可以得知汇率所在平面投影的直线斜率大于通货膨胀率所在平面投影的直线斜率，即汇率的变化比通货膨胀率对利润的影响程度大，因而汇率比通货膨胀对利润敏感。这是因为在转移时，降低成本是企业的主要目的，汇率形成价格的剪刀差效应，使较高的成本发生转移。而无论是否转移，通货膨胀都会使利润减少。故在一定程度上，某国货币价值的高低是和企业全球性的经营活动相关的，经济稳定的东道国更容易成为生产转移的潜在接收地。

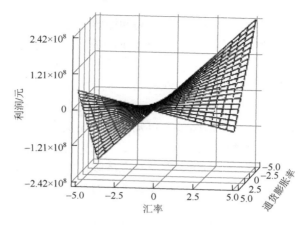

图 6-8　汇率和通货膨胀率同时变化与利润的关系

6.3.4　学习率和通货膨胀率决策影响

学习率是学习曲线效应的主要因素，是企业成本降低的一个重要途径，而通货膨胀使企业成本增加。图 6-9 同时考虑两个变化趋势相反的因素，分析学习率和通货膨胀率同时作用下与利润的关系。由图 6-9 可知，图形在利润和通货膨胀率所组成平面的投影是直线，而学习率与利润所组成的平面投影是平面，说明两者比较下通货膨胀率是影响利润的主要因素。通货膨胀率的变化是受多种不可控因素影响的，变动的幅度较大，因而对利润的影响较大。在实际生产中，可以通过培训和经验交流，提高工人操作熟练程度；对于同工种工人的学习率是大致相同的，因而学习率的变动对利润的影响相对稳定。通过对图形分析，可以得出对供应链利润的影响中，通货膨胀率大于学习率。

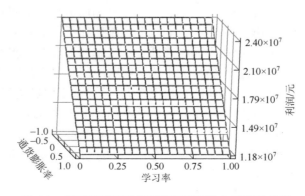

图 6-9　学习率和通货膨胀率同时变化与利润的关系

6.3.5　学习率和汇率决策影响

图 6-10 考虑了学习率和汇率同时变化与利润的关系。比较图 6-9 和图 6-10，二者都有学习率的因素，可以看出，把两个图形放在同一三维坐标轴下，基本可以重合，可以认为两个图形是相似的，所以它们反映出的规律也是相似的。同样的分析方法，利润和学习率所在平面的投影是一个平面，而利润和汇率所在平面的投影是一条斜直线，所以两者比较下，汇率比学习率对利润的影响更明显。

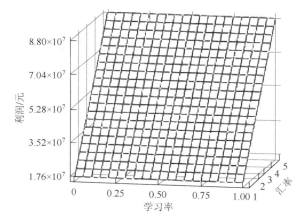

图 6-10　学习率和汇率同时变化与利润的关系

第7章　基于转移定价下隐性利益输送的跨国供应链决策策略

7.1　跨国供应链转移定价问题

随着经济一体化的快速发展，跨国企业在全球范围内进行资源配置，来优化其供应链网络体系。迫于劳动力成本的上升及市场竞争压力的加剧，国内制造企业也开始纷纷效仿跨国企业，通过各种方式在海外投资建厂，建立其海外供应链体系，并与国内供应链体系相互融合，来实现全球资源的优化配置，以化解自身压力，提高自身核心竞争优势。例如，作为国内最大的猪肉制品生产商，双汇母公司万洲国际在 2013 年以 71 亿美元收购了全球最大猪肉生产商美国的史密斯菲尔德食品公司；上海天虹纺织集团 2014 年在越南投资建设了 100 万纱锭的海外纺织供应链体系。这些企业均是通过海内外供应链相互协作，以实现整体供应链利润的最大化。因此，如何通过相关转移定价策略来实现隐性利益输送显得至关重要。

目前的研究较多分析单条供应链两个企业环节的转移定价策略，以及这些转移定价策略的激励和协调效果，但极少分析考虑跨国企业面临在国内和国外两条供应链体系下，如何通过生产和市场协调，以及不同国家税率差异，利用转移定价这个杠杆来实现隐性利益转移？内在机理是什么？效果如何？这些均没有研究。故本书基于上述问题，采用运筹优化方法，分析两条相互融合的供应链，在无横向合作和有横向合作情况下，基于转移定价策略下的隐性利益输送的供应链决策机理。

7.1.1　跨国供应链转移定价隐性利益输送的背景

转移定价，Lakhal 等（2005）认为是在同一供应链网络内上下游企业之间的协调价格。Ernst 和 Young（2007）通过相关调查发现，有超过 90% 的跨国公司将转移定价作为企业最重要的战略之一，并且有 20% 的世界贸易和美国 40% 的对外贸易都存在供应链成员间的价格转移。

对于跨国供应链而言，其供应链的最终盈利利润除了直接与市场需求相关外，其利润多寡还存在一个不同于一般供应链的来源——渠道利益输送。跨国供应链会根据供应链各个节点企业所位于国家的税率差异，设计出相应的转移定价策略，通过转移定价策略实现将利润转移到低税率的地区和国家（low tax jurisdictions），来合理避税（姜凌等，2012），从而达到整个供应链利益的最大化。在这个过程中，转移定价由于难于被监管和判定，即隐性利益来源，该价格在跨国供应链利益输送中起到了很大的作用。因此，本书接下来讨论跨国供应链的转移定价策略问题，通过构建相关的跨国供应链体系，考虑如何利用转移定价这个杠杆，实现隐性利益的输送，达到整体供应链体系利润的最大化。

7.1.2 跨国供应链转移定价的现状研究分析

在对供应链转移定价的研究中，Schuster 和 Clarke（2010）及 Lantz（2009）指出供应链中转移定价具有利润分配和协调这两种功能，并归纳出转移定价的三种方式，即基于市场定价（market-based pricing）、基于成本定价（cost-based pricing）和基于谈判定价（negotiated pricing）。Gjerdrum 等（2002）在上下游企业信息对称的情况下，研究了基于市场定价的转移定价来协调上下游企业的资源分配问题，但是没有给出具体的最优生产策略；而 Matsui（2011a，2011b）则在进一步研究中，考虑了上下游企业在信息不对称情况下的逆向选择问题（adverse selection problem），通过努力成本来确定在信息不对称情况下的转移定价，该转移定价除了包含生产成本，还包括努力成本；而 Hyde 和 Choe（2005）更进一步分析，在基于成本定价和市场定价基础上，增加了谈判定价的双重定价（dual-rate pricing）机制。特别地，Chwolka 等（2012）针对有两个供应商和一个制造商的情况，利用上述三种转移定价机制，激励上游企业共同投资来改进产品质量。此外，Villegas 和 Ouenniche（2008）针对跨国供应链，考虑了包含转移定价、生产成本、运输成本、进口关税、出口退税、配额和汇率风险及股权比例等因素，建立了跨国企业核心企业和其子公司的利润模型，分析了企业实现利润最大化的相关条件。Usmen（2012）则利用转移定价来分析跨国企业分公司在本国和东道国由于现金流和汇率的波动和差异，而产生的金融财务和税收套利（financial and tax arbitrage）所带来的海外资产收益。

7.2 基于转移定价下隐性利益输送的跨国供应链决策模型

7.2.1 跨国供应链转移生产问题的假设和描述

1. 问题的描述

假设存在某一跨国企业在海内外布局优化其供应链网络，该网络中有两条单链 SC_i ($i = 1, 2$)，即本国供应链系统 SC_1 与海外供应链系统 SC_2，两条供应链制造生产销售相似产品，且面对同一目标市场（假设为本国市场），如图 7-1 所示。跨国供应链体系的形成会经历三个阶段：在第一阶段，跨国企业在发展初期，往往是先立足于本国制造生产，并且针对本国市场进行销售，其供应链体系 SC_1 所有成员，即供应商 S_1、制造商 M_1 和销售商 V_1 都在本国国内（local country）；在第二阶段，随着企业自身的发展及市场竞争压力增大，企业选择从全球范围内进行资源配置，在海外市场建立供应链体系，形成了海外供应链 SC_2，假设此时其供应商 S_2 与制造商 M_2 均位于海外国家（oversea country），但销售商 V_2 位于本国国内；在第三阶段，跨国企业对本国供应链 SC_1 和海外供应链 SC_2 进行相互融合，包括链间横向合作和生产协调等。同时，在收益管理上，同步对本国供应链和海外供应链进行整合，通过设计不同的转移定价策略，保证跨国企业整体利润的最大化。

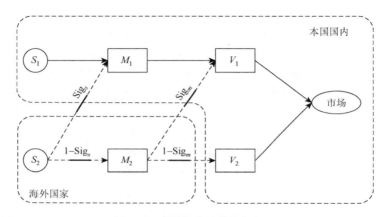

图 7-1　跨国供应链基本框架图

在整合阶段中，跨国企业将供应链网络不同节点企业的利润局部或全部集中起来，在供应链网络的中段或末端，将利益进行转移和输送，特别是由于存在不同国家所得税的差异，更增加了这种利润输送的可能性。为了规避所在国的法律风险，跨国企业往往通过转移定价策略来实现这种利益的转移和输送，而这种转移定价存在于跨国供应链网络的两个环节，即供应商对制造商的转移定价 TP_r 及制造商对销售商的转移定价 TP_p，这两种转移定价应满足 $TP_r \in \left[\overline{TP_{ri}}, \underline{TP_{ri}} \right]$，$TP_p \in \left[\overline{TP_{pi}}, \underline{TP_{pi}} \right]$，即转移定价必须在较为隐蔽合理的条件下进行，才能合法实现隐性利益的转移。

2. 相关参数及变量

RC_{ri}、RC_{pi} 分别表示供应商 S_i 生产单位原材料 r 和制造商 M_i 生产单位产品 p 所需物料消耗量，i 表示第 i 条供应链，$i \in \{1, 2\}$；

PC_{ri}、PC_{pi} 分别表示供应商 S_i 的原材料 r 生产成本，制造商 M_i 的产品 p 生产成本，$r \in R(s)$，$p \in P(m)$，其中，$R(s)$ 表示供应商 S_i 提供原材料的集合；$P(m)$ 表示制造商 M_i 生产产品的集合；

HC_{pi} 表示销售商 V_i 对产品 p 的管理成本；

FC_{S_i}、FC_{M_i}、FC_{V_i} 分别表示供应商 S_i、制造商 M_i、销售商 V_i 的固定成本；

IC_{rS_i}、IC_{pM_i}、IC_{pV_i} 分别表示单位原材料 r 从供应商 S_i 运送到制造商 M_i 的库存成本，单位产品 p 从制造商 M_i 运送到销售商 V_i 的库存成本，以及单位产品 p 从销售商 V_i 运送到消费者市场的库存成本；

TC_{rM_i}、TC_{pV_i} 分别表示单位原材料 r 从供应商 S_i 运送到制造商 M_i 的运输成本，以及单位产品成品 p 从制造商 M_i 运送到零售商 V_i 的运输成本；

VC_i、PC_i 分别表示单位周期内供应商 S_i 供应原材料 r 的能力，制造商 M_i 制造生产成品 p 的能力；

MD_{vp} 表示消费者对产品 p 的市场需求；

MP_{p_i} 表示销售商 V_i 出售产品 p 的市场价格；

QD_{rp} 表示加工生产单位产成品 p 所需原材料 r 的数量；

IDR_{rS_i}、IDR_{pM_i} 分别表示原材料 r 从供应商 S_i 到制造商 M_i 的进口税率，以及产品 p 从制造商 M_i 到零售商 V_i 的进口税率；

TP_{ri}、TP_{pi} 分别表示供应商 S_i 供应原材料 r 的转移定价，以及制造商 M_i 销售产品 p 的转移定价；

$\overline{TP_{ri}}$ 与 $\underline{TP_{ri}}$、$\overline{TP_{pi}}$ 与 $\underline{TP_{pi}}$ 分别表示原材料 r 转移定价的最大值与最小值，以及产品成品 p 转移定价的最大值与最小值；

A_{rS_i}、A_{pM_i}、A_{pV_i} 分别表示从供应商 S_i 运送到制造商 M_i 的原材料 r 总量，从制造商 M_i 运送到销售商 V_i 的产品 p 总量，从销售商 V_i 运送到消费者市场的产品 p 总量；

CTR_{S_i}、CTR_{M_i}、CTR_{V_i} 分别表示供应商 S_i、制造商 M_i 和销售商 V_i 所在国家的企业所得税率。

7.2.2　纵向利益输送渠道模型

在跨国供应链系统的构建初期，海内外两条供应链 SC_i $(i = 1, 2)$ 的各节点企业只能在各自单链内进行经营合作和资源协调，而不会存在横向间的跨链协作（如图 7-1 中的实线部分），跨国企业根据海内外各单链的资源和能力，将客户订单汇集后，再分配到各条单链上，以各条单链利润的最大化来实现总体目标利润。

由以上模型可知，无横向合作模型的目标函数如下：

$$
\text{Max}\,\pi = \sum_{i=1}^{2}\sum_{s \in S_i}[(1-\text{CTR}_{S_i})\Psi_{S_i}] + \sum_{i=1}^{2}\sum_{m \in M_i}[(1-\text{CTR}_{M_i})\Lambda_{M_i}]
$$
$$
+ \sum_{i=1}^{2}\sum_{v \in V_i}[(1-\text{CTR}_{V_i})\Phi_{V_i}] \tag{7-1}
$$

相关约束条件如下：

$$
\Psi_{S_i} = \sum_{r \in R(s)\cap R(m)}(\text{TP}_{ri}-\text{PC}_{ri}-\text{IC}_{rS_i})A_{rS_i}-\text{FC}_{S_i},\, s \in S_i,\, i \in \{1,\,2\} \tag{7-2}
$$

$$
\Lambda_{M_i} = \sum_{p \in P(m)}(\text{TP}_{pi}-\text{PC}_{pi}-\text{IC}_{pM_i})A_{pM_i} - \sum_{r \in R(s)\cap R(m)}(\text{TP}_{ri}+\text{TC}_{rM_i})A_{rS_i}
$$
$$
-\text{FC}_{M_i},\, m \in M_i,\, s \in S_i \tag{7-3}
$$

$$
\Phi_{V_1} = \sum_{p \in P(m)}(\text{MP}_{pi}-\text{HC}_{p1}-\text{IC}_{pV_1})A_{pV_1}-\text{FC}_{V_1}-\sum_{p \in P(m)}(\text{TP}_{p1}+\text{TC}_{pV_1})A_{pM_1} \tag{7-4}
$$

$$
\Phi_{V_2} = \sum_{p \in P(m)}(\text{MP}_{pi}-\text{HC}_{p2}-\text{IC}_{pV_2})A_{pV_2}-\text{FC}_{V_2}
$$
$$
- \sum_{p \in P(m)}[(1+\text{IDR}_{pM_2})\text{TP}_{p2}+\text{IDR}_{pM_2}\text{TC}_{pV_2}]A_{pM_2} \tag{7-5}
$$

$$
\sum_{r \in R(s)\cap R(m)}\text{RC}_{ri}A_{rS_i} \leqslant \text{VC}_i,\, s \in S_i,\, m \in M_i(s),\, i \in \{1,\,2\} \tag{7-6}
$$

$$
\sum_{p \in P(m)}\text{RC}_{pi}A_{pM_i} \leqslant \text{PC}_i,\, m \in M_i,\, v \in V_i,\, i \in \{1,\,2\} \tag{7-7}
$$

$$
\sum_{i=1}^{2}A_{pV_i} \leqslant \text{MD}_{vp},\, p \in p(m) \tag{7-8}
$$

$$
\text{QD}_{rp}\sum_{p \in P(m)}A_{pM_i} = \sum_{s \in S_i}A_{rS_i},\, m \in M_i(s),\, r \in R(m),\, i \in \{1,\,2\} \tag{7-9}
$$

$$
A_{pM_i} = A_{pV_i},\, p \in P,\, m \in M_i(p),\, v \in V_i,\, i \in \{1,\,2\} \tag{7-10}
$$

$$
\underline{\text{TP}_{ri}} \leqslant \text{TP}_{ri} \leqslant \overline{\text{TP}_{ri}},\, r \in R(s),\, s \in S_i,\, i \in \{1,\,2\} \tag{7-11}
$$

$$
\underline{\text{TP}_{pi}} \leqslant \text{TP}_{pi} \leqslant \overline{\text{TP}_{pi}},\, p \in P(m),\, m \in M_i,\, i \in \{1,\,2\} \tag{7-12}
$$

$$
A_{rS_i} \geqslant 0,\, A_{pM_i} \geqslant 0,\, A_{pV_i} \geqslant 0,\, r \in R(s)\cap R(m),\, s \in S_i \tag{7-13}
$$

在以上模型中，目标函数（7-1）表示跨国供应链系统的税后总利润，具体由三项构成：第一项为海内外两条单链供应商的税后总利润，第二项为两链制造商的税后总利润，第三项为销售商的税后总利润。约束条件（7-2）表示跨国供应链中含有隐性利益输送供应商税前利润 Ψ_{S_i}；约束条件（7-3）表示含有隐性利益输送的制造商的税前利润 Λ_{M_i}；约束条件（7-4）表示含有隐性利益输送本土销售商 V_1 的税前利润；约束条件（7-5）表示海外销售商 V_2 的税前利润；约束条件（7-6）～

约束条件（7-8）分别表示供应商、制造商和销售商的能力约束条件；约束条件（7-9）表示上游供应商的运出量等于下游制造商的运入量；约束条件（7-10）表示上游制造商的运出量等于下游销售商或市场的需求量；约束条件（7-11）、约束条件（7-12）分别表示供应商和制造商在隐性利益输送下转移定价的最小值与最大值约束；约束条件（7-13）表示非负约束。

7.2.3　横向利益输送渠道模型

随着跨国企业位于海内外两条单链的发展，两条供应链间的合作融合及相互之间的协作将成为必然，各单链在保证自身体系正常运转的同时，链与链之间的横向（horizontal）合作更能发挥各自竞争优势。因此，在跨国供应链无横向合作模型的基础上，考虑海外单链供应商 S_2 存在将原材料运输给本国单链制造商 M_1 的可能，设这部分供应量占供应商 S_2 总供应量的比例为 Sig_s，则供应给海外单链制造商 M_2 的比例为 $1 - \text{Sig}_s$。同理可得，海外单链制造商 M_2 也存在将产品交给本地销售商 V_1 进行销售的可能，设这部分占制造商 M_2 总生产量的比例为 Sig_m，其中 Sig_s，$\text{Sig}_m \in [0, 1]$（如图 7-1 中实线加虚线部分）。这种跨链间的横向协作，也为跨国企业隐性收益提供了便利和渠道，即通过跨国转移定价来实现隐性利益的输送，且这种利益输送不是在供应链末端，而是在供应链的中游部分进行，输送行为更为隐蔽和难以察觉。

由以上模型可知，有横向合作模型的目标函数如下：

$$\text{Max}\,\pi = \sum_{i=1}^{2} \sum_{s \in S_i} [(1 - \text{CTR}_{S_i}) \Psi_{S_i}] + \sum_{i=1}^{2} \sum_{m \in M_i} [(1 - \text{CTR}_{M_i}) \Lambda_{M_i}]$$
$$+ \sum_{i=1}^{2} \sum_{v \in V_i} [(1 - \text{CTR}_{V_i}) \Phi_{V_i}] \tag{7-14}$$

相关约束条件如下：

$$\Psi_{S_i} = \sum_{r \in R(s) \cap R(m)} (\text{TP}_{ri} - \text{PC}_{ri} - \text{IC}_{rS_i}) A_{rS_i} - \text{FC}_{S_i}, \quad s \in S_i, \ i \in \{1, 2\} \tag{7-15}$$

$$\Lambda_{M_1} = \sum_{p \in P(m)} (\text{TP}_{p1} - \text{PC}_{p1} - \text{IC}_{pM_1}) A_{pM_1} - \text{FC}_{M_1} - \sum_{r \in R(s) \cap R(m)} \text{TP}_{r1} A_{rS_1}$$
$$- \text{Sig}_s \sum_{r \in R(s) \cap R(m)} [(1 + \text{IDR}_{rS_2}) \text{TP}_{r2} + \text{IDR}_{rS_2} \text{TC}_{rM_1}] A_{rS_2}, \ \text{Sig}_s \in [0, 1] \tag{7-16}$$

$$\Lambda_{M_2} = \sum_{p \in P(m)} (\text{TP}_{p2} - \text{PC}_{p2} - \text{IC}_{pM_2}) A_{pM_2} - \text{FC}_{M_2}$$
$$- (1 - \text{Sig}_s) \sum_{r \in R(s) \cap R(m)} (\text{TP}_{r2} + \text{TC}_{rM_2}) A_{rS_2}, \ \text{Sig}_s \in [0, 1] \tag{7-17}$$

$$\Phi_{V_1} = \sum_{p \in P(m)} (\text{MP}_{pi} - \text{HC}_{p1} - \text{IC}_{pV_1}) A_{pV_1} - \text{FC}_{V_1} - \sum_{p \in P(m)} \text{TP}_{p1} A_{pM_1}$$
$$- \text{Sig}_m \sum_{p \in P(m)} [(1 + \text{IDR}_{pM_2}) \text{TP}_{p2} + \text{IDR}_{pM_2} \text{TC}_{pV_1}] A_{pM_2}, \ \text{Sig}_m \in [0, 1] \tag{7-18}$$

$$\Phi_{V_2} = \sum_{p \in P(m)} (MP_{pi} - HC_{p2} - IC_{pV_2}) A_{pV_2} - FC_{V_2}$$

$$- (1 - Sig_m) \sum_{p \in P(m)} [(1 + IDR_{pM_2}) TP_{p2} + IDR_{pM_2} TC_{pV_2}] A_{pM_2}, \ Sig_m \in [0, \ 1] \quad (7\text{-}19)$$

$$\sum_{p \in P(m)} QD_{rp} A_{pM_1} = A_{rS_1} + Sig_s \times A_{rS_2}, \ r \in R(m), \ Sig_s \in [0, \ 1] \quad (7\text{-}20)$$

$$\sum_{p \in P(m)} QD_{rp} A_{pM_2} = (1 - Sig_s) \times A_{rS_2}, \ r \in R(m), \ Sig_s \in [0, \ 1] \quad (7\text{-}21)$$

$$A_{pM_1} + Sig_m \times A_{pM_2} = A_{pV_1}, \ p \in P, \ Sig_m \in [0, \ 1] \quad (7\text{-}22)$$

$$(1 - Sig_m) \times A_{pM_2} = A_{pV_2}, \ p \in P, \ Sig_m \in [0, \ 1] \quad (7\text{-}23)$$

在以上模型中，目标函数（7-14）表示有横向合作时跨国供应链系统的税后总利润；约束条件（7-15）表示跨国供应链中供应商 S_1 和 S_2 的税前净利润；约束条件（7-16）、约束条件（7-17）分别表示可能存在跨国隐性利益转移情形下制造商 M_1 和 M_2 的税前净利润；约束条件（7-18）、约束条件（7-19）分别表示可能存在跨国隐性利益转移情形下销售商 V_1 和 V_2 的税前净利润；约束条件（7-20）、约束条件（7-21）分别表示制造商 M_1 和 M_2 物料运出量等于运入量；约束条件（7-22）、约束条件（7-23）分别表示销售商 V_1 和 V_2 产品运出量等于运入量。其他约束条件与无横向合作模型的约束条件相同。

7.3 隐性利益输送的 TP 模式决策策略模式

在跨国供应链网络体系中，本地供应链与海外供应链的隐性利益输送可能存在于某一条单链，也可能两条链都存在，这些隐性利益输送均是通过供应链不同环节的转移定价来实施的。基于此，对于上述有无横向合作模型，分析跨国供应链隐性利益输送的两种典型模式——单 TP 模式（single-TP）和双 TP（dual-TP）模式，并对比这两种模式下隐性利益输送的条件及效果。

7.3.1 隐性利益输送的单 TP 模式

隐性利益输送的单 TP 模式是指跨国供应链网络体系中，仅有一个环节的转移定价实施利益输送，例如，只是在海外单链 SC_2 的供应商 S_2 向制造商 M_2 提供原材料价格 TP_{r2} 中实施，或是在海外单链 SC_2 的制造商 M_2 向销售商 V_2 提供产成品价格 TP_{p2} 中实施。通过相关分析得到如下定理。

定理 7-1 隐性利益输送的单 TP 模式下，在无横向合作的跨国供应链网络体系中，供应商对制造商的转移定价 TP_{r2} 对跨国供应链税后利润没有任何影响；在有横向合作的跨国供应链网络模型中，有

1）当 $\mathrm{CTR}_2 < \mathrm{CTR}_1 - (1-\mathrm{CTR}_1)\mathrm{IDR}_{rS_2}$ 时，跨国供应链税后总利润随转移定价 TP_{r2} 的增大而增大；

2）当 $\mathrm{CTR}_2 > \mathrm{CTR}_1 - (1-\mathrm{CTR}_1)\mathrm{IDR}_{rS_2}$ 时，跨国供应链税后总利润随转移定价 TP_{r2} 的减小而增大。

证明　在无横向合作的跨国供应链网络体系中，根据跨国供应链的税后利润函数式（7-1）及其对应的约束条件，对供应商与制造商之间的产品转移定价 TP_{r2} 求导等于 0，这说明此情况下转移定价 TP_{r2} 对税后利润没有任何影响。

而在有横向合作模型中，由目标利润函数式（7-14）及其对应的约束条件，对供应商与制造商之间的产品转移定价 TP_{r2} 求其一阶导可得

$$\frac{\partial \pi}{\partial \mathrm{TP}_{r2}} = \mathrm{Sig}_s A_{rS_2}[(1+\mathrm{IDR}_{rS_2})\mathrm{CTR}_1 - \mathrm{CTR}_2 - \mathrm{IDR}_{rS_2}] \qquad （7\text{-}24）$$

此时，转移定价 TP_{r2} 对整个跨国供应链利润的影响，取决于跨国供应链中每个节点企业所在国家的企业所得税率大小，由式（7-24）可知，要使 $\dfrac{\partial \pi}{\partial \mathrm{TP}_{r2}} > 0$ 成立，可得 $\mathrm{CTR}_2 < \mathrm{CTR}_1 - (1-\mathrm{CTR}_1)\mathrm{IDR}_{rS_2}$，说明随着转移定价 TP_{r2} 的增加，总利润也随之增加；反之，当 $\mathrm{CTR}_2 > \mathrm{CTR}_1 - (1-\mathrm{CTR}_1)\mathrm{IDR}_{rS_2}$ 时，有 $\dfrac{\partial \pi}{\partial \mathrm{TP}_{r2}} < 0$，说明随着转移定价 TP_{r2} 的增加，总利润反而减少，从而定理 7-1 得到证明。

定理 7-2　隐性利益输送的单 TP 模式下，无论在有或无横向合作的情况下，制造商对销售商的转移定价 TP_{p2} 对跨国供应链的税后利润都存在影响，即

1）当 $\mathrm{CTR}_2 < \mathrm{CTR}_1$ 时，跨国供应链总利润随转移定价 TP_{p2} 的增大而增大；

2）当 $1+\mathrm{IDR}_{pM_2} > (1-\mathrm{CTR}_2)/(1-\mathrm{CTR}_1)$ 时，跨国供应链总利润随转移定价 TP_{p2} 的减小而增大。

证明　在无横向合作的模型中，由跨国供应链的税后利润函数式（7-1）及其相应的约束条件，对制造商与销售商之间的转移定价 TP_{p2} 求导，可得

$$\frac{\partial \pi}{\partial \mathrm{TP}_{p2}} = A_{pM_2}[1-\mathrm{CTR}_2-(1-\mathrm{CTR}_1)(1+\mathrm{IDR}_{pM_2})] \qquad （7\text{-}25）$$

同理，在有横向合作的跨国供应链模型中，由目标利润函数式（7-14）及其相应的约束条件，对 TP_{p2} 求导可得

$$\frac{\partial \pi}{\partial \mathrm{TP}_{p2}} = \frac{1}{\mathrm{QD}_{rp}} A_{rS_2}(1-\mathrm{Sig}_s)[(1+\mathrm{IDR}_{pM_2})\mathrm{CTR}_1 - \mathrm{CTR}_2 - \mathrm{IDR}_{pM_2}] \qquad （7\text{-}26）$$

由式（7-25）、式（7-26）可知，要使 $\dfrac{\partial \pi}{\partial \mathrm{TP}_{p2}} > 0$，则 $\mathrm{CTR}_2 < \mathrm{CTR}_1 - (1-\mathrm{CTR}_1)\mathrm{IDR}_{pM_2}$

必须成立，即 $1+\mathrm{IDR}_{pM_2}<(1-\mathrm{CTR}_2)/(1-\mathrm{CTR}_1)$，由于 IDR_{pM_2} 恒大于 0，可得 $(1-\mathrm{CTR}_2)/(1-\mathrm{CTR}_1)>0$，即 $\mathrm{CTR}_2<\mathrm{CTR}_1$，说明在 $\mathrm{CTR}_2<\mathrm{CTR}_1$ 的情况下，随着转移定价 TP_{p2} 的增加，跨国供应链的税后总利润也随之增加；同理，当 $1+\mathrm{IDR}_{pM_2}>(1-\mathrm{CTR}_2)/(1-\mathrm{CTR}_1)$ 时，有 $\dfrac{\partial\pi}{\partial\mathrm{TP}_{p2}}<0$，说明跨国供应链税后总利润随着转移定价 TP_{p2} 的增大而减小，从而定理 7-2 得到证明。

由定理 7-1 和定理 7-2 可知，跨国供应链的隐性利益转移，并不是通过供应链节点企业间的转移定价来直接实现的，而是通过国家间所得税率的不同来实现隐性利益转移，同时这些税率之间的差异也会决定转移定价对跨国供应链税后总利润的影响，且跨国供应链不同环节的转移定价对隐性利益转移也有着不同的影响。

7.3.2 隐性利益输送的双 TP 模式

隐性利益输送的双 TP 模式是指在跨国供应链网络体系中，通过两个环节节点企业间的转移定价变动来综合实施利益输送。由定理 7-1 可知，考虑供应商对制造商的转移定价 TP_{r2}，在无横向合作模型下对跨国供应链税后利润没有影响。因此，这里仅分析有横向合作的跨国供应链模型，在隐性利益输送的双 TP 模式下，横向合作的跨国供应链模型能使双 TP 均产生作用。

定理 7-3 在隐性利益输送的双 TP 模式下，当不同国家的企业所得税率满足如下条件时：

1）当 $\mathrm{CTR}_2>(1+\mathrm{IDR}_{rS_2})\mathrm{CTR}_1-\mathrm{IDR}_{rS_2}$（如图 7-2 中的阴影区域Ⅰ）时，跨国供应链税后总利润随着转移定价 TP_{r2} 和 TP_{p2} 的减小而增大；

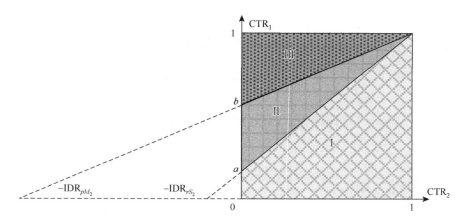

图 7-2　隐性利益输送的双 TP 模式条件区域图

2）当$(1 + \text{IDR}_{pM_2})\text{CTR}_1 - \text{IDR}_{pM_2} < \text{CTR}_2 < (1 + \text{IDR}_{rS_2})\text{CTR}_1 - \text{IDR}_{rS_2}$（如图 7-2 中的阴影区域 II）时，跨国供应链税后总利润随着转移定价 TP_{r2} 的增大而增大，但随着转移定价 TP_{p2} 的减小而增大；

3）当$\text{CTR}_2 < (1 + \text{IDR}_{pM_2})\text{CTR}_1 - \text{IDR}_{pM_2}$（如图 7-2 中的阴影区域 III）时，跨国供应链税后总利润随着转移定价 TP_{r2} 和 TP_{p2} 的增大而增大。

证明　由跨国供应链利润函数式（7-14）及其相应的约束条件，同时对转移定价 TP_{r2} 和 TP_{p2} 求导可得

$$\begin{cases} \dfrac{\partial \pi}{\partial \text{TP}_{r2}} = \text{Sig}_s A_{rS_2}[(1 + \text{IDR}_{rS_2})\text{CTR}_1 - \text{CTR}_2 - \text{IDR}_{rS_2}] \\[3mm] \dfrac{\partial \pi}{\partial \text{TP}_{p2}} = \dfrac{1}{\text{QD}_{rp}} A_{rS_2}[(1 + \text{IDR}_{pM_2})\text{CTR}_1 - \text{CTR}_2 - \text{IDR}_{pM_2}] \end{cases} \quad (7\text{-}27)$$

令方程组（7-27）中的等式等于 0，联立求解可得税率组合为

$$\text{CTR}_1 = \frac{\text{IDR}_{rS_2}}{1 + \text{IDR}_{rS_2}} \text{ 或 } \frac{\text{IDR}_{pM_2}}{1 + \text{IDR}_{pM_2}}, \ \text{CTR}_2 = 0$$

$$\text{CTR}_2 = -\text{IDR}_{rS_2} \text{ 或 } -\text{IDR}_{pM_2}, \ \text{CTR}_1 = 0$$

因此，可得如图 7-2 中的区域，其中 $a = \dfrac{\text{IDR}_{rS_2}}{1 + \text{IDR}_{rS_2}}$，$b = \dfrac{\text{IDR}_{pM_2}}{1 + \text{IDR}_{pM_2}}$。由于企业所得税率 CTR_1 和 CTR_2 都位于[0, 1]区间内，且原材料的进口税率 IDR_{rS_2} 一般都会低于产品成品的进口税率 IDR_{pM_2}，因此 $\dfrac{\text{IDR}_{pM_2}}{1 + \text{IDR}_{pM_2}} > \dfrac{\text{IDR}_{rS_2}}{1 + \text{IDR}_{rS_2}}$，则由截点和相关表达式方程可以得到企业所得税率变化图。

根据定理 7-1 和定理 7-2 中的结论，当企业所得税率组合满足 $\text{CTR}_2 > (1 + \text{IDR}_{rS_2})$ $\text{CTR}_1 - \text{IDR}_{rS_2}$（如图 7-2 中的阴影区域 I）时，有 $\dfrac{\partial \pi}{\partial \text{TP}_{r2}} < 0$，$\dfrac{\partial \pi}{\partial \text{TP}_{p2}} < 0$，随着转移定价 TP_{r2} 和 TP_{p2} 的增大，跨国供应链税后总利润逐渐减小。2）和 3）的证明以此类推，在此便不一一赘述，从而定理 7-3 得到证明。

由定理 7-3 可知，在横向合作的跨国供应链模型中，由于不同国家间所得税率的差异，随着转移定价 TP_{r2} 与 TP_{p2} 的取值变化，对跨国供应链税后利润的影响也不同，说明在双 TP 模式下，横向合作的跨国供应链可以更为隐蔽地利用转移定价输送隐性利益；对比单 TP 模式，双 TP 模式中的两个转移定价 TP_{r2} 和 TP_{p2} 可以利用税率差异，调节自身变化对跨国供应链税后利润的影响，从而更好地实现跨国供应链隐性利益输送。此外，在双 TP 模式下，两个不同转移定价的组合，

不仅要考虑实施的前提条件，还要考虑转移定价是否位于 $[\overline{TP_{ri}}, \underline{TP_{ri}}]$、$[\overline{TP_{pi}}, \underline{TP_{pi}}]$ 两个区间内，这些将直接影响隐性利益输送的效果。

7.4　TP 模式下隐性利益输送的跨国供应链决策

在以上跨国供应链系统中，存在着海内外相互协作的两条供应链，为不失一般性，具体的相关参数赋值如表 7-1 所示。

表 7-1　参数赋值表

供应链 i	RC_{ri}	RC_{pi}	PC_{ri}	PC_{pi}	HC_{pi}	FC_{S_i}	FC_{M_i}	FC_{V_i}	IC_{rS_i}	IC_{pM_i}	IC_{pV_i}	QD_{rp}
1	10	5	120	90	100	240	200	180	90	80	70	2
2	8	4	100	80	75	220	175	180	75	70	65	2

供应链 i	TC_{rM_i}	TC_{pV_i}	SC_i	PC_i	MD_{vp}	MP_{pi}	IDR_{rS_i}	IDR_{pM_i}	TP_{ri}	TP_{pi}
1	100	120	4000	300	100	900	17%	23%	[200, 250]	[250, 300]
2	115	125	5000	440	100	900	15%	21%	[200, 250]	[250, 300]

为了方便分析计算，将决策变量 A_{rS_1}，A_{rS_2}，TP_{r2}，TP_{p2}，CTR_1，CTR_2 依次设定为变量 $x_i, i=1,2,\cdots,6$。跨国供应链各节点企业在不同国家的企业所得税率基本都在 $[10\%, 35\%]$ 区间内。同时，为了保证跨国供应链能够正常盈利运行，假设模型中供应商的产量为 10，原材料库存下限为 10。

通过相关算法，并利用 Matlab 编程计算得出模型最优解。其中，跨国供应链在无横向合作的情形下，目标函数最大值为 3247.25，相应决策变量的值为（10, 200, 200, 250, 15%, 30%）；在有横向合作的情形下，目标函数最大值为 6336.571，相应决策变量的值为（14, 265, 200, 250, 15%, 30%）。通过对比分析，发现有横向合作的跨国供应链税后总利润远高于无横向合作下跨国供应链税后总利润，这其中基于隐性利益输送的转移定价起到了较大作用。那么，在不同 TP 模式下，隐性利益输送的不同变量变化，对无横向合作及有横向合作的跨国供应链税后总利润的影响大小如何，这也是较为重要的，为此下面将对相关变量进行敏感性分析。

7.4.1　单 TP 模式下的决策

（1）转移定价 TP_{r2} 和制造商生产成本 PC_{p2} 共同对税后利润的影响

由模型约束条件（7-11）可得，$200 \leqslant TP_{r2} \leqslant 250$。为了方便计算及分析，在

模型假设的基础上，令 $60 \leqslant PC_{p2} \leqslant 120$。此时，转移定价 TP_{r2} 和制造商生产成本 PC_{p2} 同时等梯度变化，得出不同情形下跨国供应链税后利润如表 7-2 所示（由于跨国供应链税后利润结果的数据较多，在此仅列举了部分代表性数据）。

表 7-2　跨国供应链税后利润表（一）

PC_{p2}	无横向合作情形 TP_{r2}						有横向合作情形 TP_{r2}					
	200	210	220	230	240	250	200	210	220	230	240	250
60	24 784.75	25 484.75	26 184.75	26 884.75	27 584.75	28 284.75	6601.7	6307.55	6013.4	5719.25	5425.1	5130.95
70	24 084.75	24 784.75	25 484.75	26 184.75	26 884.75	27 584.75	6045.2	5751.05	5456.9	5162.75	4868.6	4574.45
80	23 384.75	24 084.75	24 784.75	25 484.75	26 184.75	26 884.75	5488.7	5194.55	4900.4	4606.25	4312.1	4017.95
90	22 684.75	23 384.75	24 084.75	24 784.75	25 484.75	26 184.75	4932.2	4638.05	4343.9	4049.75	3755.6	3461.45
100	21 984.75	22 684.75	23 384.75	24 784.75	24 784.75	25 484.75	4375.7	4081.55	3787.4	3493.25	3199.1	2904.95
110	21 284.75	21 984.75	22 684.75	24 084.75	24 084.75	24 784.75	3819.2	3525.05	3230.9	2936.75	2642.6	2348.45
120	20 584.75	21 284.75	21 984.75	23 384.75	23 384.75	24 084.75	3262.7	2968.55	2674.4	2380.25	2086.1	1791.95

当转移定价 TP_{r2} 和制造商生产成本 PC_{p2} 同时变化时，由表 7-2 中的数据可得，跨国供应链在无横向合作情形及有横向合作情形下的税后利润如图 7-3 所示。

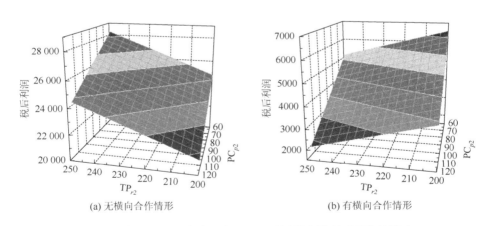

(a) 无横向合作情形　　　　　　　　　(b) 有横向合作情形

图 7-3　转移定价和生产成本共同对跨国供应链税后利润的影响

由图 7-3 可知，在无横向合作的情形下，跨国供应链税后利润随着转移定价 TP_{r2} 的增加而增加，随着制造商生产成本 PC_{p2} 的增加而减少；而在有横向合作的情形下，跨国供应链税后利润随着转移定价 TP_{r2} 和制造商生产成本 PC_{p2} 的上升而减少。此外，对比图 7-3（a）和（b）中曲面总体的倾斜程度，无横向合作情形下曲面的倾斜度明显高于有横向合作情形下曲面的倾斜度，表明在无横向合作情形下，转移定价 TP_{r2} 和制造商生产成本 PC_{p2} 共同对利润的影响敏感度高于有横向合作情形下的，也表明无横向合作的跨国供应链更具敏感性，有横向合作的跨国供应链运作更具稳定性特征。

（2）转移定价 TP_{p2} 和零售商管理成本 HC_{p2} 共同对税后利润的影响

由模型的约束条件（7-12）可得，$250 \leqslant TP_{p2} \leqslant 300$。为了方便计算及分析，在模型假设的基础上，令 $50 \leqslant HC_{p2} \leqslant 150$。此时，转移定价 TP_{p2} 和零售商管理成本 HC_{p2} 同时等梯度变化，得出不同情形下跨国供应链税后利润如表 7-3 所示（由于跨国供应链税后利润结果的数据较多，在此仅列举了部分代表性数据）。

表 7-3 跨国供应链税后利润表（二）

HC_{p2}	无横向合作情形 TP_{p2}						有横向合作情形 TP_{p2}					
	250	260	270	280	290	300	250	260	270	280	290	300
50	32 509.75	32 181.25	31 852.75	31 524.25	31 195.75	30 867.25	16 507.88	16 246.73	15 985.57	15 724.41	15 463.25	15 202.10
70	30 809.75	30 481.25	30 152.75	29 824.25	29 495.75	29 167.25	15 832.13	15 570.98	15 309.82	15 048.66	14 787.50	14 526.35
90	29 109.75	28 781.25	28 452.75	28 124.25	27 795.75	27 467.25	15 156.38	14 895.23	14 634.07	14 372.91	14 111.75	13 850.60
110	27 409.75	27 081.25	26 752.75	26 424.25	26 095.75	25 767.25	14 480.63	14 219.48	13 958.32	13 697.16	13 436.00	13 174.85
130	25 709.75	25 381.25	25 052.75	24 724.25	24 395.75	24 067.25	13 804.88	13 543.73	13 282.57	13 021.41	12 760.25	12 499.10
150	24 009.75	23 681.25	23 352.75	23 024.25	22 695.75	22 367.25	13 129.13	12 867.98	12 606.82	12 345.66	12 084.50	11 823.35

当转移定价 TP_{p2} 和零售商管理成本 HC_{p2} 同时变化时，由表 7-3 中的数据可得，跨国供应链在无横向合作情形及有横向合作情形下的税后利润如图 7-4 所示。

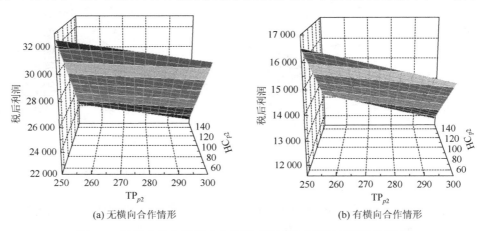

(a) 无横向合作情形　　　　　　　　　(b) 有横向合作情形

图 7-4 转移定价和管理成本共同对跨国供应链税后利润的影响

由图 7-4 可知，无论是在无横向合作情形还是有横向合作情形下，跨国供应链税后利润随着转移定价 TP_{p2} 和零售商管理成本 HC_{p2} 的增加而减少。此外，对比图 7-4（a）和（b）中曲面的总体倾斜程度，可以发现在无横向合作情形下曲面倾斜度高于有横向合作情形下曲面的倾斜度，表明无横向合作情形下转移定价 TP_{p2} 和零售商管理成本 HC_{p2} 共同对利润的影响敏感度高于有横向合作情形下的。

　　由以上分析可知，在单 TP 模式下，发现转移定价与其他因素共同作用时，无横向合作模型的敏感性明显高于有横向合作模型的敏感性，这也从侧面说明了有横向合作的跨国供应链在考虑隐性利益输送时更为隐蔽。

7.4.2　双 TP 模式下的决策

　　在分析了单个 TP 模式下相关因素对跨国供应链税后利润影响的敏感度后，接下来分析在双 TP 模式下，即当两条转移定价与产品产量 A_{rS_i} 或企业所得税率 CTR_i 因素同时变化时，考察这些因素的微小变化对跨国供应链税后利润的敏感度。由于供应商 S_1 原材料转移定价 TP_{r1} 和制造商 M_1 产品成品转移定价 TP_{p1} 对最终税后利润均没有影响，此时不予考虑。由模型的约束条件（7-11）、约束条件（7-12）可得，$200 \leqslant TP_{r2} \leqslant 250$；$250 \leqslant TP_{p2} \leqslant 300$，为了方便计算及分析，此时令两个转移定价 TP_{r2} 与 TP_{p2} 同时等梯度变化，则得到如下转移定价的组合，具体情况如表 7-4 所示。

表 7-4　转移定价赋值表

组合 i	TP_{r2}	TP_{p2}	税率不变下的税后利润函数		产量不变下的税后利润函数	
			无横向合作情形	有横向合作情形	无横向合作情形	有横向合作情形
a	200	250	$24.84375A_{rS_2}-1721.5$	$24.377625A_{rS_2}-123.5$	$48395CTR_2$ -11271.25	$35905CTR_2$ -4434.929375
b	210	260	$23.58375A_{rS_2}-1721.5$	$22.282125A_{rS_2}-123.5$	$47395CTR_2$ -11223.25	$34050CTR_2$ -4433.736875
c	220	270	$22.32375A_{rS_2}-1721.5$	$20.186625A_{rS_2}-123.5$	$46395CTR_2$ -11175.25	$32195CTR_2$ -4432.544375
d	230	280	$21.06375A_{rS_2}-1721.5$	$18.091125A_{rS_2}-123.5$	$45395CTR_2$ -11127.25	$30340CTR_2$ -4431.351875
e	240	290	$19.80375A_{rS_2}-1721.5$	$15.995625A_{rS_2}-123.5$	$44395CTR_2$ -11079.25	$28485CTR_2$ -4430.159375
f	250	300	$18.54375A_{rS_2}-1721.5$	$13.900125A_{rS_2}-123.5$	$43395CTR_2$ -11031.25	$26630CTR_2$ -4428.966875

　　（1）转移定价 TP_{r2}、TP_{p2} 及产品产量 A_{rS_2} 均变化时对税后利润的分析

　　随着产量 A_{rS_2} 的变化，由表 7-4 中的数据可得，跨国供应链在无横向合作情形及有横向合作情形下税后利润的变化如图 7-5 所示。

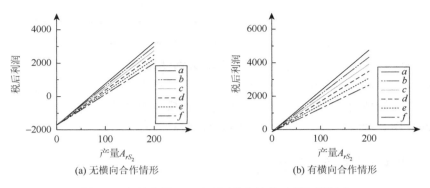

图 7-5　产品产量 A_{rS_2} 对跨国供应链税后利润的影响

　　由图 7-5 可知，无论何种情形下，在产品产量的约束条件下，跨国供应链税后利润都随着产品产量 A_{rS_2} 的增大而增加。此外，对比图 7-5（a）和（b）中直线的斜率，从总体上看，无横向合作情形下产品产量对税后利润的影响敏感度高于有横向合作情形下的；另外，图 7-5（b）中直线簇比图 7-5（a）中直线簇更为发散，说明从内部看，产品产量的变化在有横向合作的跨国供应链内部更敏感于无横向合作情形下的。

　　（2）转移定价 TP_{r2}、 TP_{p2} 及税率 CTR_2 均变化时对税后利润的分析

　　由于分析跨国供应链隐性利益的输送，此时应考虑供应链中位于其他国家节点企业所得税率 CTR_2 对税后利润的影响，随着税率 CTR_2 的变化，由表 7-4 中的数据可得，跨国供应链在无横向合作情形及有横向合作情形下税后利润的变化如图 7-6 所示。

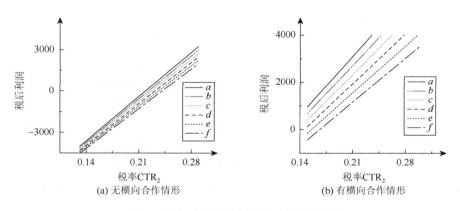

图 7-6　税率对跨国供应链税后利润的影响

　　由图 7-6 可知，无论何种情形下，在企业所得税率的合理取值范围内，跨国

供应链的税后利润都随着税率CTR_2的增大而增加。此外，对比图 7-6（a）和（b）中直线的斜率，从总体上看，无横向合作情形下税率CTR_2对税后利润的影响敏感度高于有横向合作情形下的；另外，图 7-6（b）中直线簇比图 7-6（a）中直线簇更为发散，说明从内部看，税率的变化在有横向合作的跨国供应链内部比无横向合作情形下的更敏感。

在双 TP 模式下，当两个转移定价组合发生变化时，对比图 7-5 与图 7-6 可以发现，图 7-6 中直线簇比图 7-5 中直线簇更为陡峭，说明税率对跨国供应链税后利润的影响比产品产量的影响更为敏感；同时，从图 7-5 与图 7-6 的内部直线来看，图 7-5 内部直线簇较图 7-6 内部直线簇更为收敛，说明在同一转移定价下，税率变化比产品产量变化更敏感，这也说明了税率在跨国供应链隐性利益转移中的作用。

7.5　本　章　小　结

在分析了跨国供应链企业进入模式决策后，本章考虑跨国企业在全球范围内进行资源配置，以构建和优化其海内外供应链系统体系。迫于市场竞争压力，跨国企业会在海外市场重新建立供应链体系，从而与国内供应链体系形成全新的供应链网络。在发展初期，两条供应链仅是各自制造生产销售，完成由跨国企业所分配的订单，在发展后期，两条单链会考虑相互协作，进行供应链间横向合作，以追求整体供应链体系税后利润的最大化。此时通过引入转移定价，分析在无横向合作情形和有横向合作情形下，单个转移定价因素和两个转移定价同时作用时，跨国供应链税后总利润的变化。在此基础上，通过相关算法优化求解出最优资源配置模式及跨国供应链税后总利润，并对相关成本及税率因素进行了敏感性分析，确定了不同时期模型进行隐性利益输送的隐蔽性，这些研究为供应链企业进行隐性利益输送，有效合理地避税提供了相关理论依据和决策支持。

第 8 章　基于 Nash/Rubinstein 博弈下跨国供应链股权合作决策策略

8.1　跨国供应链企业股权问题

8.1.1　跨国供应链股权的背景

跨国企业在进行海外投资时，不可避免地会与当地企业或供应链进行相关合作，以提高自身竞争实力或优化其供应链，此外由于全球经济状态不佳，许多海外企业也处于经营困境，亟须相应合作以摆脱眼前境遇，这也为企业跨国合作提供了较好的机遇。例如，2014 年 3 月的中国东风汽车股份有限公司，在法国标致雪铁龙集团（PSA）遭遇利润不断下滑的情况下，选择注资 8 亿欧元，以约 14%的股份入股该公司，来强化对东风标致合资公司的供应链掌控能力；2016 年 5 月，中国美的以 40 亿欧元持有德国工业机器人巨头库卡（KUKA）30%的股份并成为第一大股东，以增强供应链上游的研发能力。但海外企业不会轻易接受其他企业的注资，也不会轻易将合资企业的股份或供应链控制权相让，因此跨国企业需要寻求最优股权合作模式及股权博弈方式，以获取合作后供应链的控制权和收益权。

跨国企业进入东道国市场在刺激了国内经济的同时，对国内行业经济的负面影响也不容忽视，作为合作的本土企业决策者，如何有效地与跨国企业建立供应链合作决策机制，降低潜在风险，都成为当今关注的焦点。

目前，国内外研究只是针对单个企业跨国股权分配的实证分析，极少从供应链角度动态探讨供应链不同链节企业跨国股权合作问题，即不同链节企业在不同阶段如何选择跨国股权合作模式和策略？如何在不同博弈方式下确定双方最优股权分配比例？这些企业的跨国股权合作实施条件和效果如何？中国国内企业在进行供应链跨国整合中，是请进来还是走出去？这些问题的解决对企业从供应链视角进行跨国经营起着至关重要的作用，因此本书将围绕上述几个问题进行研究。

8.1.2　跨国供应链股权的现状研究分析

国内外学者对跨国公司内在股权结构的变动及联系进行了研究分析（汪浩等，2005；于伟等，2008；冯春丽，2006），目前国内外文献在跨国企业的股权研究上，主要集中在跨国企业进入东道国的市场策略，以及东道国政府管制对跨国企业合作决策的影响两个方面。其中，对于跨国企业进入东道国的市场策略的研究中，Moskalev（2010）、李维安和李宝权（2003）、薛镭和李东红（2009）、关涛等（2008）指出，跨国公司初入东道国市场，资源获取较控制权更为重要；随着投资环境的改善和经营经验的积累，跨国公司更强调控制权的获取，将海外投资企业逐渐转变为母公司控股型合作企业甚至是独资企业。同样地，Konrad 和 Lommerud（2001）、卢昌崇等（2003）、周新军（2006）和胡国恒（2009）认为，跨国公司合作初期主要通过技术控制、经理权控制等手段达到对合资企业的实质性控制；而在后期主体是通过"阴谋性亏损"等相关战略，寻求控股或独资经营，以达到整体掌握合资后企业的收益权和控制权。

而在东道国政府管制方面，Karhunen 等（2008）、沈磊等（2005）研究发现，因为东道国的管制政策，合作企业双方最终股权与合作企业双方实际控制权并不相符，合资企业的控制权分配取决于在既定市场条件下合资双方拥有资产的专用性，而控制权的分配又取决于合资双方对合作企业创造的组织租金分配比例。而Karabay（2010）、宗芳宇等（2012）、Gabrielsen 和 Schjelderup（2009）等则指出，跨国公司除了通过股权方式参与利润分配外，还可通过专利技术使用费和转移定价等方式获取回报，因此东道国政府制定的相关外资股份最高限额干预政策是低效率的。同样地，Barrios 等（2005）对在爱尔兰的跨国企业研究发现，经验和制度因素对跨国公司在东道国的股权结构变化产生重要影响；Chun（2009）从韩国企业出发，发现在社会文化制度差异较大、东道国黑市猖獗、行业属于资源性行业时，这些因素都会影响跨国公司股权结构的变化。

而在对跨国供应链的研究中，Dignazio 和 Giovannetti（2014）、刘春玲等（2012）、Marsillac 和 Roh（2014）等主要集中在跨国供应链系统构建设计方面的研究；Bueno 和 Cedillo（2014）、马建华等（2012）、Reiter 等（2010）主要研究分析了跨国供应链库存管理、生产和质量管理及风险管理等方面，较少涉及供应链跨国股权合作的相关研究。

8.2　基于 Nash/Rubinstein 博弈下跨国供应链股权合作模型

8.2.1　跨国供应链股权合作博弈问题的假设和描述

1. 问题基本描述

中国企业在进入外方市场时，无论是投资方还是被投资方，都是一个渐进和相互接受彼此的过程。例如，三一重工股份有限公司（以下简称三一重工）创建于 1994 年，是全球工程机械制造商 50 强、全球最大的混凝土机械制造商。在全球化竞争中，三一重工面对来自国内外双重竞争压力，国外工程机械巨头，如美国卡特彼勒公司（Caterpillar）（以下简称卡特彼勒）、日本株式会社小松制造所（Komatsu，以下简称小松)、美国特雷克斯公司（Terex）纷纷进入中国市场，而以中联重科股份有限公司、徐州工程机械集团有限公司、山东重工集团有限公司、广西柳工机械股份有限公司为代表的国内企业也不断加大市场开拓力度，竞争空前激烈。这些迫使三一重工不得不将目光投向国外寻找市场和资源，但是国际市场上，卡特彼勒、小松、沃尔沃、美国约翰迪尔公司、美国特雷克斯公司、日本株式会社日立制造所（HITACHI）、美国英格索兰公司、美国凯斯纽荷兰工业集团和英国杰西博公司（JCB）九家大型工程机械企业占据了全球销售额的75%。三一重工在这种背景下不断摸索，试图寻找适合自己供应链的跨国进入模式。在这个过程中，三一重工经历了两个主要阶段：跨国进入模式的初级阶段和跨国进入模式的高级阶段。

三一重工供应链跨国进入模式的初级阶段，主要体现在供应链上的供应商国际化。三一重工供应链的跨国整合先是从上游（供应商）或下游（销售网络）开始，但这些跨国整合均是局限于供应链的某个局部环节，没有从整个供应链来进行全局集成。三一重工自 1994 年成立以来，为了追求高质量标准，其供应链的供应商就定位于海外高标准的国际供应商，例如，混凝土泵工程机械使用的汽车底盘，为德国奔驰和瑞典沃尔沃提供的卡车底盘；发动机使用的是德国道依茨柴油发动机，液压系统采用的是德国博世力士乐液压系统，控制系统采用的是德国西门子控制系统，这些为三一重工的产品质量打下良好基础。

在三一重工供应链跨国进入模式的高级阶段，为了突破海外市场，三一重工决定在海外采取股权合作方式进入，而选择的国家首先从发展中国家印度和巴西开始。分别在 2006 年和 2010 年，三一重工在印度马哈拉斯特拉和巴西圣保罗州与当地企业合作建成研发、制造、销售和服务为一体的跨国供应链体系。当然，三一重工也一直瞄准发达国家市场，2011 年，三一重工在美国佐治亚州桃树市，试图与美国卡特彼勒进行股权合作建设履带起重机、越野起重机、挖机、平地机和泵车产品的研发、生产和销售的北美供应链体系，但由于股权比例问题而停滞。后来金融危机爆发，欧洲国家包括德国的很多行业受到影响，德国工程机械行业的领军企业普茨迈斯特（Putzmeister）有限公司（以下简称普茨迈斯特）的销售额狂跌了近 50%，资金遇到很大危机，之前，三一重工一直想通过股权合作，与普茨迈斯特进行整合，嵌入其供应链体系。2012 年 1 月 20 日，三一重工以 100%股权收购在世界泵车领域领先的普茨迈斯特，将它的品牌、国际化网络体系并入其供应链体系中，使得三一重工国际化进程缩短了 5～10 年，加速其在全球市场的布局与国际化进程。

上述现实只是中国众多企业进军海外市场的一个缩影，由此产生的共性问题是：中国企业在进入海外市场时，如何通过供应链视角，针对在不同的发展阶段，与海外企业一起选择有效的股权合作模式，确定在不同讨价还价协商博弈下双方最优股权分配比例，以及中国企业实施股权控制的跨国供应链整合策略和条件？特别针对两种典型发展阶段，中国企业如何进行序贯决策（sequential decision）和比较？基于上述问题，本书进行了如下的问题假设和描述。

考虑中国国内某一供应链，由一个本土制造商 M 和一个本土销售商 V 组成，随着该供应链的发展，设位于海外有一个上游供应商，具有国内供应链所亟须的研发技术和实力，是本地供应链潜在股权合作对象。因此，从动态角度来看，本土供应链会面临两个阶段的序贯递进式的策略选择，具体来说，如果第一阶段没有实现股权控制，则本土供应链将继续进行以股权控制为目标的第二阶段决策，由于该决策过程具有递进性和连续性，因此也称为序贯决策，如图 8-1 所示。

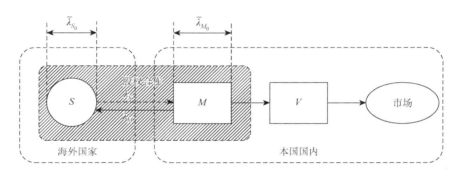

图 8-1　第 I 阶段跨国股权合作模式

第 I 阶段的策略选择：中国本土供应链在发展初期，其国内制造商 M 选择与海外供应商 S 进行跨国合作，海外供应商 S 看中制造商 M 所在国的市场和成本优势，而本土制造商 M 注重海外供应商 S 的技术，合作方式以相互参股形式进行，具体的股权比例分配由国内制造商 M 与海外供应商 S 通过某种决策方式决定，并以股权比例确定对供应链的支配和经营权。

第 II 阶段的策略选择：中国本土供应链在发展后期阶段，国内劳动力成本上升，国内生产成本与国外生产成本相差越来越小，迫使本土供应链转变思路，将本土制造商 M 转移到海外供应商 S 所在国，并与海外供应商 S 进行海外合作，此时制造商 M 看中供应商 S 的还是技术，而海外供应商 S 则看中制造商 M 的资金和市场，两者同样以参股方式进行合作，如图 8-2 所示，双方同样通过某种决策方式，商讨确定股权比例，并按股权比例分配税后总利润，并基于此整合整个供应链的运作。

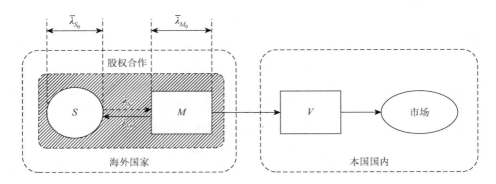

图 8-2　第 II 阶段跨国股权合作模式

因此，在序贯决策模式下，企业进行供应链跨国股权合作时，均是基于股权控制下如何进行合作决策，同时通过静态和动态博弈（Nash 和 Rubinstein）方式，对合作股份比例和股权控制进行争夺，在序贯决策模式下不同阶段所隐含的供应链整合条件和策略存在差异等。这些就是本书需要解决的问题。

2. 参数和变量

c_r、c_p 分别表示海外供应商 S 生产单位零部件 r 的生产成本，制造商 M 生产单位产品成品 p 的生产成本；

f_S、f_M、f_V 分别表示海外供应商 S、本土制造商 M 和本土销售商 V 的固定成本；

h_p 表示本土销售商 V 对产品成品 p 的管理成本，也称库存成本；

t_r、t_p 分别表示单位零部件 r 从海外供应商 S 运送到本土制造商 M 的运输成本和单位产品成品 p 从本土制造商 M 运送到本土销售商 V 的运输成本；

b 表示加工生产单位产品成品 p 需要消耗零部件 r 的数量；

idr_r、idr_p 分别表示本土制造商 M 从海外供应商 S 采购零部件 r 的进口税率和本土销售商 V 从制造商 M 采购产品成品 p 的进口税率；

ctr_S、ctr_M、ctr_V 分别表示海外供应商 S、本土制造商 M 和本土销售商 V 所在国家的企业所得税率；

q_S、q_M、q_V 分别表示从海外供应商 S 运送到本土制造商 M 的零部件 r 的总量，从本土制造商 M 运送到本土销售商 V 的产品成品 p 的总量，本土销售商 V 出售给消费者市场的产品成品 p 的总量；

tp_r 表示海外供应商 S 出售零部件 r 给本土制造商 M 的转移定价；

p_M、p_V 分别表示本土制造商 M 出售产品成品 p 给销售商 V 的价格和本土销售商 V 出售产品成品 p 给消费者的价格；

π_S^t、π_S^o、π_M^t、π_M^o、π_{SM}^t、π_{SM}^o 分别表示在第 I 和第 II 阶段跨国股权合作下，海外供应商 S 的税后利润，制造商 M 的税后利润，供应链合作双方的整体利润；

π_{SC}、π_{MC} 分别表示在股权合作后，海外供应商 S 的经营利润，制造商 M 的经营利润；

π_{SC}^{Na}、π_{SC}^{Ru}、π_{MC}^{Na}、π_{MC}^{Ru} 分别表示在股权合作后，海外供应商 S 在 Nash 和 Rubinstein 博弈下的经营利润；制造商 M 在 Nash 和 Rubinstein 博弈下的经营利润。

8.2.2　早期跨国供应链合作模型

在国内本土制造企业发展的第 I 阶段（初期），由于本土企业以生产组装见长，通常从海外供应商 S 进口零部件进行组装加工，并在国内市场销售。随着本土企业实力增强，沿上游掌控供应链整体的意愿也加强。因此，中国本土制造商 M 通过各种方式，寻求对海外供应商 S 并购或股权合作，并以互相参股形式进行跨国经营，这样双方各取所需，即本土制造商 M 以获取技术和掌控供应链为取向，海外供应商 S 以获取制造商本土市场为目的。如图 8-1 所示，设本土制造商 M 和海外供应商 S 原有股权比例为 $\overline{\lambda}_{M_0}=1$，$\overline{\lambda}_{S_0}=1$，股权合作后本土制造商 M 的股权为 λ_M，$\lambda_M \in [0,2]$，则海外供应商 S 的股权为 $\lambda_S = 2 - \lambda_M$，其中 $\lambda_S \in [0,2]$，供应商与本土制造商双方按共同商谈博弈的股权比例 (λ_S, λ_M) 进行利润分配。

由上述可知，在本土制造商 M 与海外供应商 S 跨国股权合作之前，供应链各节点企业的税后利润函数为

$$\pi_S^t = (1 - \mathrm{ctr}_S)[(\mathrm{tp}_r - c_r - t_r)q_S - f_S] \tag{8-1}$$

$$\pi_M^t = (1 - \mathrm{ctr}_M)[(p_M - c_p - t_p)q_M - f_M - (1 + \mathrm{idr}_r)\mathrm{tp}_r q_S] \tag{8-2}$$

$$\pi_V = (1 - \mathrm{ctr}_V)[(p_V - h_p)q_V - f_V - p_M q_M] \tag{8-3}$$

由于供应链上下游企业的零部件或产品的流出量等于流入量，即有 $b \cdot q_S = q_M$，$q_M = q_V$。其中，本土制造商 M 和销售商 V 都位于本国国内，即有 $\mathrm{ctr}_M = \mathrm{ctr}_V$。在本土制造商 M 与海外供应商 S 股权合作后，销售商 V 的税后利润函数保持不变，由于本土制造商 M 和供应商 S 的原有股权比例为 $1:1$，则式（8-1）和式（8-2）变为

$$\pi_{SC} = \frac{1}{2}\lambda_S \pi_{SM}^t \tag{8-4}$$

$$\pi_{MC} = \frac{1}{2}\lambda_M \pi_{SM}^t \tag{8-5}$$

其中，π_{SM}^t 为本土制造商 M 与海外供应商 S 股权合作之后的整体利润，即 $\pi_{SM}^t = \pi_{SC} + \pi_{MC}$。

8.2.3　后期跨国供应链合作模型

随着中国国内产业升级和转型，以及对海外市场的开拓，本土生产制造企业逐步将生产基地转移到海外，假设本土制造商和海外供应商此时位于同一海外国家，而海外本国制造商与海外供应商合作，并将生产的产成品运送给国内销售商在国内进行销售。同样，这里假设海外本国制造商对其上游海外供应商具有股权投资合作的意愿，以加强对整个供应链管理的控制，如图 8-2 所示。海外本国制造商和海外供应商进行股权合作，其中海外本国制造商的股权为 λ_M，$\lambda_M \in [0,2]$，则海外供应商的股权为 $\lambda_S = 2 - \lambda_M$，其中 $\lambda_S \in [0,2]$，供应商与制造商双方按博弈确定的股权比例 (λ_S, λ_M) 进行利润分配。

由上述可知，在海外本国制造商与海外供应商股权合作之前，供应链各节点企业的税后利润函数为

$$\pi_S^\circ = (1 - \mathrm{ctr}_S)[(\mathrm{tp}_r - c_r - t_r)q_S - f_S] \qquad (8\text{-}6)$$

$$\pi_M^\circ = (1 - \mathrm{ctr}_M)[(p_M - c_p - t_p)q_M - f_M - \mathrm{tp}_r q_S] \qquad (8\text{-}7)$$

$$\pi_V = (1 - \mathrm{ctr}_V)[(p_V - h_p)q_V - f_V - (1 + \mathrm{idr}_p)p_M q_M] \qquad (8\text{-}8)$$

同样为了满足供应链上下游企业的零部件或产品的流出流入量守恒，有 $b \cdot q_S = q_M$，$q_M = q_V$。其中，供应商和制造商位于同一海外国家，有 $\mathrm{ctr}_S = \mathrm{ctr}_M$。在制造商与供应商股权合作后，由于制造商与供应商的原有股权比例为 1：1，则式（8-6）和式（8-7）为

$$\pi_{SC} = \frac{1}{2}\lambda_S \pi_{SM}^\circ \qquad (8\text{-}9)$$

$$\pi_{MC} = \frac{1}{2}\lambda_M \pi_{SM}^\circ \qquad (8\text{-}10)$$

其中，π_{SM}° 为海外本国制造商与海外供应商股权合作之后的总体利润，即 $\pi_{SM}^\circ = \pi_{SC} + \pi_{MC}$。

8.3　跨国供应链股权合作博弈的决策

中国本土制造商 M 对海外供应商 S 在进行股权合作时，本土制造商 M 基于股权控制为目标，将海外供应商 S 整合到自身供应链体系，这必然涉及本土制造商 M 与海外供应商 S 之间的股权比例的博弈和竞争，因为合作企业中股权比例大小直接影响在供应链中的影响力。更重要的是，对于中国本土制造商 M 来说，将影响到其在未来整合供应链中，能否成功从供应链的低端环节跃升到供应链的高端环节，从而实现产业的升级和转型，增强自身的全球竞争力。

　　此时，基于供应链合作下的双方股权争夺配置问题，可以抽象为一个讨价还价（bargain）博弈模型，即参与双方通过彼此协商的方式来解决利益分配问题，通过议价或者谈判确定各自股权比例关系。本书将利用 Nash 和 Rubinstein 讨价还价博弈，分别探讨和分析供应链跨国整合时，本土制造商基于股权控制下，对海外供应商进行股权投资的股权配置和条件。

8.3.1　Nash bargain 博弈

　　Nash bargain 博弈是一种静态分析的协商利益分配策略，考虑中国本土制造商对海外供应商进行股权投资后，彼此利润都会发生变化，由于双方在合作前都有各自的均衡利润，所以在新的股权比例下，各自分配到的利润不得低于合作前的均衡利润，否则双方股权合作的理由将不存在。此时应满足 $\pi_{SM} \geqslant \pi_S + \pi_M$，其中，$\pi_{SM}$ 为本土制造商对海外供应商股权投资后的税后利润。由之前的模型可得，本土制造商占总体股权企业的股权比例为 λ_M，海外供应商的股权为 $\lambda_S = 2 - \lambda_M$，$\pi_S$、$\pi_M$ 分别为在股权合作前海外供应商与本土制造商的利润，其中 $\pi_S \in \{\pi_S^t, \pi_S^o\}$、$\pi_M \in \{\pi_M^t, \pi_M^o\}$，在双方协议股权设置后，双方的利润分配优化问题可通过下式表示：

$$\underset{\lambda \in [0,2]}{\text{Max}} \left(\frac{1}{2} \lambda_S \pi_{SM} - \pi_S \right) \left(\frac{1}{2} \lambda_M \pi_{SM} - \pi_M \right)$$

令 $f(\lambda_M) = \left[\frac{1}{2} (2 - \lambda_M) \pi_{SM} - \pi_S \right] \left(\frac{1}{2} \lambda_M \pi_{SM} - \pi_M \right)$，因此上述问题为最大化 $f(\lambda)$，对 λ_M 求导可得

$$\frac{\mathrm{d}f(\lambda)}{\mathrm{d}\lambda_M} = \pi_{SM} \left[\frac{1}{2} (2 - \lambda_M) \pi_{SM} - \pi_S \right] - \pi_{SM} \left(\frac{1}{2} \lambda_M \pi_{SM} - \pi_M \right) = 0$$

由上式可得

$$\lambda_M = \frac{\pi_{SM} - \pi_S + \pi_M}{\pi_{SM}}, \quad \lambda_S = \frac{\pi_{SM} + \pi_S - \pi_M}{\pi_{SM}}$$

因此在 Nash bargain 博弈下，中国本土制造商对海外供应商进行股权合作时，海外供应商 S 与本土制造商 M 的股权比例为

$$(\lambda_S, \ \lambda_M) = \left(\frac{\pi_{SM} + \pi_S - \pi_M}{\pi_{SM}}, \ \frac{\pi_{SM} - \pi_S + \pi_M}{\pi_{SM}} \right)$$

其中，$\pi_S \in \{\pi_S^t, \pi_S^o\}$，$\pi_M \in \{\pi_M^t, \pi_M^o\}$，$\pi_{SM} \in \{\pi_{SM}^t, \pi_{SM}^o\}$。

　　定理 8-1　在 Nash bargain 博弈下，当 $\pi_S < \pi_M$ 时，本土制造商 M 与海外供应商 S 进行股权合作，可实现本土制造商 M 对海外供应商 S 的股权控制，从而掌控跨国供应链运作。

证明　当 $\pi_M > \pi_S$ 时，$\lambda_M = \dfrac{\pi_{SM} - \pi_S + \pi_M}{\pi_{SM}} = 1 + \dfrac{\pi_M - \pi_S}{\pi_{SM}} > 1$，同时 $\lambda_M = 2 -$

$\dfrac{\pi_{SM} - \pi_M + \pi_S}{\pi_{SM}} \leqslant 2$，则有 $1 < \lambda_M \leqslant 2$，同理可得 $0 \leqslant \lambda_S < 1$，而当双方企业的股权满足 $\lambda_S \in [0,1)$，$\lambda_M \in (1,2]$ 时，说明本土制造商 M 成功参股上游海外供应商 S，而本土制造商本身股权没有改变，这时企业供应链跨国合作中每个环节企业均是本土企业或是由本土股权控制的合作企业，从而定理 8-1 得到证明。

由定理 8-1 可知，只有当本土制造商 M 的利润较大时，才会有能力和潜在意愿对海外供应商 S 进行股权投资。而在 $\pi_S > \pi_M$ 和 $\pi_S = \pi_M$ 时，本土制造商 M 与海外供应商 S 以互占股形式进行合作经营，本土制造商 M 难以形成对整个供应链跨国整合的股权控制。

8.3.2　Rubinstein bargain 博弈

不同于 Nash bargain 博弈只是反映双方股权控制的静态均衡，Rubinstein bargain 博弈却能动态反映一种交互式的决策过程。在本土制造商 M 对海外供应商 S 进行股权投资时，双方都有提出各自的股权占有方案，并且针对提出方案进行一个长时间的讨价还价过程，直至最终得出一个双方都满意的股权分配方案。

要分析 Rubinstein bargain 博弈过程，本书进行了如下的假设：

1）假设在博弈过程中有且仅有两个参与者，即供应商 S 和制造商 M，针对制造商 M 对联合经营企业中的股权 λ_M 进行讨价还价博弈，双方都是为了追求各自股权效益的最大化（争夺股权控制）。

2）假设在博弈开始第 1 阶段，制造商 M 首先提出一个股权分配方案（也称为出价过程），如果供应商 S 不同意此方案，供应商 S 提出另一个替代股权分配方案（也称为还价过程），然后制造商 M 和供应商 S 轮流出价，因此在无限期博弈过程中，制造商 M 总在奇数阶段出价，供应商 S 总在偶数阶段还价。

3）假设海外供应商与本土制造商的谈判议价过程存在时间成本，在此引入贴现率 δ_S、δ_M，也代表双方的议价能力。

4）假设在博弈过程中，对于制造商 M，存在一个心理预期的讨价还价出价股权下限 $\underline{\lambda_M}$，即制造商每次提出的出价股权都不得低于 $\underline{\lambda_M}$（$\lambda_{M_i} \geqslant \underline{\lambda_M}$，$i = 2k+1$，$k = 0,1,\cdots,n$）；同样对于供应商 S，也存在一个心理预期的讨价还价股权上限 $\overline{\lambda_S}$，即供应商每次提出的还价股权都不得高于 $\overline{\lambda_S}$（$\lambda_{S_i} \leqslant \overline{\lambda_S}$，$i = 2k$，$k = 1,2,\cdots,n$）。

基于以上假设，对于 Rubinstein bargain 博弈过程，可以描绘为如下阶段（图 8-3）。

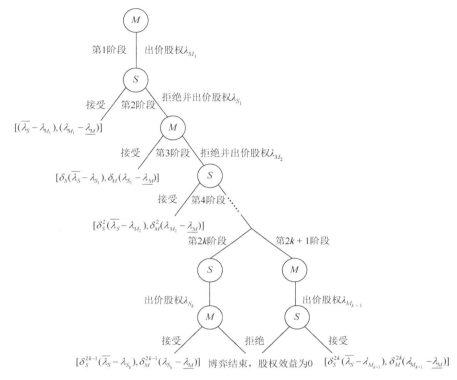

图 8-3　供应商 S 与制造商 M 股权博弈过程

在第 1 阶段，假设制造商 M 的出价股权为 λ_{M_1}，为了获得更多的股权，制造商的出价股权一定不会低于心理预期，即 $\lambda_{M_1} \geqslant \underline{\lambda_M}$。此时，供应商 S 可以选择接受或拒绝该股权分配方案，仅当制造商的出价股权不高于供应商的心理预期时，双方才有讨价还价的可能，即 $\lambda_{M_1} \leqslant \overline{\lambda_S}$。若供应商接受该股权分配方案，则博弈结束，供应商和制造商按照该方案分配联合经营企业的股权，制造商的股权为 λ_{M_1}，供应商的股权为 $\lambda_S = 2 - \lambda_{M_1}$，则供应商和制造商双方在讨价还价过程中的股权效益为 $[(\overline{\lambda_S} - \lambda_{M_1}),\ (\lambda_{M_1} - \underline{\lambda_M})]$。若供应商不接受该股权分配方案，则博弈进入第 2 阶段。

在第 2 阶段，假设供应商 S 的出价股权为 λ_{S_1}，同样为了获得更多的股权效益，供应商的出价股权一定不会高于心理预期，即 $\lambda_{S_1} \leqslant \overline{\lambda_S}$。此时，制造商 M 可以选择接受或拒绝该股权分配方案，仅当 $\lambda_{S_1} \geqslant \underline{\lambda_M}$ 时，双方才有讨价还价的可能。若制造商接受该股权分配方案，则博弈结束，此时制造商的股权为 λ_{S_1}，供应商的股权为 $\lambda_S = 2 - \lambda_{S_1}$，由于这是讨价还价博弈的第 2 阶段，在此引入贴现率 δ_S、δ_M，供应商和制造商双方在讨价还价过程中的股权效益为 $[\delta_S(\overline{\lambda_S} - \lambda_{S_1}),\ \delta_M(\lambda_{S_1} - \underline{\lambda_M})]$。若制造商不接受该股权分配方案，则博弈进入第 3 阶段。

在第 3 阶段，假设制造商 M 的出价股权为 λ_{M_2}，$\lambda_{M_2} \geqslant \underline{\lambda_M}$，此时供应商 S 可以选择接受或拒绝该股权分配方案，同理仅当 $\lambda_{M_2} \leqslant \overline{\lambda_S}$ 时，双方才有讨价还价的可能。若供应商接受该方案，则博弈结束，此时制造商的股权为 λ_{M_2}，供应商的股权为 $\lambda_S = 2 - \lambda_{M_2}$，供应商和制造商双方在讨价还价过程中的股权效益为 $[\delta_S^2(\overline{\lambda_S} - \lambda_{M_2}), \delta_M^2(\lambda_{M_2} - \underline{\lambda_M})]$。若供应商不接受该方案，则博弈进入下一阶段。依此类推，制造商 M 在第 $1, 3, \cdots, (2k+1)$ 阶段出价，供应商 S 在第 $2, 4, \cdots, 2k$ 阶段出价。

在第 $2k$ 阶段，假设供应商 S 的出价股权为 λ_{S_k}，$\lambda_{S_k} \leqslant \overline{\lambda_S}$，此时制造商 M 可以选择接受或拒绝该方案，同理仅当 $\lambda_{S_k} \geqslant \underline{\lambda_M}$ 时，制造商才会接受该方案。若制造商接受该方案，则博弈结束，此时制造商的股权为 λ_{S_k}，供应商的股权为 $\lambda_S = 2 - \lambda_{S_k}$，供应商和制造商双方在讨价还价过程中的股权效益为 $[\delta_S^{2k-1}(\overline{\lambda_S} - \lambda_{S_k}), \delta_M^{2k-1}(\lambda_{S_k} - \underline{\lambda_M})]$。若制造商不接受该方案，则讨价还价失败，博弈结束，供应商和制造商双方在讨价还价过程中的股权效益均为 0。

在第 $2k+1$ 阶段，假设制造商 M 的出价股权为 $\lambda_{M_{k+1}}$，$\lambda_{M_{k+1}} \geqslant \underline{\lambda_M}$，此时供应商 S 可以选择接受或拒绝该方案，同理仅当 $\lambda_{M_{k+1}} \leqslant \overline{\lambda_S}$ 时，供应商才会接受该方案。若供应商接受该方案，则博弈结束，此时制造商的股权为 $\lambda_{M_{k+1}}$，供应商的股权为 $\lambda_S = 2 - \lambda_{M_{k+1}}$，供应商和制造商双方在讨价还价过程中的股权效益为 $[\delta_S^{2k}(\overline{\lambda_S} - \lambda_{M_{k+1}}), \delta_M^{2k}(\lambda_{M_{k+1}} - \underline{\lambda_M})]$。若供应商不接受该方案，则讨价还价失败，博弈结束，供应商和制造商双方在讨价还价过程中的股权效益均为 0。在 Rubinstein bargain 博弈中，供应商 S 与制造商 M 双方的出价股权变化区间如图 8-4 所示。

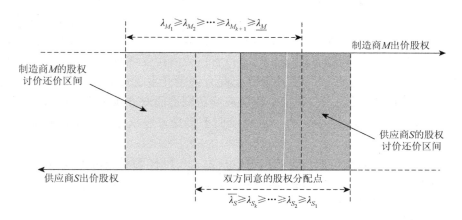

图 8-4　供应商 S 与制造商 M 出价股权区间

根据 Rubinstein bargain 博弈理论，对于无限期的讨价还价博弈，第 1 阶段和第 3 阶段的博弈属于同一子博弈，因此本书采用逆向归纳法来求解有限期内讨价还价博弈的精炼均衡解，在此分析三个阶段的讨价还价博弈。

首先分析第 3 阶段，此时供应商 S 与制造商 M 的股权分配方案为 $(2-\lambda_{M_2}, \lambda_{M_2})$，双方的股权效益为 $[\delta_S^2(\overline{\lambda_S}-\lambda_{M_2}), \delta_M^2(\lambda_{M_2}-\underline{\lambda_M})]$；然后分析第 2 阶段，供应商 S 与制造商 M 的股权分配方案为 $(2-\lambda_{S_1}, \lambda_{S_1})$，双方的股权效益为 $[\delta_S(\overline{\lambda_S}-\lambda_{S_1}), \delta_M(\lambda_{S_1}-\underline{\lambda_M})]$，此时考虑制造商的选择，若想要制造商接受该股权分配方案，则需满足制造商在第 2 阶段的股权效益不低于第 3 阶段的股权效益，即 $\delta_M(\lambda_{S_1}-\underline{\lambda_M}) \geqslant \delta_M^2(\lambda_{M_2}-\underline{\lambda_M})$，反之制造商拒绝该方案；继而分析第 1 阶段，供应商 S 与制造商 M 的股权分配方案为 $(2-\lambda_{M_1}, \lambda_{M_1})$，双方的股权效益为 $[(\overline{\lambda_S}-\lambda_{M_1}), (\lambda_{M_1}-\underline{\lambda_M})]$，此时考虑供应商的选择，若想要供应商接受该股权分配方案，则须满足供应商在第 1 阶段的股权效益不低于第 2 阶段的股权效益，即 $\overline{\lambda_S}-\lambda_{M_1} \geqslant \delta_S(\overline{\lambda_S}-\lambda_{S_1})$，反之供应商拒绝该方案。由于第 1 阶段和第 3 阶段的子博弈完全相等，则有 $\lambda_{M_1}=\lambda_{M_2}$，结合上述不等式，当取等号时，股权分配方案是供应商与制造商都接受的，得到双方同意的股权分配点，因此有

$$\begin{cases} \overline{\lambda_S}-\lambda_{M_1} \geqslant \delta_S(\overline{\lambda_S}-\lambda_{S_1}) \\ \delta_M(\lambda_{S_1}-\underline{\lambda_M}) \geqslant \delta_M^2(\lambda_{M_2}-\underline{\lambda_M}) \\ \lambda_{M_1}=\lambda_{M_2} \end{cases} \tag{8-11}$$

其中，$\overline{\lambda_S}$、$\underline{\lambda_M}$ 为已知量，求解方程组（8-11）可得

$$\lambda_M = \lambda_{M_2} = \lambda_{M_1} = \frac{\overline{\lambda_S}(1-\delta_S)+\delta_S\underline{\lambda_M}(1-\delta_M)}{1-\delta_S\delta_M}$$

$$\lambda_S = 2-\lambda_M = 2-\frac{\overline{\lambda_S}(1-\delta_S)+\delta_S\underline{\lambda_M}(1-\delta_M)}{1-\delta_S\delta_M}$$

因此，在 Rubinstein bargain 博弈下，企业供应链跨国整合中，海外供应商 S 与本土制造商 M 的股权比例为

$$(\lambda_S, \lambda_M) = \left(2-\frac{\overline{\lambda_S}(1-\delta_S)+\delta_S\underline{\lambda_M}(1-\delta_M)}{1-\delta_S\delta_M}, \frac{\overline{\lambda_S}(1-\delta_S)+\delta_S\underline{\lambda_M}(1-\delta_M)}{1-\delta_S\delta_M}\right)$$

定理 8-2　在 Rubinstein bargain 博弈下，当满足 $\overline{\lambda_S} \in \left(\dfrac{1-\delta_S[\delta_M+\underline{\lambda_M}(1-\delta_M)]}{1-\delta_S}, \dfrac{2-\delta_S[2\delta_M+\underline{\lambda_M}(1-\delta_M)]}{1-\delta_S}\right]$ 时，本土制造商 M 与海外供应商 S 进行股权合作，可实现本土制造商 M 对海外供应商 S 的股权控制及掌控供应链跨国整合运作。

证明　当 $\dfrac{1-\delta_S[\delta_M+\lambda_M(1-\delta_M)]}{1-\delta_S}<\overline{\lambda_S}\leqslant\dfrac{2-\delta_S[2\delta_M+\lambda_M(1-\delta_M)]}{1-\delta_S}$ 时，代入 $\lambda_M=$

$\dfrac{\overline{\lambda_S}(1-\delta_S)+\delta_S\lambda_M(1-\delta_M)}{1-\delta_S\delta_M}$ 中可得，$1<\lambda_M\leqslant2$，同理可得 $0\leqslant\lambda_S<1$。即双方企业

的股权满足 $\lambda_S\in[0,1)$，$\lambda_M\in(1,2]$，本土制造商 M 成功参股海外供应商 S，并且股权比例占优，这样本土企业股权遍布了整个供应链，并且占主导地位，从而定理 8-2 得到证明。

由定理 8-2 可知，当海外供应商 S 心理预期的讨价还价上限 $\overline{\lambda_S}$ 满足上述条件范围时，本土制造商 M 才能在对海外供应商 S 进行股权投资中占控股地位。否则，本土制造商 M 只有财务收益权，而没有经营决策权，更谈不上依靠合作来提升生产的转型和技术的升级。

8.3.3　跨国供应链股权合作组合策略方案

在供应链的跨国整合中，本土制造商 M 对海外供应商 S 进行股权投资，通过静态 Nash bargain 博弈和动态 Rubinstein bargain 博弈来获得股权控制，达到了投资海外的目的。但是，在跨国股权控制和供应链整合中，由于存在着序贯决策的第 I 和第 II 阶段（早期和后期）两种情况，以及这两种情况下可以通过静态 Nash bargain 博弈和动态 Rubinstein bargain 博弈方式来确定股权控制比例，那么在这四种组合方式中，以及保证跨国股权控制下，哪种策略方式能达到最大利润，则成为股权控制下的序贯决策的最优策略，故下面分析四种组合方式下的最优决策。

1. 第 I 阶段股权控制下的最优决策

在第 I 阶段（早期）中，本土制造商 M 与海外供应商 S 进行股权合作时，双方都有各自的最优均衡经营利润：本土制造商 M 的税后利润 π_M 和海外供应商 S 的税后利润 π_S。由于本土制造商 M 出售产品的定价 p_M 与产品的总量 q_M 满足线性供应关系，即 $q_M=a-kp_M$，故 $q_r=\dfrac{q_M}{b}=\dfrac{1}{b}(a-kp_M)$。将产品总产量 q_M 和零部件 r 的产量 q_r 代入式（8-1）和式（8-2）中，并在式（8-2）中对产成品价格 p_M 求导，可得制造商的最优产成品价格：

$$p_M^*=\frac{1}{2}\left[\frac{a}{k}+c_p+t_p+\frac{1}{b}(1+\mathrm{idr}_r)\mathrm{tp}_r\right]$$

将 p_M^* 代入式（8-1）中，可得供应商零部件的最优转移定价：

$$\mathrm{tp}_r^*=\frac{b}{2k(1+\mathrm{idr}_r)}[a-k(c_p+t_p)]+\frac{1}{2}(c_r+t_r)$$

将最优产成品价格 p_M^* 和零部件的最优转移定价 tp_r^* 代入式（8-1）和式（8-2）中，可得在第 I 阶段（早期）跨国合作中，供应商和制造商的最优税后利润分别为

$$\pi_S^{t^*} = (1 - \mathrm{ctr}_S)\left\{\frac{1}{8k(1 + \mathrm{idr}_r)}\left[a - k(c_p + t_p) - \frac{k}{b}(1 + \mathrm{idr}_r)(c_r + t_r)\right]^2 - f_S\right\}$$

$$\pi_M^{t^*} = (1 - \mathrm{ctr}_M)\left\{\frac{1}{16k}\left[a - k(c_p + t_p) - \frac{k}{b}(1 + \mathrm{idr}_r)(c_r + t_r)\right]^2 - f_M\right\}$$

因此，中国本土制造商 M 与海外供应商 S 在早期跨国合作经营时，双方企业不再是单独追求自身利润的最大化，而是整体利润最大化，此时整体企业的税后利润为

$$\pi_{SM}^t = (1 - \mathrm{ctr}_S)[(\mathrm{tp}_r - c_r - t_r)q_S - f_S] + (1 - \mathrm{ctr}_M)[(p_M - c_p - t_p)q_M - f_M - (1 + \mathrm{idr}_r)\mathrm{tp}_r q_S]$$

$$（8-12）$$

同理，由式（8-12）可得最优产成品价格为

$$p_M^* = \frac{1}{2k}(a + kc_p + kt_p) + \frac{\mathrm{tp}_r[(1 - \mathrm{ctr}_M)(1 + \mathrm{idr}_r) - (1 - \mathrm{ctr}_S)] + (1 - \mathrm{ctr}_S)(c_r + t_r)}{2b(1 - \mathrm{ctr}_M)}$$

将 p_M^* 代入式（8-12）中，计算可得供应商零部件的最优转移定价为

$$\mathrm{tp}_r^* = \frac{b^2}{k\varpi\left[(1 - \mathrm{ctr}_S) - (1 - \mathrm{ctr}_M)\left(\frac{1}{2} + \mathrm{idr}_r\right)\right]} + (1 - \mathrm{ctr}_S)\left\{\frac{1}{b}\left[\frac{1}{2}a - \frac{1}{2}k(c_p + t_p) - \frac{1}{2b}\theta(c_r + t_r)\right]\right\}$$

$$+ (1 - \mathrm{ctr}_M)\left\{-\frac{k\varpi}{2b^2}\theta(c_r + t_r) - \frac{1}{b}(1 + \mathrm{idr}_r)\left[\frac{1}{2}a - \frac{1}{2}k(c_p + t_p) - \frac{k\theta}{2b}(c_r + t_r)\right]\right\}$$

其中，$\varpi = \dfrac{(1 - \mathrm{ctr}_M)(1 + \mathrm{idr}_r) - (1 - \mathrm{ctr}_S)}{1 - \mathrm{ctr}_M}$，$\theta = \dfrac{1 - \mathrm{ctr}_S}{1 - \mathrm{ctr}_M}$。

由于此时最优产成品价格 p_M^* 和零部件的最优转移定价 tp_r^* 较为复杂，在接下来的分析中，为了更好地进行比较，可以令部分 $(1 - \mathrm{ctr}_S)$ 近似等于 $(1 - \mathrm{ctr}_M)$，将求出的最优产成品价格 p_M^* 和零部件的最优转移定价 tp_r^* 代入式（8-12）中，可得整体企业的最优税后利润为

$$\pi_{SM}^{t^*} = (1 - \mathrm{ctr}_{S/M})\left\{\frac{1}{4k}\left[a - k(c_p + t_p) - \frac{k}{b}(1 + \mathrm{idr}_r)(c_r + t_r)\right]^2 - f_M - f_S\right\} + \pi(\zeta)$$

其中，$\pi(\zeta)$ 为利润因子，不影响其他变量变化和利润比较，为了方便分析，在接下来的讨论中可以忽略不计。此时，海外供应商 S 与本土制造商 M 按照之前协定的股权比例来获得各自最终经营利润，这个比例由前面股权博弈过程可得，双方的最终股权会因博弈方式选择的不同而不同。

1）在静态 Nash bargain 下股权控制的情况。当海外供应商与本土制造商的股

权比例为 $(\lambda_S, \lambda_M) = \left(\dfrac{\pi_{SM} + \pi_S - \pi_M}{\pi_{SM}}, \dfrac{\pi_{SM} - \pi_S + \pi_M}{\pi_{SM}} \right)$ 时，代入各自企业的最优均

衡利润，可得

$$\lambda_S = \frac{\dfrac{5 + 3\mathrm{idr}_r}{16k(1+\mathrm{idr}_r)}\left[a - k(c_p + t_p) - \dfrac{k}{b}(1+\mathrm{idr}_r)(c_r + t_r) \right]^2 - 2f_S}{\dfrac{1}{4k}\left[a - k(c_p + t_p) - \dfrac{k}{b}(1+\mathrm{idr}_r)(c_r + t_r) \right]^2 - f_M - f_S},$$

$$\lambda_M = \frac{\dfrac{3 + 5\mathrm{idr}_r}{16k(1+\mathrm{idr}_r)}\left[a - k(c_p + t_p) - \dfrac{k}{b}(1+\mathrm{idr}_r)(c_r + t_r) \right]^2 - 2f_M}{\dfrac{1}{4k}\left[a - k(c_p + t_p) - \dfrac{k}{b}(1+\mathrm{idr}_r)(c_r + t_r) \right]^2 - f_M - f_S}$$

因此，海外供应商 S 与本土制造商 M 股权合作后，各自经营的税后利润分别为

$$\pi_{SC-\mathrm{I}}^{\mathrm{Na}*} = \frac{1}{2}\lambda_S \pi_{SM}^{\mathrm{t}*} = (1 - \mathrm{ctr}_S)\left\{ \frac{5 + 3\mathrm{idr}_r}{32k(1+\mathrm{idr}_r)}\left[a - k(c_p + t_p) - \frac{k}{b}(1+\mathrm{idr}_r)(c_r + t_r) \right]^2 - f_S \right\}$$

$$\pi_{MC-\mathrm{I}}^{\mathrm{Na}*} = \frac{1}{2}\lambda_M \pi_{SM}^{\mathrm{t}*} = (1 - \mathrm{ctr}_M)\left\{ \frac{3 + 5\mathrm{idr}_r}{32k(1+\mathrm{idr}_r)}\left[a - k(c_p + t_p) - \frac{k}{b}(1+\mathrm{idr}_r)(c_r + t_r) \right]^2 - f_M \right\}$$

2）在动态 Rubinstein bargain 下股权控制的情况。当海外供应商与本土制造商

的股权比例为 $(\lambda_S, \lambda_M) = \left(2 - \dfrac{\overline{\lambda_S}(1-\delta_S) + \delta_S \underline{\lambda_M}(1-\delta_M)}{1 - \delta_S\delta_M}, \dfrac{\overline{\lambda_S}(1-\delta_S) + \delta_S \underline{\lambda_M}(1-\delta_M)}{1 - \delta_S\delta_M} \right)$

时，股权合作后双方各自税后利润分别为

$$\pi_{SC-\mathrm{I}}^{\mathrm{Ru}*} = \frac{1}{2}(1 - \mathrm{ctr}_S)\left[2 - \frac{\overline{\lambda_S}(1-\delta_S) + \delta_S \underline{\lambda_M}(1-\delta_M)}{1 - \delta_S\delta_M} \right]$$

$$\left\{ \frac{1}{4k}\left[a - k(c_p + t_p) - \frac{k}{b}(1+\mathrm{idr}_r)(c_r + t_r) \right]^2 - f_S - f_M \right\}$$

$$\pi_{MC-\mathrm{I}}^{\mathrm{Ru}*} = \frac{1}{2}(1 - \mathrm{ctr}_M)\frac{\overline{\lambda_S}(1-\delta_S) + \delta_S \underline{\lambda_M}(1-\delta_M)}{1 - \delta_S\delta_M}$$

$$\left\{ \frac{1}{4k}\left[a - k(c_p + t_p) - \frac{k}{b}(1+\mathrm{idr}_r)(c_r + t_r) \right]^2 - f_S - f_M \right\}$$

2. 第Ⅱ阶段股权控制下的最优决策

在第Ⅱ阶段（后期）中，制造商从本国生产转移到海外制造生产，同样地，制造商 M 的产成品定价 p_M 与产量 q_M 和零部件产量 q_r 之间的关系为 $q_M = a - kp_M$，

$q_r = \dfrac{1}{b}(a - k p_M)$，将产量 q_M 和零部件产量 q_r 代入式（8-6）和式（8-7），并对价格 p_M 求导，可得制造商的产成品最优定价为

$$p_M^* = \frac{a}{2k} + \frac{1}{2}(c_p + t_p) + \frac{1}{2b}\mathrm{tp}_r$$

将 p_M^* 代入式（8-6），计算可得供应商零部件的最优转移定价为

$$\mathrm{tp}_r^* = \frac{b}{2k}[a - k(c_p + t_p)] + \frac{1}{2}(c_r + t_r)$$

将最优产成品价格 p_M^* 和零部件的最优转移定价 tp_r^* 代入式（8-6）和式（8-7），可得海外供应商和本土制造商的最优税后利润为

$$\pi_S^{\mathrm{o}*} = (1 - \mathrm{ctr}_S)\left\{ \frac{1}{8k}\left[a - k(c_p + t_p) - \frac{k}{b}(c_r + t_r) \right]^2 - f_S \right\}$$

$$\pi_M^{\mathrm{o}*} = (1 - \mathrm{ctr}_M)\left\{ \frac{1}{16k}\left[a - k(c_p + t_p) - \frac{k}{b}(c_r + t_r) \right]^2 - f_M \right\}$$

在第 II 阶段（后期）中，本土制造商 M 与海外供应商 S 股权合作之后，双方的经营利润都会发生变化，由于 $\mathrm{ctr}_S = \mathrm{ctr}_M = \mathrm{ctr}$，则整体企业的税后利润为

$$\pi_{SM}^{\mathrm{o}} = (1 - \mathrm{ctr})[(p_M - c_p - t_p)q_M - (c_r + t_r)q_S - f_M - f_S] \qquad (8\text{-}13)$$

同样地，由式（8-13）可得本土制造商的产品最优定价和整体的税后利润为

$$p_M^* = \frac{a}{2k} + \frac{1}{2}(c_p + t_p) + \frac{1}{2b}(c_r + t_r)$$

$$\pi_{SM}^{\mathrm{o}*} = (1 - \mathrm{ctr})\left\{ \frac{1}{4k}\left[a - k(c_p + t_p) - \frac{k}{b}(c_r + t_r) \right]^2 - f_M - f_S \right\}$$

此时，海外供应商 S 与本土制造商 M 按照股权比例来获得各自最终经营利润。在不同股权博弈方法下，双方企业的最终股权设置也不同。

1）在静态 Nash bargain 下股权控制的情况。在这种情况下，海外供应商与本土制造商的股权分配比例为 $(\lambda_S,\ \lambda_M) = \left(\dfrac{\pi_{SM} + \pi_S - \pi_M}{\pi_{SM}},\ \dfrac{\pi_{SM} - \pi_S + \pi_M}{\pi_{SM}} \right)$，故将各自最优均衡利润代入，可得所占股权比例分别为

$$\lambda_S = \frac{\dfrac{5}{16k}\left[a - k(c_p + t_p) - \dfrac{k}{b}(c_r + t_r) \right]^2 - 2f_S}{\dfrac{1}{2k}\left[a - k(c_p + t_p) - \dfrac{k}{b}(c_r + t_r) \right]^2 - 2f_S - 2f_M}$$

$$\lambda_M = \frac{\dfrac{3}{16k}\left[a - k(c_p + t_p) - \dfrac{k}{b}(c_r + t_r) \right]^2 - 2f_M}{\dfrac{1}{2k}\left[a - k(c_p + t_p) - \dfrac{k}{b}(c_r + t_r) \right]^2 - 2f_S - 2f_M}$$

因此，在海外供应商 S 与本土制造商 M 股权合作后，税后利润分别为

$$\pi_{SC-II}^{Na*} = \frac{1}{2}\lambda_S \pi_{SM}^{o*} = (1-ctr_S)\left\{\frac{5}{32k}\left[a-k(c_p+t_p)-\frac{k}{b}(c_r+t_r)\right]^2 - f_S\right\}$$

$$\pi_{MC-II}^{Na*} = \frac{1}{2}\lambda_M \pi_{SM}^{o*} = (1-ctr_M)\left\{\frac{3}{32k}\left[a-k(c_p+t_p)-\frac{k}{b}(c_r+t_r)\right]^2 - f_M\right\}$$

2）在动态 Rubinstein bargain 下股权控制的情况。这时海外供应商 S 与本土制造商 M 的股权分配比例为 $(\lambda_S,\ \lambda_M) = \left(2 - \dfrac{\overline{\lambda_S}(1-\delta_S) + \delta_S \underline{\lambda_M}(1-\delta_M)}{1-\delta_S\delta_M}\right,$

$\dfrac{\overline{\lambda_S}(1-\delta_S) + \delta_S \underline{\lambda_M}(1-\delta_M)}{1-\delta_S\delta_M}\bigg)$，故合作双方企业的经营税后利润分别为

$$\pi_{SC-II}^{Ru*} = \frac{1}{2}(1-ctr_S)\left[2 - \frac{\overline{\lambda_S}(1-\delta_S) + \delta_S \underline{\lambda_M}(1-\delta_M)}{1-\delta_S\delta_M}\right]$$

$$\left\{\frac{1}{4k}\left[a-k(c_p+t_p)-\frac{k}{b}(c_r+t_r)\right]^2 - f_M - f_S\right\}$$

$$\pi_{MC-II}^{Ru*} = \frac{1}{2}(1-ctr_M)\frac{\overline{\lambda_S}(1-\delta_S) + \delta_S \underline{\lambda_M}(1-\delta_M)}{1-\delta_S\delta_M}\left\{\frac{1}{4k}\left[a-k(c_p+t_p)-\frac{k}{b}(c_r+t_r)\right]^2 - f_M - f_S\right\}$$

因此，在序贯决策模式下，分别得出基于 Nash 和 Rubinstein 博弈方式的第 I 和第 II 阶段四种情况下的利润，即 $\pi_{SC-I}^{Na*} + \pi_{MC-I}^{Na*}$、$\pi_{SC-I}^{Ru*} + \pi_{MC-I}^{Ru*}$、$\pi_{SC-II}^{Na*} + \pi_{II}^{Na*}$、$\pi_{SC-II}^{Ru*} + \pi_{MC-II}^{Ru*}$，而对于中国本土制造商 M 来说，在保证股权控制、利润最大情形下的策略就是最优决策。故最优决策方案为

$$\pi^* = \max\{\pi_{SC-I}^{Na*} + \pi_{MC-I}^{Na*}, \pi_{SC-I}^{Ru*} + \pi_{MC-I}^{Ru*}, \pi_{SC-II}^{Na*} + \pi_{II}^{Na*}, \pi_{SC-II}^{Ru*} + \pi_{MC-II}^{Ru*}\}_{\lambda_M > \lambda_S}$$

3. 股权控制下供应链跨国整合的不同策略选择

在股权博弈和股权控制中，本土企业和海外企业进行供应链跨国整合时，双方进行股权合作存在着内在的前提条件，这些条件将影响着每个企业的决策倾向和决策策略的选择。

定理 8-3 当 $a \geqslant k\left[\dfrac{1}{b}\sqrt{1+idr_r}(c_r+t_r)+c_p+t_p\right]$ 时，海外供应商 S 倾向选择第 II 阶段（后期）进行跨国股权合作；当 $a < k\left[\dfrac{1}{b}\sqrt{1+idr_r}(c_r+t_r)+c_p+t_p\right]$ 时，海外供应商 S 倾向选择第 I 阶段（早期）进行跨国股权合作。而当 $ctr_S \leqslant ctr_M$ 时，本土制造商 M 倾向选择第 II 阶段（后期）进行跨国股权合作；当 $ctr_S > ctr_M$ 时，本土制造商 M 倾向选择第 I 阶段（早期）进行跨国股权合作。

证明　在第 I 和第 II 阶段跨国股权合作模型中，对于海外供应商 S，比较两种情形下的税后利润，有

$$\pi_S^{o^*} - \pi_S^{t^*} = (1 - \mathrm{ctr}_S) \left\{ \frac{1}{8k} \left[a - k(c_p + t_p) - \frac{k}{b}(c_r + t_r) \right]^2 \right.$$

$$\left. - \frac{1}{8k(1 + \mathrm{idr}_r)} \left[a - k(c_p + t_p) - \frac{k}{b}(1 + \mathrm{idr}_r)(c_r + t_r) \right]^2 \right\}$$

简化可得

$$\pi_S^{o^*} - \pi_S^{t^*} = \frac{1}{8k}(1 - \mathrm{ctr}_S) \left\{ \frac{\mathrm{idr}_r}{1 + \mathrm{idr}_r} [a - k(c_p + t_p)]^2 - \mathrm{idr}_r \frac{k^2}{b^2}(c_r + t_r)^2 \right\}$$

令上式 $\pi_S^{o^*} - \pi_S^{t^*} \geqslant 0$，即 $[a - k(c_p + t_p)]^2 \geqslant (1 + \mathrm{idr}_r) \dfrac{k^2}{b^2}(c_r + t_r)^2$，则有

$$a \geqslant k \left[\frac{1}{b} \sqrt{1 + \mathrm{idr}_r}(c_r + t_r) + c_p + t_p \right]$$

此时，$\pi_S^{o^*} \geqslant \pi_S^{t^*}$，在第 II 阶段股权合作模式下海外供应商 S 的税后利润明显高于第 I 阶段跨国股权合作时的税后利润，因此海外供应商 S 倾向选择第 II 阶段进行跨国股权合作；而当 $a < k \left[\dfrac{1}{b} \sqrt{1 + \mathrm{idr}_r}(c_r + t_r) + c_p + t_p \right]$ 时，有 $\pi_S^{o^*} < \pi_S^{t^*}$，此时海外供应商 S 倾向选择第 I 阶段进行跨国股权合作。

而对于本土制造商 M 来说，对比两种模式下的税后利润可得

$$\frac{\pi_M^{o^*}}{\pi_M^{t^*}} = \frac{(1 - \mathrm{ctr}_S) \left\{ \dfrac{1}{16k} \left[a - k(c_p + t_p) - \dfrac{k}{b}(c_r + t_r) \right]^2 - f_M \right\}}{(1 - \mathrm{ctr}_M) \left\{ \dfrac{1}{16k} \left[a - k(c_p + t_p) - \dfrac{k}{b}(1 + \mathrm{idr}_r)(c_r + t_r) \right]^2 - f_M \right\}}$$

由于零部件 r 的进口税率 $\mathrm{idr}_r \in (0,1)$，为了方便分析，可以近似将 $(1 + \mathrm{idr}_r)$ 看为 1，上式可简化为 $\dfrac{\pi_M^{o^*}}{\pi_M^{t^*}} = \dfrac{1 - \mathrm{ctr}_S}{1 - \mathrm{ctr}_M}$，令上式 $\dfrac{\pi_M^{o^*}}{\pi_M^{t^*}} \geqslant 1$，则有 $\mathrm{ctr}_S \leqslant \mathrm{ctr}_M$，此时在第 II 阶段跨国股权合作模式下本土制造商 M 的税后利润明显高于第 I 阶段跨国股权合作时的税后利润，本土制造商 M 倾向选择第 II 阶段进行跨国合作的经营模式；反之，当 $\mathrm{ctr}_S > \mathrm{ctr}_M$ 时，有 $\pi_S^{o^*} < \pi_S^{t^*}$，则本土制造商 M 倾向选择第 I 阶段进行跨国股权合作，从而定理 8-3 得到证明。

由定理 8-3 可知，海外供应商 S 会根据供应链整体实际运行中各类成本与进口税率的关系来考虑股权合作的时间和地点，即当满足 $a \geqslant k \left[\dfrac{1}{b} \sqrt{1 + \mathrm{idr}_r}(c_r + t_r) + c_p + t_p \right]$ 时，海外供应商 S 倾向在第 II 阶段和本土制造商 M 进行跨国股权合作；而对于本

土制造商 M，则只考虑两国企业所得税率 ctr_i 的差异，当供应商所在国税率较低时，制造商 M 倾向转移到供应商 S 所在国，反之则在国内。

在分析供应链跨国股权合作中，链上各企业除了对时间、地点及所考虑因素有明显不同倾向外，还发现供应链跨国股权合作与博弈方式，以及双方股权比例关系密切相关。

定理 8-4　当双方以 Nash bargain 博弈方式来确定各自股权时，在第 I 和第 II 阶段跨国股权合作模型中，海外供应商 S 与本土制造商 M 都倾向选择合作；而当合作双方以 Rubinstein bargain 博弈方式来确定各自股权时，在第 I 阶段跨国股权合作模型中，根据本土制造商 M 所占股权 λ_M 的不同，可以分为以下三种情况（图 8-5）：

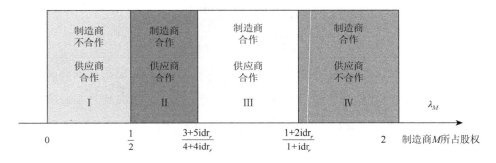

图 8-5　第 I 阶段跨国股权合作中制造商所占股权 λ_M 对合作的影响

1）当 $0 < \lambda_M < \dfrac{1}{2}$（图 8-5 中的阴影区域 I）时，制造商 M 倾向选择不合作，供应商 S 倾向选择合作；

2）当 $\dfrac{1}{2} \leq \lambda_M \leq \dfrac{1+2idr_r}{1+idr_r}$（图 8-5 中的阴影区域 II 和 III）时，供应商 S 与制造商 M 都倾向选择合作；

3）当 $\dfrac{1+2idr_r}{1+idr_r} < \lambda_M < 2$（图 8-5 中的阴影区域 IV）时，制造商 M 倾向选择合作，供应商 S 倾向选择不合作。

在第 II 阶段跨国股权合作模型中，根据制造商 M 所占股权 λ_M 的不同，也可分为以下三种情况：①当 $0 < \lambda_M < \dfrac{1}{2}$ 时，制造商 M 倾向选择不合作，供应商 S 倾向选择合作；②当 $\dfrac{1}{2} \leq \lambda_M \leq 1$ 时，供应商 S 与制造商 M 都倾向选择合作；③当 $1 < \lambda_M < 2$ 时，制造商 M 倾向选择合作，供应商 S 倾向选择不合作。

证明　在 Nash bargain 博弈方式下，对于海外供应商 S 在第 I 阶段（早期）跨国股权合作中，有

$$\pi_{SC}^{\mathrm{Na*}} - \pi_S^{\mathrm{t*}} = (1 - \mathrm{ctr}_S)\left\{\frac{5 + 3\mathrm{idr}_r}{32k(1 + \mathrm{idr}_r)}\left[a - k(c_p + t_p) - \frac{k}{b}(1 + \mathrm{idr}_r)(c_r + t_r)\right]^2 - f_S\right\}$$

$$- (1 - \mathrm{ctr}_S)\left\{\frac{1}{8k(1 + \mathrm{idr}_r)}\left[a - k(c_p + t_p) - \frac{k}{b}(1 + \mathrm{idr}_r)(c_r + t_r)\right]^2 - f_S\right\}$$

在第 II 阶段（后期）跨国股权合作模型中，则有

$$\pi_{SC}^{\mathrm{Na*}} - \pi_S^{\mathrm{o*}} = (1 - \mathrm{ctr}_S)\left\{\frac{5}{32k}\left[a - k(c_p + t_p) - \frac{k}{b}(c_r + t_r)\right]^2 - f_S\right\}$$

$$- (1 - \mathrm{ctr}_S)\left\{\frac{1}{8k}\left[a - k(c_p + t_p) - \frac{k}{b}(c_r + t_r)\right]^2 - f_S\right\}$$

分别简化并令各个式子大于零，可得

$$\pi_{SC}^{\mathrm{Na*}} - \pi_S^{\mathrm{o*}} = \frac{1}{32k}(1 - \mathrm{ctr}_S)\left[a - k(c_p + t_p) - \frac{k}{b}(c_r + t_r)\right]^2 > 0$$

$$\pi_{SC}^{\mathrm{Na*}} - \pi_S^{\mathrm{t*}} = (1 - \mathrm{ctr}_S)\frac{1 + 3\mathrm{idr}_r}{32k(1 + \mathrm{idr}_r)}\left[a - k(c_p + t_p) - \frac{k}{b}(c_r + t_r)\right]^2 > 0$$

则有 $\pi_{SC}^{\mathrm{Na*}} > \pi_S^{\mathrm{o*}}$，$\pi_{SC}^{\mathrm{Na*}} > \pi_S^{\mathrm{t*}}$，对于供应商 S 股权合作后税后利润高于合作前税后利润，此时供应商 S 倾向选择合作的方式；同样地，对于制造商 M，在第 I 阶段跨国股权合作模型中，有

$$\pi_{MC}^{\mathrm{Na*}} - \pi_M^{\mathrm{t*}} = (1 - \mathrm{ctr}_M)\left\{\frac{3 + 5\mathrm{idr}_r}{32k(1 + \mathrm{idr}_r)}\left[a - k(c_p + t_p) - \frac{k}{b}(1 + \mathrm{idr}_r)(c_r + t_r)\right]^2 - f_M\right\}$$

$$- (1 - \mathrm{ctr}_M)\left\{\frac{1}{16k}\left[a - k(c_p + t_p) - \frac{k}{b}(1 + \mathrm{idr}_r)(c_r + t_r)\right]^2 - f_M\right\}$$

在第 II 阶段跨国股权合作模型中，则有

$$\pi_{MC}^{\mathrm{Na*}} - \pi_M^{\mathrm{o*}} = (1 - \mathrm{ctr}_M)\left\{\frac{3}{32k}\left[a - k(c_p + t_p) - \frac{k}{b}(c_r + t_r)\right]^2 - f_M\right\}$$

$$- (1 - \mathrm{ctr}_M)\left\{\frac{1}{16k}\left[a - k(c_p + t_p) - \frac{k}{b}(c_r + t_r)\right]^2 - f_M\right\}$$

同理

$$\pi_{MC}^{\mathrm{Na*}} - \pi_M^{\mathrm{o*}} = \frac{1}{32k}(1 - \mathrm{ctr}_M)\left[a - k(c_p + t_p) - \frac{k}{b}(c_r + t_r)\right]^2 > 0$$

$$\pi_{MC}^{\mathrm{Na*}} - \pi_M^{\mathrm{t*}} = (1 - \mathrm{ctr}_M)\frac{1 + 3\mathrm{idr}_r}{32k(1 + \mathrm{idr}_r)}\left[a - k(c_p + t_p) - \frac{k}{b}(1 + \mathrm{idr}_r)(c_r + t_r)\right]^2 > 0$$

有 $\pi_{MC}^{\mathrm{Na}*} > \pi_M^{\mathrm{o}*}$，$\pi_{MC}^{\mathrm{Na}*} > \pi_M^{\mathrm{t}*}$，即对于制造商 M 股权合作后税后利润高于合作前税后利润，则制造商倾向选择合作的方式。

在 Rubinstein bargain 博弈下，同样地对比合作前与合作后的税后利润，对于供应商 S，在第 Ⅰ 阶段跨国股权合作模型中，有

$$\frac{\pi_{SC}^{\mathrm{Ru}*}}{\pi_S^{\mathrm{t}*}} = \frac{\dfrac{1}{2}(1-\mathrm{ctr}_S)(2-\lambda_M)\left\{\dfrac{1}{4k}\left[a-k(c_p+t_p)-\dfrac{k}{b}(1+\mathrm{idr}_r)(c_r+t_r)\right]^2 - f_S - f_M\right\}}{(1-\mathrm{ctr}_S)\left\{\dfrac{1}{8k(1+\mathrm{idr}_r)}\left[a-k(c_p+t_p)-\dfrac{k}{b}(1+\mathrm{idr}_r)(c_r+t_r)\right]^2 - f_S\right\}}$$

在第 Ⅱ 阶段跨国股权合作模型中，则有

$$\frac{\pi_{SC}^{\mathrm{Ru}*}}{\pi_S^{\mathrm{o}*}} = \frac{\dfrac{1}{2}(1-\mathrm{ctr}_S)(2-\lambda_M)\left\{\dfrac{1}{4k}\left[a-k(c_p+t_p)-\dfrac{k}{b}(c_r+t_r)\right]^2 - f_M - f_S\right\}}{(1-\mathrm{ctr}_M)\left\{\dfrac{1}{8k}\left[a-k(c_p+t_p)-\dfrac{k}{b}(c_r+t_r)\right]^2 - f_S\right\}}$$

为了简化模型、方便分析，可以忽略变量 f_M、f_S，这对模型分析结果不产生其他影响。则上式简化可得，$\dfrac{\pi_{SC}^{\mathrm{Ru}*}}{\pi_S^{\mathrm{t}*}} \approx (1+\mathrm{idr}_r)(2-\lambda_M)$，当 $\lambda_M \leqslant \dfrac{1+2\mathrm{idr}_r}{1+\mathrm{idr}_r}$ 时，供应商 S 倾向选择合作；而当 $\lambda_M > \dfrac{1+2\mathrm{idr}_r}{1+\mathrm{idr}_r}$ 时，供应商 S 倾向选择不合作；$\dfrac{\pi_{SC}^{\mathrm{Ru}*}}{\pi_S^{\mathrm{o}*}} \approx 2-\lambda_M$，当 $\lambda_M \leqslant 1$ 时，供应商 S 倾向选择合作；而当 $\lambda_M > 1$ 时，供应商 S 倾向选择不合作。

同理对于制造商 M，在第 Ⅰ 阶段跨国股权合作模型中，有

$$\frac{\pi_{MC}^{\mathrm{Ru}*}}{\pi_M^{\mathrm{t}*}} = \frac{\dfrac{1}{2}(1-\mathrm{ctr}_M)\lambda_M\left\{\dfrac{1}{4k}\left[a-k(c_p+t_p)-\dfrac{k}{b}(1+\mathrm{idr}_r)(c_r+t_r)\right]^2 - f_S - f_M\right\}}{(1-\mathrm{ctr}_M)\left\{\dfrac{1}{16k}\left[a-k(c_p+t_p)-\dfrac{k}{b}(1+\mathrm{idr}_r)(c_r+t_r)\right]^2 - f_M\right\}}$$

在第 Ⅱ 阶段跨国股权合作模型中，有

$$\frac{\pi_{MC}^{\mathrm{Ru}*}}{\pi_M^{\mathrm{o}*}} = \frac{\dfrac{1}{2}\lambda_M(1-\mathrm{ctr}_M)\left\{\dfrac{1}{4k}\left[a-k(c_p+t_p)-\dfrac{k}{b}(c_r+t_r)\right]^2 - f_M - f_S\right\}}{(1-\mathrm{ctr}_M)\left\{\dfrac{1}{16k}\left[a-k(c_p+t_p)-\dfrac{k}{b}(c_r+t_r)\right]^2 - f_M\right\}}$$

将上式简化可得，$\dfrac{\pi_{MC}^{\mathrm{Ru}*}}{\pi_M^{\mathrm{t}*}} = \dfrac{\pi_{MC}^{\mathrm{Ru}*}}{\pi_M^{\mathrm{o}*}} \approx 2\lambda_M$，则当 $\lambda_M \geqslant \dfrac{1}{2}$ 时，制造商 M 倾向选择合作；而当 $\lambda_M < \dfrac{1}{2}$ 时，制造商 M 倾向选择不合作，从而定理 8-4 得到证明。

在海外供应商 S 与本土制造商 M 确定股权合作的基础上，供应链双方企业会最大化利润而选择较优的股权博弈方式，通过分析得出如下定理。

定理 8-5　在海外供应商 S 与本土制造商 M 确定股权合作后，在第 I 阶段跨国股权合作模型中，双方股权博弈方式的选择由于股权 λ_M 不同分为以下两种情况：

1）当 $\dfrac{1}{2} \leqslant \lambda_M < \dfrac{3+5\mathrm{idr}_r}{4+4\mathrm{idr}_r}$（图 8-5 中的阴影区域 II）时，海外供应商 S 倾向选择 Rubinstein bargain 博弈方式，本土制造商 M 倾向选择 Nash bargain 博弈方式；

2）当 $\dfrac{3+5\mathrm{idr}_r}{4+4\mathrm{idr}_r} \leqslant \lambda_M \leqslant \dfrac{1+2\mathrm{idr}_r}{1+\mathrm{idr}_r}$（图 8-5 中的阴影区域 III）时，海外供应商 S 倾向选择 Nash bargain 博弈方式，本土制造商 M 倾向选择 Rubinstein bargain 方式。

在第 II 阶段跨国股权合作模型中，双方股权博弈方式的选择由于股权 λ_M 不同也分为以下两种情况：

1）当 $\dfrac{1}{2} \leqslant \lambda_M < \dfrac{3}{4}$ 时，海外供应商 S 倾向选择 Rubinstein bargain 博弈方式，本土制造商 M 倾向选择 Nash bargain 博弈方式；

2）当 $\dfrac{3}{4} \leqslant \lambda_M \leqslant 1$ 时，海外供应商 S 倾向选择 Nash bargain 博弈方式，本土制造商 M 倾向选择 Rubinstein bargain 博弈方式。

证明　由定理 8-4 可知，在第 I 阶段跨国股权合作中，当 $\dfrac{1}{2} \leqslant \lambda_M \leqslant \dfrac{1+2\mathrm{idr}_r}{1+\mathrm{idr}_r}$ 的情况下，以及在第 II 阶段跨国股权合作中，当 $\dfrac{1}{2} \leqslant \lambda_M \leqslant 1$ 的情况下，海外供应商 S 与本土制造商 M 会选择合作。此时对于海外供应商 S，比较在 Nash bargain 博弈和 Rubinstein bargain 博弈下的税后利润，在第 I 阶段跨国股权合作中，有

$$\frac{\pi_{SC}^{\mathrm{Ru}*}}{\pi_{SC}^{\mathrm{Na}*}} = \frac{\dfrac{1}{2}(1-\mathrm{ctr}_S)(2-\lambda_M)\left\{\dfrac{1}{4k}\left[a-k(c_p+t_p)-\dfrac{k}{b}(1+\mathrm{idr}_r)(c_r+t_r)\right]^2-f_S-f_M\right\}}{(1-\mathrm{ctr}_S)\left\{\dfrac{5+3\mathrm{idr}_r}{32k(1+\mathrm{idr}_r)}\left[a-k(c_p+t_p)-\dfrac{k}{b}(1+\mathrm{idr}_r)(c_r+t_r)\right]^2-f_S\right\}}$$

在第 II 阶段跨国股权合作中，有

$$\frac{\pi_{SC}^{\mathrm{Ru}*}}{\pi_{SC}^{\mathrm{Na}*}} = \frac{\dfrac{1}{2}(1-\mathrm{ctr}_S)(2-\lambda_M)\left\{\dfrac{1}{4k}\left[a-k(c_p+t_p)-\dfrac{k}{b}(c_r+t_r)\right]^2-f_M-f_S\right\}}{(1-\mathrm{ctr}_S)\left\{\dfrac{5}{32k}\left[a-k(c_p+t_p)-\dfrac{k}{b}(c_r+t_r)\right]^2-f_S\right\}}$$

同理简化可得，$\dfrac{\pi_{SC}^{\mathrm{Ru}*}}{\pi_{SC}^{\mathrm{Na}*}} \approx \dfrac{4(1+\mathrm{idr}_r)(2-\lambda_M)}{5+3\mathrm{idr}_r}$，当 $\lambda_M < \dfrac{3+5\mathrm{idr}_r}{4+4\mathrm{idr}_r}$ 时，海外供应商 S 倾

向选择 Rubinstein bargain 博弈方式，而当 $\lambda_M \geqslant \dfrac{3+5\mathrm{idr}_r}{4+4\mathrm{idr}_r}$ 时，海外供应商 S 倾向选

择 Nash bargain 博弈方式；$\dfrac{\pi_{SC}^{\mathrm{Ru}*}}{\pi_{SC}^{\mathrm{Na}*}} \approx \dfrac{4}{5}(2-\lambda_M)$，当 $\lambda_M < \dfrac{3}{4}$ 时，海外供应商 S 倾向选

择 Rubinstein bargain 博弈方式，而当 $\lambda_M \geqslant \dfrac{3}{4}$ 时，海外供应商 S 倾向选择 Nash

bargain 博弈方式。

对于本土制造商 M，对比 Nash bargain 博弈和 Rubinstein bargain 博弈时的税后利润，在第 I 阶段跨国股权合作中，有

$$\frac{\pi_{MC}^{\mathrm{Ru}*}}{\pi_{MC}^{\mathrm{Na}*}} = \frac{\dfrac{1}{2}(1-\mathrm{ctr}_M)\lambda_M\left\{\dfrac{1}{4k}\left[a-k(c_p+t_p)-\dfrac{k}{b}(1+\mathrm{idr}_r)(c_r+t_r)\right]^2 - f_S - f_M\right\}}{(1-\mathrm{ctr}_M)\left\{\dfrac{3+5\mathrm{idr}_r}{32k(1+\mathrm{idr}_r)}\left[a-k(c_p+t_p)-\dfrac{k}{b}(1+\mathrm{idr}_r)(c_r+t_r)\right]^2 - f_M\right\}}$$

在第 II 阶段跨国股权合作中，有

$$\frac{\pi_{MC}^{\mathrm{Ru}*}}{\pi_{MC}^{\mathrm{Na}*}} = \frac{\dfrac{1}{2}\lambda_M(1-\mathrm{ctr}_M)\left\{\dfrac{1}{4k}\left[a-k(c_p+t_p)-\dfrac{k}{b}(c_r+t_r)\right]^2 - f_M - f_S\right\}}{(1-\mathrm{ctr}_M)\left\{\dfrac{3}{32k}\left[a-k(c_p+t_p)-\dfrac{k}{b}(c_r+t_r)\right]^2 - f_M\right\}}$$

同理简化可得，$\dfrac{\pi_{MC}^{\mathrm{Ru}*}}{\pi_{MC}^{\mathrm{Na}*}} \approx \dfrac{4\lambda_M(1+\mathrm{idr}_r)}{3+5\mathrm{idr}_r}$，当 $\lambda_M \geqslant \dfrac{3+5\mathrm{idr}_r}{4+4\mathrm{idr}_r}$ 时，本土制造商 M 倾向选

择 Rubinstein bargain 博弈方式；而当 $\lambda_M < \dfrac{3+5\mathrm{idr}_r}{4+4\mathrm{idr}_r}$ 时，本土制造商 M 倾向选择

Nash bargain 博弈方式；$\dfrac{\pi_{MC}^{\mathrm{Ru}*}}{\pi_{MC}^{\mathrm{Na}*}} \approx \dfrac{4}{3}\lambda_M$，当 $\lambda_M \geqslant \dfrac{3}{4}$ 时，本土制造商 M 倾向选择

Rubinstein bargain 博弈方式；而当 $\lambda_M < \dfrac{3}{4}$ 时，本土制造商 M 倾向选择 Nash bargain

博弈方式，从而定理 8-5 得到证明。

由定理 8-4 和定理 8-5 可知，海外供应商 S 与本土制造商 M 会根据实际股权分配情况选择是否进行合作，同时不同股权博弈方式的选择，会直接影响双方企业最终合作情况和效果。

8.4　本章小结

随着经济全球化的发展，国外企业进入中国市场的同时，中国企业也在全球范围内寻找合适的合作对象，以整合国内资源来优化自身供应链，提高全球竞争

力。本章以本土供应链参与海外企业股权合作为基础，将股权比例和股权控制作为股权合作分析的切入点，通过引入序贯决策下两个阶段［第Ⅰ阶段（早期）和第Ⅱ阶段（后期）］的两种递进模式，构建出本土企业供应链跨国股权合作的两种股权合作框架模型；接着为了设计出股权比例的协商机制，通过嵌入基于静态 Nash bargain 博弈和动态 Rubinstein bargain 博弈方法，分别建立了供应链跨国整合下争夺股权控制的静态和动态配置模型，通过优化得出中国本土企业获得股权控制和掌控跨国供应链的条件；然后在此基础上，进一步分析出在本土企业掌控跨国供应链股权后，股权合作的最优决策方案；最后分析了在序贯决策和不同博弈下，基于股权控制的供应链跨国整合的策略选择。

第9章 不同策略与股权结构下的跨国供应链系统设计与构建

9.1 不同策略与股权结构下的跨国供应链网络设计

随着世界经济一体化，海外跨国公司纷纷涌入国内市场，加大了国内市场的竞争强度。在激烈的市场竞争环境下，国内企业面临着前所未有的竞争压力，也使得国内具有雄厚实力的企业为适应当前经济全球化的趋势，在国内与跨国企业进行竞争的同时，也开始逐渐积极向海外探索发展。例如，海尔、华为、中国石油天然气集团有限公司、联想等都积极向国外投资建厂，或拓展市场，充分利用全球化资源，来布局和优化自身供应链。另外，国内企业通过所有权（股权）分配与海外企业合作，获得相应技术和资金，强化其核心竞争能力。因此，在面对国际复杂市场环境下，对较少机会走出国门的国内企业来说，如何进行供应链跨国布局，通过何种形式与策略进行跨国生产经营活动，是国内企业亟须思考的焦点问题，也是研究领域探讨的热点之一。

9.1.1 跨国供应链系统设计与构建研究分析

目前对企业跨国经营的研究很多，主要集中在经营策略和供应链布局两个方面。在经营策略方面，Eicher 和 Kang（2005）分析了进入海外市场的最佳三种方式（贸易、FDI 和并购）及相应政策措施；Gilroy 和 Lukas（2006）分析和优化了跨国企业先贸易后投资并购这一策略的动态过程；Raff 等（2009）则从均衡角度分析了并购和合资两种选择策略对投资的影响；国内学者钟祖昌和谭秋梅（2007）、刘斌等（2010）等则从出口模式、许可生产和海外直接投资方面，分析企业进入海外生产的时机选择，以及跨国企业核心竞争力与外贸业务模式的动态演化路径。在供应链布局方面，由于企业跨国经营必然涉及汇率、税收和补贴等因素，所以Lowe 等（2002）从降低汇率风险的角度，分两个阶段来分析跨国企业的生产选址问题；Kazaz 等（2005）在汇率不确定性下研究了一个全球电子生产商的投资—生产—销售的整体规划方案；Broll 等（2003）在汇率和税率不确定性下讨论了外商的投资决策；Nagurney 和 Cruz（2003）在综合考虑汇率、东道国政府税收、补贴政策的情况下，研究了全球供应链网络设计问题，建立了利润最大化模型。

但要说明的是，当前将上述跨国经营策略与供应链布局两个方面结合起来的研究很少，特别是企业在进行跨国经营过程中，进行跨国供应链布局是坚守国内，还是出击海外市场，是选择独资海外生产，还是合资策略？如果是合资形式，各自的所有权大小如何分配确定，这些对企业在跨国供应链构建和布局生产有什么影响？这些将是本书所需要研究的问题。

9.1.2　不同策略与股权结构的选择

1. 问题假设和符号

跨国供应链是一个复杂的网络结构组织。在该组织中不仅存在着位于不同链节的供应商、生产商和分销商，而且这些链节上的企业可能分布于不同的国家和地区，如图 9-1 所示。文中符号定义如下。

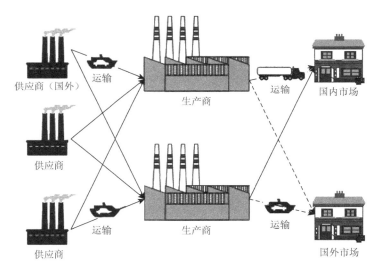

图 9-1　跨国供应链结构图

（1）下标索引符号

i 表示产品；

r 表示产品组件的原材料；

v 表示原材料供应商；

f 表示产品生产商。

（2）参数变量

N 表示潜在生产商的数量；

M 表示市场的数量；

T 表示时间周期数量；

R 表示原材料的种类；

V 表示供应商的数量；

S_{rvt} 表示第 t 生产周期供应商 v 生产原材料 r 的固定成本；

CO_{rvft} 表示第 t 生产周期原材料 r 从供应商 v 到生产商 f 的单位运输费用；

ho_{rvt} 表示第 t 生产周期供应商 v 原材料 r 的单位库存费用；

SC_{ft} 表示第 t 生产周期生产商 f 的单位缺货成本；

IC_{ft} 表示第 t 生产周期的投资成本，包括厂房和设备成本（PEC_{ft}）及流动资本（WCC_{ft}）；

FC_{ft} 表示第 t 生产周期在生产商 f 所在国建厂的相关固定成本，通常假定潜在供应链节点企业的固定成本包括培训成本、人事成本及其他管理成本；

VC_{ft} 表示变动成本，包括劳动力成本（LC_{ft}）、材料成本（$MATC_{ft}$）、效用损失（UC_{ft}）及其他单位成本（OC_{ft}）；

TFC_{fct} 表示第 t 生产周期生产商 f 到消费地 c 的转移成本；

SC_{ct} 表示第 t 生产周期消费市场 c 的单位缺货成本；

IH_{ft} 表示第 t 生产周期生产商 f 产品的单位库存费用；

CAP_{vt} 表示第 t 生产周期供应商 v 的最大生产量；

CAP_{ft} 表示第 t 生产周期生产商 f 的最大生产量；

W_{rvft} 表示第 t 生产周期供应商 v 向生产商 f 提供原材料 r 的运输能力；

W_{fct} 表示第 t 生产周期生产商 f 向消费市场 c 提供产品 i 的运输能力；

e_{ct} 表示在第 t 生产周期消费市场 c 国家的汇率；

e_{ft} 表示在第 t 生产周期生产商所在国 f 的汇率；

NPV 表示第 t 生产周期的现值折扣率。

（3）决策变量

QS_{ft} 表示第 t 生产周期生产商 f 原材料的缺货数量；

XW_{rvft} 表示第 t 生产周期原材料 r 从供应商 v 到生产商 f 的运输批量；

IO_{rvt} 表示第 t 生产周期供应商 v 原材料 r 的库存量；

XS_{fct} 表示第 t 生产周期产品从生产商 f 到市场 c 的运输批量；

QS_{ct} 表示第 t 生产周期消费市场 c 产品的缺货数量；

QI_{ft} 表示第 t 生产周期生产商 f 产品的库存量；

ZO_{rvt} 表示第 t 生产周期是否选择供应商 v 提供原材料 r；

Y_{ft} 表示生产商在第 t 生产周期是否在生产商 f 所在国建厂，加入投资成本。

2. 经营策略与所有权分配

企业跨国供应链布局构建中，按照介入海外由弱到强的顺序，经营策略与所有权分配可以分为：国内销售的合作（joint venture for domestic market，JVDM）或独资生产模式（foreign-owned enterprise for domestic market，FEDM）、出口的合作（joint venture for exporting，JVE）或独资生产模式（foreign-owned enterprise for exporting，FEE）。而这种包含所有权分配的经营策略，在模型（P-I）中是通过生产转移成本（TFC_{fct}）表现出来，即通过生产商所生产产品运输到目标市场，产生的运输成本之和表现出来。根据需求来源是国内还是海外，转移成本可分为两种情况：国内销售的转移成本和出口海外销售的转移成本。

1）国内销售的合作或独资生产模式的转移成本计算公式：

$$TFC_{fft} = (VC_{ft} + MC_{ft}SP_{ft})(1 - TAX_{ft})OWN_{ft}$$

其中包括单位变动生产成本、单位营销成本（MC_{ft}）和企业的所有权分配比例（OWN_{ft}）。

2）出口的合作或独资生产模式的转移成本计算公式分为以下两部分：

生产成本：$[VC_{ft} - (1 + EI_{ft})TP_{fct}](1 - TAX_{ft})OWN_{ft}$

其中包括生产变动成本、出口激励（EI_{ft}）及企业的所有权分配比例（OWN_{ft}）。

营销成本：$[TP_{fct}(1 + TRF_{fct}) + TC_{fct} + MC_{ct}SP_{ct}](1 - TAX_{ct})OWN_{ft}$

其中包括转移定价（TP_{fct}）、关税（TRF_{fct}）、运输成本（TC_{fct}）、营销成本（MC_{ct}）、消费市场 c 的销售价格（SP_{ct}）、相应国家税收[生产商所在国家的税率（TAX_{ft}）、国内的税率（TAX_{ht}）及其他国家税率（TAX_{ct}）]和企业的所有权分配比例（OWN_{ft}）。因此，在第 t 生产周期从国家 f 到国家 c 总的转移成本为单位生产成本和单位营销成本之和。

转移定价 TP_{fct} 将取决于两个方面：消费市场 c 价格的百分数（LT_{ft}）和在国家 f 生产成本的百分数（$1 + K_{ft}$），取两者的最大值，即

$$TP_{fct} \geqslant Max[LT_{ft}SP_{ct};\ (1 + K_{ft})VC_{ft}]$$

另外，进口国家是否进口某种产品，取决于进口产品和该国同类产品在当地销售的税收收入，即进口产品成本小于当地同类产品成本：

$$TP_{fct}(1 + TRF_{fct}) + TC_{fct} \leqslant UT_{ct}SP_{ct}(1 - MC_{ct})$$

也就是

$$TP_{fct} \leqslant [UT_{ct}SP_{ct}(1 - MC_{ct}) - TC_{fct}] / (1 + TRF_{fct})$$

所以 TP_{fct} 的取值范围为

$$\mathrm{Max}[\mathrm{LT}_{ft}\mathrm{SP}_{ct};\ (1+K_{ft})\mathrm{VC}_{ft}] \leqslant \mathrm{TP}_{fct} \leqslant [\mathrm{UT}_{ct}\mathrm{SP}_{ct}(1-\mathrm{MC}_{ct}) - \mathrm{TC}_{fct}]/(1+\mathrm{TRF}_{fct})$$

其中，UT_{ct} 为同类产品成本系数。

由于提高单位转移定价，将增加生产所在国家 f 利润为 $(1+\mathrm{EI}_{ft})(1-\mathrm{TAX}_{ft})$ OWN_{ft}，同时，在消费市场 c 国的利润将下降 $(1+\mathrm{TRF}_{fct})(1-\mathrm{TAX}_{ct})$。如果这两个数值的差值是正数，$\mathrm{TP}_{fct}$ 取其上界；否则，取其下界。所以，出口的合作或独资生产模式的转移成本计算公式为

$$\mathrm{TFC}_{fft} = [\mathrm{VC}_{ft} - (1+\mathrm{EI}_{ft})\mathrm{TP}_{fct}](1-\mathrm{TAX}_{ft})\mathrm{OWN}_{ft}$$
$$+ [\mathrm{TP}_{fct}(1+\mathrm{TRF}_{fct}) + \mathrm{TC}_{fct} + \mathrm{MC}_{ct}\mathrm{SP}_{ct}](1-\mathrm{TAX}_{ct})\mathrm{OWN}_{ft}$$

9.1.3　不同策略与股权结构下的跨国供应链网络模型

企业跨国供应链布局问题的模型，是企业将自己置于全球市场环境中，来构建跨国供应链，即从国内外市场中来选择供应商、生产基地，以满足位于全球不同区域市场的需求。本书以利润最大化作为企业跨国供应链布局构建模型的目标，假设需求已确定的情况下，确定和选择在哪个国家布局供应链节点（供应商、生产商）的供应量、产量、运输量，以及在不同市场中的销售价格。模型中的成本包括投资成本、固定成本、转移成本、库存成本、缺货成本等，而这些价格和成本都是依据所在供应链节点企业的所有权和税率等进行调整。

因此，跨国供应链构建设计基本模型如下：

$$(\mathrm{P\text{-}I})$$

$$\mathrm{Maximize} \sum_{t \in T}\left[\begin{array}{l}\sum\limits_{c \in M}\mathrm{SP}_{ct}\mathrm{XS}_{fct} \cdot e_{ct} - \left(\sum\limits_{r \in R}\sum\limits_{v \in V}S_{rvt}\mathrm{ZO}_{rvt} + \sum\limits_{r \in R}\sum\limits_{v \in V}\sum\limits_{f \in N}\mathrm{CO}_{rvft}\mathrm{XW}_{rvft} + \sum\limits_{r \in R}\sum\limits_{v \in V}\mathrm{IO}_{rvt}\mathrm{ho}_{rvt} + \sum\limits_{f \in N}\mathrm{QS}_{ft}\mathrm{SC}_{ft}\right) \\ -\left(\sum\limits_{f \in N}\mathrm{FC}_{ft}Y_{ft} + \sum\limits_{f \in N}\sum\limits_{c \in M}\mathrm{TFC}_{fct}\mathrm{XS}_{fct} + \sum\limits_{c \in M}\mathrm{SC}_{ct}\mathrm{QS}_{ct} + \sum\limits_{f \in N}\mathrm{IH}_{ft}\mathrm{QI}_{ft}\right)e_{ft}\end{array}\right]\mathrm{NPV}$$

s.t.

$$\sum_{r \in R}\sum_{v \in V}\mathrm{XW}_{rvft} + \mathrm{QS}_{ft} \geqslant D_{ft} \tag{9-1}$$

$$\sum_{f \in N}\mathrm{XS}_{fct} + \mathrm{QS}_{ct} \geqslant D_{ct} \tag{9-2}$$

$$\sum_{v \in V}\mathrm{XW}_{rvft} + \mathrm{QS}_{ct} \leqslant \mathrm{CAP}_{vt}\mathrm{ZO}_{rvt} \tag{9-3}$$

$$\sum_{c \in M}\mathrm{XS}_{fct} + \mathrm{QI}_{ft} \leqslant \mathrm{CAP}_{ft}Y_{ft} \tag{9-4}$$

$$\mathrm{XW}_{rvft} \leqslant \mathrm{ZO}_{rvt}W_{rvf} \tag{9-5}$$

$$\mathrm{XS}_{fct} \leqslant Y_{ft}W_{fct} \tag{9-6}$$

$$\sum_{r\in R}\text{XW}_{rvft}-\sum_{i\in I}Q_{ri}\text{XS}_{fct}=0 \tag{9-7}$$

$$\text{ZO}_{rvt}=0\text{或}1 \tag{9-8}$$

$$Y_{st}=0\text{或}1 \qquad （对于所有的 S 和 t） \tag{9-9}$$

$$\text{XW}_{rvft},\ \text{QS}_{ft},\ \text{IO}_{rvt},\ \text{XS}_{fct},\ \text{QS}_{ct},\ \text{QI}_{ft}\geqslant0 \tag{9-10}$$

其中，D_{ft} 为生产商需求量；D_{ct} 为市场需求；Q_{ri} 为零部件比例关系系数。

约束条件（9-1）表示允许生产商缺货，即生产商的需求可能不被满足；约束条件（9-2）表示市场缺货，即市场的需求可能不被满足；约束条件（9-3）表示要求从供应商 v 送往生产商 p 的原材料的数量与供应商 v 库存量之和不能超过供应商生产原材料 r 的能力；约束条件（9-4）表示要求从生产商 p 送往市场的产品的数量与生产商 p 库存量之和不能超过生产商 p 生产产品的能力；约束条件（9-5）表示确保从供应商 v 送往生产商 p 的原材料的运输批量小于或等于供应商 v 向生产商 f 提供原材料 r 的运输能力；约束条件（9-6）表示确保从生产商 p 送往市场的产品的运输批量小于或等于生产商 f 向市场提供产品的运输能力；约束条件（9-7）表示根据物料清单（BOM）相邻结构层之间的相关系数，确保企业生产产品或部件数量与消耗的原材料或组件数量平衡；约束条件（9-8）～约束条件（9-10）表示决策变量的约束。

9.2　不同策略与股权结构下的跨国供应链系统构建决策

9.2.1　网络构建的算法设计

1. 基于 Benders 算法设计

Benders 算法的基本思路是将混合整数线性规划分解为两个相对容易的问题，即一个纯 0-1 整数规划问题和一个纯线性规划问题，然后通过增加切平面方式，不断地迭代，逐步接近最优解。在模型（P-Ⅰ）中，如果供应商和生产商选址确定，即 $N(N=\{\hat{\text{ZO}}_{rvt},\hat{Y}_{st}\})$ 的值确定，并设 $W=\{\text{XW}_{rvft},\text{QS}_{ft},\text{IO}_{rvt},\text{XS}_{fct},\text{QS}_{ct},\text{QI}_{ft}\}$，这时的最优值只与下面的等式有关，Benders 分解子问题可以表示为

（P-Ⅱ）

$$\text{Maximize}\,T(w/N)=\sum_{t\in T}\left[\begin{array}{l}\sum_{c\in M}\text{SP}_{ct}\text{XS}_{fct}\cdot e_c-\left[\sum_{r\in R}\sum_{v\in V}\sum_{f\in N}\text{CO}_{rvft}\text{XW}_{rvft}+\sum_{r\in R}\sum_{v\in V}\text{IO}_{rvt}\text{ho}_{rvt}+\sum_{f\in N}\text{QS}_{ft}\text{SC}_{ft}\right]\text{NPV}\\ -\left[\sum_{f\in N}\sum_{c\in M}\text{TFC}_{fct}\text{XS}_{fct}+\sum_{c\in M}\text{SC}_{ct}\text{QS}_{ct}+\sum_{f\in N}\text{IH}_{ft}\text{QI}_{ft}\right]e_f\end{array}\right]$$

s.t.

$$\sum_{r\in R}\sum_{v\in V}\text{XW}_{rvft}+\text{QS}_{ft}\geqslant D_{ft} \tag{9-11}$$

$$\sum_{f \in N} XS_{fct} + QS_{ct} \geqslant D_{ct} \tag{9-12}$$

$$\sum_{v \in V} XW_{rvft} + IO_{rvt} \leqslant CAP_{vt} ZO_{rvt} \tag{9-13}$$

$$\sum_{c \in M} XS_{fct} + QI_{ft} \leqslant CAP_{ft} Y_{ft} \tag{9-14}$$

$$XW_{rvft} \leqslant ZO_{rvt} W_{rvf} \tag{9-15}$$

$$XS_{fct} \leqslant Y_{ft} W_{fct} \tag{9-16}$$

$$\sum_{r \in R} XW_{rvft} - \sum_{i \in I} Q_{ri} XS_{fct} = 0 \tag{9-17}$$

$$XW_{rvft}, \; QS_{ft}, \; IO_{rvt}, \; XS_{fct}, \; QS_{ct}, \; QI_{ft} \geqslant 0 \tag{9-18}$$

设 A_{ft}^1，A_{ct}^2，B_{vt}^1，B_{ft}^2，B_{rvt}^3，B_{fvt}^4，X_{ft} 分别是与约束条件（9-11）～约束条件（9-17）对应的对偶变量，则模型（P-Ⅱ）的对偶问题表示如下：

$$（\text{P-Ⅲ}）$$

$$Min D(A, B, X/N) = -\sum_{t \in T}\sum_{f \in N} D_{ft} A_{ft}^1 - \sum_{t \in T}\sum_{c \in M} D_{ct} A_{ct}^2 + \sum_{t \in T}\sum_{r \in R}\sum_{v \in V} CAP_{vt} \widehat{ZO}_{rvt} B_{vt}^1$$

$$+ \sum_{t \in T}\sum_{f \in N} CAP_{ft} \widehat{Y}_{ft} B_{ft}^2 + \sum_{t \in T}\sum_{r \in R}\sum_{v \in V} \widehat{ZO}_{rvt} W_{rvf} B_{rvt}^3 + \sum_{t \in T}\sum_{c \in M}\sum_{f \in N} \widehat{Y}_{ft} W_{fct} B_{fvt}^4$$

s.t.

$$B_{vt}^1 - A_{ft}^1 + B_{rvt}^3 + X_{ft} \geqslant CO_{rvft} \tag{9-19}$$

$$-A_{ft}^1 \geqslant ho_{rvt} \tag{9-20}$$

$$B_{vt}^1 \geqslant SC_{ft} \tag{9-21}$$

$$B_{ft}^2 - A_{ct}^2 + B_{fvt}^4 + X_{ft} \geqslant TFC_{fct} \tag{9-22}$$

$$-A_{ct}^2 \geqslant SC_{ct} \tag{9-23}$$

$$B_{ft}^2 \geqslant IH_{ft} \tag{9-24}$$

$$A_{ft}^1, \; A_{ct}^2, \; B_{vt}^1, \; B_{ft}^2, \; B_{rvt}^3, \; B_{fvt}^4, \; X_{ft} \geqslant 0 \tag{9-25}$$

模型（P-Ⅲ）是容易求解的一般线性规划问题。模型中的 $\widehat{ZO}_{rvt}$，$\widehat{Y}_{ft}$ 是输入变量，A_{ft}^1，A_{ct}^2，B_{vt}^1，B_{ft}^2，B_{rvt}^3，B_{fvt}^4，X_{ft} 是决策变量。对模型（P-Ⅰ）每一个确定的 N 矢量，可以得到模型（P-Ⅱ）的一个解和与其对应的对偶问题（P-Ⅲ）的一个解。

对于满足条件的不同 $N = \{ZO_{rvt}, Y_{st}\}$ 的组合值，即满足供应商选择生产原材料 r 和设施位置，就可以由模型（P-Ⅲ）得到对偶问题的不同解。令 A_{ft}^{1t}，A_{ct}^{2t}，B_{vt}^{1t}，B_{ft}^{2t}，B_{rvt}^{3t}，B_{fvt}^{4t}，X_{ft}^{t} 分别表示模型（P-Ⅲ）计算出的可行域中的第 t 个极点，π^t 代表与其对应的目标函数值，则有

$$\pi^t = -\sum_{t \in T}\sum_{f \in N} D_{ft} A_{ft}^{1t} - \sum_{t \in T}\sum_{c \in M} D_{ct} A_{ct}^{2t} + \sum_{t \in T}\sum_{r \in R}\sum_{v \in V} \mathrm{CAP}_{vt} \widehat{\mathrm{ZO}}_{rvt} B_{vt}^{1t}$$

$$+ \sum_{t \in T}\sum_{f \in N} \mathrm{CAP}_{ft} \widehat{Y}_{ft} B_{ft}^{2t} + \sum_{t \in T}\sum_{r \in R}\sum_{v \in V} \widehat{\mathrm{ZO}}_{rvt} W_{rvf} B_{rvt}^{3t} + \sum_{t \in T}\sum_{c \in M}\sum_{f \in N} \widehat{Y}_{ft} W_{fct} B_{fvt}^{4t}$$

由线性规划知识可知，任何线性规划问题至少有一个最优解出现在可行域的极点。因此，设 π^* 表示对偶问题的最优解，$\pi^* \leqslant \pi^t, \forall t$。因此，模型（P-I）可表示成下面的形式：

（P-IV）

$$\mathrm{Maximize} \sum_{t \in T} \left[\pi - \sum_{r \in R}\sum_{v \in V} S_{rvt} \mathrm{ZO}_{rvt} - \sum_{f \in N} \mathrm{FC}_{ft} Y_{ft} \right] \mathrm{NPV}$$

s.t.

$$\sum_{v \in V} \mathrm{XW}_{rvft} + \mathrm{QS}_{ct} \leqslant \mathrm{CAP}_{vt} \mathrm{ZO}_{rvt} \tag{9-26}$$

$$\sum_{c \in M} \mathrm{XS}_{fct} + \mathrm{QI}_{ft} \leqslant \mathrm{CAP}_{ft} Y_{ft} \tag{9-27}$$

$$\mathrm{XW}_{rvft} \leqslant \mathrm{ZO}_{rvt} W_{rvf} \tag{9-28}$$

$$\mathrm{XS}_{fct} \leqslant Y_{ft} W_{fct} \tag{9-29}$$

$$\pi \leqslant -\sum_{t \in T}\sum_{f \in N} D_{ft} A_{ft}^{1t} - \sum_{t \in T}\sum_{c \in M} D_{ct} A_{ct}^{2t} + \sum_{t \in T}\sum_{r \in R}\sum_{v \in V} \mathrm{CAP}_{vt} \widehat{\mathrm{ZO}}_{rvt} B_{vt}^{1t}$$

$$+ \sum_{t \in T}\sum_{f \in N} \mathrm{CAP}_{ft} \widehat{Y}_{ft} B_{ft}^{2t} + \sum_{t \in T}\sum_{r \in R}\sum_{v \in V} \widehat{\mathrm{ZO}}_{rvt} W_{rvf} B_{rvt}^{3t} + \sum_{t \in T}\sum_{c \in M}\sum_{f \in N} \widehat{Y}_{ft} W_{fct} B_{fvt}^{4t} \tag{9-30}$$

$$\mathrm{ZO}_{rvt} = 0 \text{或} 1 \tag{9-31}$$

$$Y_{st} = 0 \text{或} 1 \qquad （对于所有的 S 和 t） \tag{9-32}$$

$$\pi \geqslant 0 \tag{9-33}$$

模型（P-IV）与模型（P-I）有相同的解集。模型（P-IV）的约束条件（9-26）表示要求从供应商 v 送往生产商 p 的原材料的数量与供应商 v 库存量之和不能超过供应商生产原材料 r 的能力；约束条件（9-27）表示要求从生产商 p 送往市场的产品的数量与生产商 p 库存量之和不能超过生产商 p 生产产品的能力；约束条件（9-28）表示确保从供应商 v 送往生产商 p 的原材料的运输批量小于供应商 v 向生产商 f 提供原材料 r 的运输能力；约束条件（9-29）表示确保从生产商 p 送往市场的产品的运输批量小于生产商 f 向市场提供产品的运输能力；约束条件（9-30）表示保证对偶的最优值小于或等于对偶问题在可行域中求出极点处的目标函数值；约束条件（9-31）和约束条件（9-32）为决策变量的约束；约束条件（9-33）表示保证对偶问题目标数值的非负性要求。

2. 模型算法步骤

综上所述，模型（P-I）的 Benders 分解算法求解步骤概括如下：

步骤 1　初始化各参数。$\pounds$ 代表允许误差值，m 代表最大迭代次数，n 代表迭代次数，$\pi = 0$。去掉模型（P-Ⅳ）中约束条件（9-30），将得到的目标函数值作为模型（P-Ⅰ）的初始下界值 LB。将初始下界值得到的解代入（P-Ⅲ），计算目标函数值，并将其加到初始下界值 LB 上作为初始上界值 UB。

步骤 2　判断是否终止迭代。如果满足下面条件之一，则停止迭代：①LB = UB；②[(UB–LB)/LB]＜$\pounds$；③达到最大迭代次数 $m = n$。

步骤 3　求解主问题（P-Ⅳ），得到最优目标函数值 P_{mp}^* 和一组整数解 N'。

步骤 4　令 LB = P_{mp}^*，用 N' 更新子模型（9-14）和对偶问题（P-Ⅲ）中的 N'。

步骤 5　求解子问题（P-Ⅱ），将其值记为 P_{sp}^*；求解对偶问题（P-Ⅲ）。

步骤 6　仿照式（9-30），在主问题（P-Ⅳ）中加入新的 Benders 切平面。

步骤 7　如果 $P_{sp}^* - \sum_{r \in R}\sum_{v \in V} S_{rvt} ZO_{rvt} - \sum_{t \in T}\sum_{f \in N} FC_{ft} Y_{ft} < UB$，令 $UB = P_{sp}^* - \sum_{r \in R}\sum_{v \in V} S_{rvt} ZO_{rvt} - ZO_{rvt} - \sum_{f \in N} FC_{ft} Y_{ft}$，令 $n = n + 1$，然后转向步骤 2。

对于问题（P-Ⅰ）只需得到原问题的有效解，而不须达到很高的精度，所以在步骤 2 的停止条件中加了②、③项，以减少运行时间。

9.2.2　跨国供应链链节布局决策

根据上述 Benders 算法，下面将采用 Matlab 7.0.4 编程模拟计算。给模型中的参数变量赋值，见表 9-1。经营策略与所有权分配的转移成本 TFC_{fct}，可以通过上面所给公式计算得到。汇率则因为需要把在不同国家的收入和生产相关成本转化为本国货币，因此，相应的汇率（e_{ct} 和 e_{ft}）必须一开始就确定而且需要对未来的汇率做出预测。

表 9-1　相关费用赋值

成本	S_{rvt}	CO_{rvft}	ho_{rvt}	SC_{ft}	IC_{ft}	FC_{ft}
赋值	100	50	50	30	1000	200
成本	SC_{ct}	IH_{ft}	CAP_{vt}	CAP_{ft}	W_{rvft}	W_{fct}
赋值	30	50	4000	3000	3500	2500

算例一共选择五组数据。由于跨国企业经营方式的不同（合资或独资），跨国企业在新企业中所占有的股权，即企业所有权分配比例 OWN_{ft} 会在 (0,1] 区间变动，因此，伴随着企业所有权分配比例 OWN_{ft} 的变动，转移成本 TFC_{fct} 也相继产

生变化。因而，对整个供应商和生产商备选地选择问题的结果会产生一定影响。为了不失一般性，每一组企业所有权分配比例选取数值依次为：企业选择合资，即所有权分配比例 $OWN_{fi}=0.5$；企业选择独资，即所有权分配比例 $OWN_{fi}=1$，然后分别对其进行计算。算例中供应商和生产商备选地、服务对象市场数及最多选取的供应商和生产商数量是事先给定的，其他由前面给出的数据产生方法随机产生，运用前面基于 Benders 思想提出的算法，用 Matlab 编程求解这一问题的一组算例，得到的计算结果如表 9-2 和表 9-3 所示。

表 9-2　算例参数及算法的求解结果

所有权分配比例 OWN_{fi}		备选地数量（供应商/生产商）	服务对象市场个数	选取备选地数量的上限	选取的供应商编号	选择生产商的编号	下限值	上限值	误差	运行时间/s
第 1 组	0.5	3/5	3	1/3	2	1/3	50 030	50 030	0	1.75
	1	3/5	3	1/3	3	2/3	67 639	67 639	0	2.17
第 2 组	0.5	6/12	5	2/5	1/(5)	1/2/7/9/10	87 234	87 635	0.46%	2.91
	1	6/12	5	2/5	2/(5)	2/3/5/9	91 359	91 359	0	3.63
第 3 组	0.5	9/25	7	3/7	3/(4)/(9)	1/6/8/9/24	112 541	112 541	0	5.39
	1	9/25	7	3/7	(1)/(4)/8	4/5/9/25	168 654	169 623	0.57%	12.36
第 4 组	0.5	12/33	9	4/10	5/8/(9)/(12)	2/5/6/13/21/25/30	183 582	183 582	0	15.59
	1	12/33	9	4/10	3/8/(10)	3/7/8/15/33	201 987	201 987	0	19.63
第 5 组	0.5	15/45	11	5/12	(1)/(5)/7/11/(14)	1/12/13/22/30/34/41/42/45	203 349	203 349	0	20.18
	1	15/45	11	5/12	(3)/(7)/(9)/13/(15)	9/13/18/22/25/39	260 522	260 522	0	31.03

注：①误差＝[(上限值−下限值)/下限值]；②供应商编号中括号内的数字代表海外供应商，其余为本国供应商

表 9-3　其他决策变量值

组数		变量值						
		QS_{fi}	XW_{rfi}	IO_{rvi}	XS_{fci}	QS_{ci}	QI_{fi}	利润
第 1 组	0.5	0	3 358	259	2 409	0	380	50 030
	1	0	2 998	327	2 457	0	375	67 639
第 2 组	0.5	0	3 015	216	2 236	0	294	87 234
	1	168	3 500	109	2 500	36	0	91 359
第 3 组	0.5	0	2 969	358	2 361	0	198	112 541
	1	0	3 482	235	2 500	210	0	168 654

组数		变量值						
	QS_{ft}	XW_{rvft}	IO_{rvt}	XS_{fct}	QS_{ct}	QI_{ft}	利润
第4组	0.5	0	3 008	329	2 315	0	307	183 582
	1	0	3 393	218	2 500	0	159	206 987
第5组	0.5	0	3 264	124	2 356	0	320	206 349
	1	0	3 460	117	2 399	0	251	210 522

对表 9-2 中的计算结果进行对比分析不难发现，企业所有权分配比例不同导致企业全球供应链布局时产生不同的结果。从横向上比，对于每组来说，在选择合资策略或独自策略时，供应链全球布局存在较大差异：

1）从供应商数量看，当企业所有权比例 $OWN_{ft}=0.5$（合资策略）时选择的供应商数量与当企业所有权比例 $OWN_{ft}=1$（独资策略）时选择的供应商数量相差不大。例如，第 1 组选取供应商数量同为 1 个，第 2 组同为 2 个，第 3 组同为 3 个，只是在第 4 组和第 5 组不同策略下，供应商选择数量相差 1 个。

2）从生产商数量看，每组中企业分别采用合资策略与独资策略时所选取的数量却存在较大差异，并且生产商备选数量越多，两种情况的差值越大。例如，第 2 组中，当采用合资策略时选取生产商数量为 5 个，而采用独资策略所选取生产商数量为 4 个，数量相差 1 个；但第 5 组中，生产商备选数量都增至 45 个时，采用合资策略所选的生产商为 9 个，而采用独资策略选取生产商数量为 6 个，相差 3 个。

3）从备选地布局看，当企业所有权比例 $OWN_{ft}=0.5$（合资策略）时在全球布局范围要比当企业所有权比例 $OWN_{ft}=1$（独资策略）时布局更加广阔。例如，第 4 组中，采用合资策略时选取了 2 个海外供应商（9）和（12），而同组采用独资策略时选取了一个海外供应商（10）；第 5 组中，采用合资策略时选取了 3 个海外供应商，而同组采用独资策略时选取了 4 个海外供应商。图 9-2 展示了第 5 组得出的计算结果的供应链全球布局方位图。

从纵向上比，算例中五组随着供应商、生产商和服务对象市场数量都逐步增加，即备选地从初始的 3/5 扩展到 15/45，服务对象市场数量也从初始的 3 个扩展到 11 个。供应链布局的规模也随企业的选取备选地数量的增加而迅速壮大，利润也迅速增长，特别是 $OWN_{ft}=1$ 的独资情况下，比在 $OWN_{ft}=0.5$ 情况下的利润增长趋势更加明显。图 9-3 中描绘出每组采用两种策略时分别得到的相应利润额，从图中可以直观发现，无论是采用哪种策略（合资或者独资），虽然从下一组到上一组企业的利润增长幅度不同，但始终保持快速增长。当到达第 5 组时，

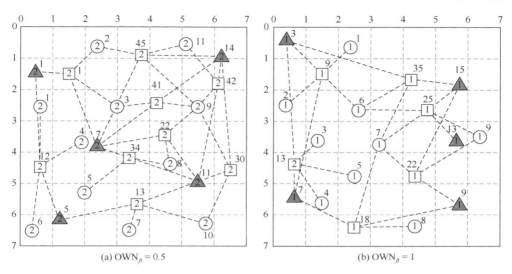

图 9-2　全球布局设计网络

图中的三角形代表供应商的选址，其中灰色三角形表示所选择的海外供应商；正方形表示生产商的选址；
圆圈表示服务市场的选择

随着备选数量达到最高的 15/45（供应商/生产商），企业的利润也随之上升至顶点（$OWN_{ft}=1$ 时为 260 522；$OWN_{ft}=0.5$ 时为 203 349），并且两者的差额也达到了最大（57 173）。

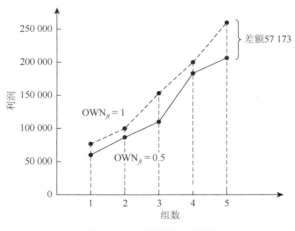

图 9-3　企业利润走势图

故供应链布局中备选地越多，越有利于从更多海内外资源中寻找适合要求的企业优化供应链。而且，在同等情况下选择独资策略比合资策略可能更加有利于供应链在跨国布局中获得丰厚的利润。

9.2.3　跨国供应链所有权和汇率决策

将对模型中影响利润的因素进行敏感性分析，以便能观察哪些因素对利润会产生显著影响，以期为决策者在制定决策时提供有力的依据。模型中所考虑的主要有税收、汇率和所有权三个因素，现在将考虑两个影响因素变化与整个供应链利润的关系。

1. 税收和所有权对利润的敏感性分析

为了方便得出税收和所有权对利润的敏感性，需要应用税收和所有权与转移成本的关系，以及转移成本与利润的反相关关系。如图 9-4 所示，转移成本与税收所在的平面随着税收的上升而上升，又因为转移成本与利润呈反相关关系，因而随着税收的上升利润逐渐减少；而转移成本与所有权所在的平面随着所有权的上升而下降，又因为转移成本与利润呈反相关关系，利润则随着所有权的上升而增加。由图 9-4 可知，所有权比税收对利润更加敏感。

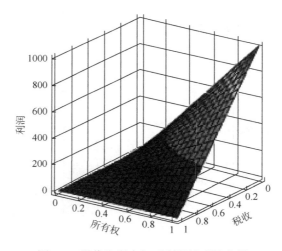

图 9-4　税收和所有权对利润敏感性分析

在供应链跨国布局设计时，各个备选地因对外政策的不同，对跨国公司在税收和所有权等方面有所差异。有些国家会对外企在税收上提供优惠，有的则可能在企业的所有权上规定东道国必须占超过半数的股份，而所有权的多少将直接影响跨国公司的总利润。因此，企业在供应链跨国布局时，一方面应考虑税收，另一方面应多加重视企业所有权问题。

2. 汇率和税收对利润的敏感性分析

图 9-5 是根据模型（P-Ⅰ）做出的三维图形，图中利润与税收所在的平面随着税收的上升而递减。当税收为 0 时，利润达到最大；当税收趋近于 1 时，利润达到最小，因而，对利润影响较为显著。而利润与汇率所在的平面则是随着汇率的上升而上升。经过图形的比较可以看出，税收比汇率对利润更加敏感。因此，在供应链跨国布局设计时，应充分考虑汇率，在其他影响因素相同的情况下，应选择税收对外企具有优惠政策的不同国家，使企业利润最大化。

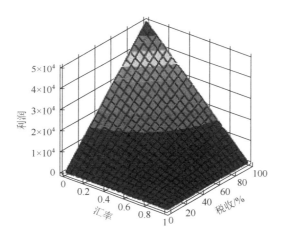

图 9-5　汇率和税收对利润敏感性分析

3. 所有权和汇率对利润的敏感性分析

图 9-6 是根据模型（P-Ⅰ）做出的三维图形。与上面两个分析结果相似，利润与汇率及利润与所有权各自所在的平面上都是随着汇率或所有权的上升而上升。但从图 9-6 中可以观察出，利润增长速度有显著差异，企业所有权比汇率对利润更加敏感。

总之，在考虑所有权分配的供应链跨国布局的分析中发现：①从供应商数量看，当企业所有权比例 $OWN_{ft}=0.5$（合资策略）时选择的供应商备选地数量与当企业所有权比例 $OWN_{ft}=1$（独资策略）时所选择的供应商数量相差并不大；②从生产商数量看，每组中企业分别采用合资策略与独资策略时所选取的数量存在较大差异，并且生产商备选数量越多，两种情况的差值越大；③从备选地布局看，当企业所有权比例 $OWN_{ft}=0.5$（合资策略）时的全球布局范围要比当企业所有权比例 $OWN_{ft}=1$（独资策略）时更加广阔。此外还发现，相比税

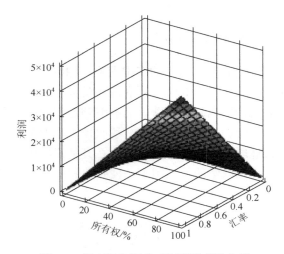

图 9-6　所有权和汇率对利润敏感性分析

收和汇率两个因素，企业所有权因素对供应链跨国布局的利润水平的影响更加显著。

参 考 文 献

杜德斌，孙一飞，盛垒. 2010. 跨国公司在华 R&D 机构的空间集聚研究[J]. 世界地理研究，19（3）：1-13.

范黎波，吴勇志，吴易明. 2010. 跨国公司网络的形成与网络化治理——基于价值链整合视角[J]. 公司治理评论，2（1）：1-12.

冯春丽. 2006. 跨国公司股权进入模式的博弈分析[J]. 国际贸易问题，（9）：95-99.

关涛，阎海峰，薛求知. 2008. 跨国公司知识转移：产权控制与合作的比较[J]. 科研管理，29（1）：66-73，79.

胡国恒. 2009. 外资并购的股权博弈与政策规制——租金分成视角[J]. 世界经济研究，（1）：65-69.

黄凌云，王军. 2016. 中国对外投资企业跨国投资模式选择及其对劳动者的影响[J]. 国际贸易问题，（6）：130-142.

姜凌，曹瑜强，许润发. 2012. 跨国公司转让定价的避税动机、经济影响及反避税政策[J]. 经济研究导刊，（36）：32-33.

黎继子. 2005. 集群式供应链管理[M]. 北京：科学出版社.

黎继子，蔡根女. 2004. 价值链/供应链视角下的集群研究新进展[J]. 外国经济与管理，（7）：8-11，44.

黎继子，刘春玲，蔡根女. 2005. 全球价值链与中国地方产业集群的供应链式整合——以苏浙粤纺织服装产业集群为例[J]. 中国工业经济，（2）：118-125.

黎继子，刘春玲，胥朝阳，等. 2004. 市场需求模式下集群式供应链的战略合作决策分析[J]. 财经研究，30（10）：15-24.

李海舰，冯丽. 2004. 企业价值来源及其理论研究[J]. 中国工业经济，（3）：52-60.

李海舰，原磊. 2005. 论无边界企业[J]. 中国工业经济，（4）：94-102.

李维安，李宝权. 2003. 跨国公司在华独资倾向成因分析：基于股权结构战略的视角[J]. 管理世界，（1）：57-62，154.

刘斌，崔文田，辛春林. 2010. 海外市场的在线生产策略选择及其竞争策略[J]. 管理科学学报，13（3）：8-18.

刘春玲，黎继子，罗细飞. 2012. 跨国企业嵌入集群下链与链竞争动态网络模型分析[J]. 管理工程学报，26（3）：64-73.

刘娟. 2016. 跨国企业在东道国市场的"合法化"：研究述评与展望[J]. 外国经济与管理，38（3）：99-112.

卢昌崇，李仲广，郑文全. 2003. 从控股权到收益权：合资企业的产权变动路径[J]. 中国工业经济，（11）：34-40.

马建华，艾兴政，唐小我. 2012. 多源不确定性因素下两阶段动态供应链的风险绩效[J]. 系统工程理论与实践，32（6）：1222-1231.

潘镇. 2005. 国际市场进入模式选择理论评述[J]. 经济学动态，（5）：114-118.

潘镇，鲁明泓. 2006. 在华外商直接投资进入模式选择的文化解释[J]. 世界经济，（2）：51-61.

任鸣鸣，杨超，何波. 2007. 生产成本规模递减的工厂选址和规模决策[J]. 工业工程与管理,（6）：94-99.

沈磊，蒋士成，颜光华. 2005. 跨国公司在华合资企业股权结构变动的成因——基于一个合作博弈模型的分析[J]. 财经研究，31（1）：38-47.

汪浩，宣国良，朱国玮. 2005. 跨国合资企业控制机制研究[J]. 经济与管理研究，（1）：41-44.

王锡琴，赵正佳. 2012. 跨国供应链最优生产与分销计划决策模型[J]. 统计与决策，（14）：32-35.

薛镭，李东红. 2009. 国际合资企业中非股权控制的影响作用[J]. 国际经济合作，（11）：17-19.

薛明皋，龚朴. 2007. 多个不确定性因素下跨国公司投资策略[J]. 中国管理科学，15（2）：39-46.

于伟，谢洪明，蓝海林. 2008. 跨国公司母公司对 IJVs 的控制：研究现状与展望[J]. 管理学报，5（3）：456-463.

钟祖昌，谭秋梅. 2007. 全球供应链管理与外贸企业核心竞争力构建[J]. 国际经贸探索，23（1）：80-84.

周新军. 2006. 跨国公司产权制度安排下的公司治理[J]. 南开管理评论，9（1）：45-51.

宗芳宇，路江涌，武常岐. 2012. 双边投资协定、制度环境和企业对外直接投资区位选择[J]. 经济研究，（5）：71-82.

Arndt S，Kierzkowski H. 2001. Fragmentation: New Production Patterns in the World Economy [M]. Oxford: Oxford University Press.

Bair J，Gereffi G. 2001. Local clusters in global chains: the causes and consequences of export dynamism in Torreon's blue jeans industry[J]. World Development，29（11）：1885-1903.

Barrios S，Görg H，Strobl E. 2005. Foreign direct investment，competition and industrial development in the host country[J]. European Economic Review，49（7）：1761-1784.

Barstemss A，Cerny K. 1993. Building competitive advantage through a global network of capabilities[J]. Colifornia Management Review，6：78-103.

Bass B M，Mcgregor D W，Walters J L. 1977. Selecting foreign plant sites: economic，social，and political consideration[J]. Academy of Management Journal，20（4）：535-551.

Bjorvatn K. 2004. Economic integration and the profitability of cross-border mergers and acquisitions[J]. European Economic Review，48（6）：1211-1226.

Bowersox D J，David C. 1996. Logistical Management: the Integrated Supply Chain Process[M]. New York: McGraw-Hill.

Broll U，Marjit S，Mukherjee A. 2003. Foreign direct investment，credible policy: the role of risk sharing[J]. The International Trade Journal，17（2）：165-176.

Brusco S. 1982. The emilian model: productive decentralisation and social integration[J]. Cambridge Journal of Economics，6：167-184.

Buckley P J，Casson M. 1981. The optimal timing of a foreign direct investment[J]. The Economic Journal，63（5）：98-108.

Bueno A，Cedillo M G. 2014. Dynamic impact on global supply chains performance of disruptions propagation produced by terrorist acts[J]. Transportation Research Part E: Logistics and Transportation Review, 61: 1-12.

Canel C, Khumawala B M. 1997. A mixed-integer programming approach for the international facilities location problem[J]. Internation Journal Production Economics, 35（7）: 1891-1910.

Castells M, Hall P. 1994. Technopoles of the World: The Making of the 21st Century Industrial Complexes[M]. London: Rout ledge.

Caves R E, Mehra S K. 1986. Entry of foreign multinationals into US manufacturing industries[J]. Competition in Global Industries, 5: 449-481.

Chopra S, Meindl P. 2001. Supply Chain Management: Strategy, Planning and Operation[M]. Upper Saddle River: Prentice Hall.

Chun B G. 2009. Firm choice of ownership structure: an empirical test with Korean multinational[J]. Japan and World Economy, 21: 26-38.

Chwolka A, Martini J T, Simons D. 2012. The value of negotiating cost-based transfer prices[J]. Business Research, 3（2）: 113-131.

Dignazio A, Giovannetti E. 2014. Continental differences in the clusters of integration: empirical evidence from the digital commodities global supply chain networks[J]. International Journal of Production Economics, 147: 486-497.

Eicher T, Kang J W. 2005. Trade, foreign direct investment or acquisition: optimal entry modes for multinationals[J]. Journal of Development Economics, 1: 207-228.

Ernst A, Young J. 2007. 2005-2006 Global transfer pricing surveys[R]. Available at: Working Paper, New York University.

Gabrielsen T S, Schjelderup G. 2009. Transfer pricing and ownership structure[J]. Scandinavian Journal of Economics, 101: 673-688.

Gereffi G, Kaplinsky R. 2001. The value of value chains [J]. IDS Bulletin, 6: 11-13.

Gereffi G, Koraeniewicz M. 1994. Commodity Chains and Global Capitalism [M]. Westport, CT: Praeger.

Gereffi G. 1999. International trade and industrial upgrading in the apparel commodity chain[J]. Journal of International Economics, 43（2）: 3211-3223.

Gereffi G. 2001. Shifting governance structures in global commodity chains, with special reference to the internet [J]. American Behavioral Scientist, 5: 21-35.

Gilroy B M, Lukas E. 2006. The choice between greenfield investment and cross-border acquisition: a real option approach[J]. The Quarterly Review of Economics and Finance, 3: 447-465

Gjerdrum J, Shah N, Lazaros G. 2002. Fair transfer price and inventory holding policies in two-enterprise supply chains[J]. European Journal of Operational Research, 143（3）: 582-599.

Goh M, Lim J Y S, Meng F W. 2007. A stochastic model for risk management in global supply chain networks[J]. European Journal of Operational Research, 182（1）: 164-173.

Goldberg L S, Kolstad C D. 1995. Foreign direct investment, exchange rate variability and demand uncertainty[J]. International Economic Review, 36（4）: 855-873.

Görg H. 2000. Analysing foreign market entry: the choice between greenfield investment and acquisitions[J]. Journal of Economic Studies, 27（3）: 165-181.

Gulyani S. 2001. Effects of poor transportation on lean production and industrial clustering: evidence from the Indian auto industry[J]. World Development, 29（7）: 1157-1177.

Hadjinicola G C, Kumar K R. 2002. Modeling manufacturing and making options in international operations[J]. International Journal Production Economics, 75: 287-304.

Hamel G, Kathryn R. 1985. Do you really have a global company win out[J]. Harvard Business Review, 9: 12-20.

Hirshleifer J. 1956. On the economics of transfer pricing[J]. Journal of Business, 29（3）: 172-184.

Hodder J E, Jucker J V. 1985. International plant location under price and exchange rate uncertainly[J]. Engineering Costs and Production Economics, 12（9）: 225-229.

Horn H, Persson L. 2001. The equilibrium ownership of an international oligopoly[J]. Journal of International Economics, 19: 1231-1244.

Hout T, Porter M E, Rudden E, et al. 1982. How global companies win out[J]. Harvard Business Review, 11: 54-66

Humphrey J, Schmitz H. 2002. How does insertion in global value chains affect upgrading in industrial cluster? [J]. Regional Studies, 8: 9-17.

Hyde C E, Choe C. 2005. Keeping two sets of books: the relationship between tax and incentive transfer price[J]. Journal of Economics & Management Strategy, 14: 165-186.

Karabay B. 2010. Foreign direct investment and host country policies: a rationale for using ownership restrictions[J]. Journal of Development Economics, 93: 218-225.

Karhunen P, Löfgren J, Kosonen R. 2008. Revisiting the relationship between ownership and control in international business operations: lessons from transition economies[J]. Journal of International Management, 14（1）: 78-88.

Kazaz B, Dada M, Moskowitz H. 2005. Global production planning under exchange rate uncertainty[J]. Management Science, 51（7）: 1101-1119.

Kessler J A. 1999. The North American Free Trade Agreement, emerging apparel production networks and industrial upgrading: the Southern California/Mexico connection[J]. Review of International Political Economy, 6（4）: 565-608.

Kogut B, Singh H. 1988. The effect of national culture on the choice of entry mode[J]. Journal of International Business Studies, 7: 411-432.

Konrad K A, Lommerud K E. 2001. Foreign direct investment, intra-firm trade and ownership structure[J]. European Economic Review, 45: 475-494.

Kouvelis P, Axarloglou K, Sinha V. 2001. Exchange rates and the choice of ownership structure of production facilities[J]. Management Science, 47（8）: 1063-1080.

Lakhal S Y, H'Mida S, Venkatadri U. 2005. A market-driven transfer price for distributed products using mathematical programming[J]. European Journal of Operational Research, 162（3）: 690-699.

Lantz B. 2009. The double marginalization problem of transfer pricing: theory and experiment[J]. European Journal of Operational Research, 196（2）: 434-439.

Lowe T J, Wendell R E, Gang H. 2002. Screening location strategies to reduce exchange rate risk[J]. European Journal of Operational Research, 136: 573-590.

MacCarthy B L, Atthirawong W. 2003. Factors affecting location decisions in international operations-a Delphi study[J]. International Journal of Operations & Production Management, 23 (7): 794-818.

Marsillac E, Roh J. 2014. Connecting product design, process and supply chain decisions to strengthen global supply chain capabilities[J]. International Journal of Production Economics, 147: 317-329.

Matsui K. 2011a. Cost-based transfer pricing under R&D risk aversion in an integrated supply chain[J]. International Journal of Production Economics, 11: 312-324.

Matsui K. 2011b. Intrafirm trade, arms-length transfer pricing rule, and coordination failure[J]. European Journal of Operational Research, 212 (3): 570-582.

Meixell M J, Gargeya V B. 2005. Global supply chain design: A literature review and critique[J]. Transportation Research Part E-logistics and Transportation Review, 41 (6): 531-550.

Miao W M, Sunny W. 2009. What drives economic growth? The case of cross-border M&A and greenfield FDI activities[J]. Kyklos, 62 (2): 316-330.

Moskalev S. 2010. Foreign ownership restrictions and cross-border markets for corporate control[J]. Journal of Multinational Financial Management, 20: 48-70.

Müller T. 2007. Analyzing modes of foreign entry: greenfield investment versus acquisition[J]. Review of International Economics, 15 (1): 93-111.

Nagurney A, Cruz J. 2003. Dynamics of global supply chain super network[J]. Mathematical and Computer Modeling, 37: 963-983.

Nocke V, Yeaple S. 2007. Cross-border mergers and acquisition vs. greenfield foreign direct investment: the role of firm heterogeneity[J]. Journal of International Economics, 72: 336-365.

Perron S, Hansen P, Digabel S L, et al. 2010. Exact and heuristic solutions of the global supply chain problem with transfer price[J]. European Journal of Operational Research, 202: 864-879.

Pietrobelli C, Barrera T O. 2002. Enterprise clusters and industrial districts in Colombia's fashion sector[J]. European Planning Studies, 8: 23-35.

Piore M J, Sabel C F. 1984 The Second Industrial Divide—Possibilities for Prosperity[M]. New York: Basic Books.

Prasad S, Babbar S. 2001. International operation management research[J]. Journal of Operation Management, 11 (7): 27-39.

Qiu L D, Wang S. 2011. FDI policy, greenfield investment and cross-border mergers[J]. Review of International Economics, 19 (5): 836-851.

Raff H, Ryan M, Stähler F. 2009. The choice of market entry mode: greenfield investment, M&A and joint venture [J]. International Review of Economics and Finance, 18 (1): 3-10.

Reiter B, Frazzon E, Makuschewitz T. 2010. Integrating manufacturing and logistic systems along global supply chains[J]. CIRP Journal of Manufacturing Science and Technology, 2: 216-223.

Rosenield B D. 2001. Global and variable cost manufacturing systems[J]. European Journal of Operation Research，21（1）：99-120.

Saxenian A. 1985. The genesis of silicon valley[J]. Silicon Landscapes，7：20-34.

Schmitz H，Knorringa P. 2000. Learning from global buyers[J]. Journal of Development Studies，4：273-305.

Schuster P，Clarke P. 2010. Transfer prices：functions，types and behavioral implications[J]. Management Accounting Quarterly，11（2）：22-32.

Storper M. 1989. The transition to flexible specialization in the US film industry：external economies，the division of labor，and the crossing of industrial divides[J]. Cambridge Journal of Economics，13（4）：273-305.

Theo E，Kang J W. 2005. Trade，foreign direct investment or acquisition：optimal entry modes for multinationals[J]. Journal of Development Economics，77：207-228.

Usmen N. 2012. Transfer prices：a financial perspective[J]. Journal of International Financial Management & Accounting，23：1-21.

Vidal J C，Goetschalckx M. 2000. Modeling the effect of uncertainties on global logistics systems[J]. Journal of Business Logistics，21（1）：95-125.

Vidal J C，Goetschalckx M. 2001. A global supply chain model with transfer pricing and transportation cost allocation[J]. European Journal of Operation Research，129：134-158.

Villegas F，Ouenniche J. 2008. A general unconstrained model for transfer pricing in multinational supply chain[J]. European Journal of Operational Research，187：829-856.

Wang M，Wong M C S. 2009. What drives economic growth？The case of cross-border M&A and greenfield FDI activities. Kyklos，62（2）：316-330.

Wright T. 1936. Factors affecting the cost airplanes[J]. Journal of Aeronautical Science，3：122-128.